KB107760

신주 사마천 사기 15

율서

역서

천관서

이 책은 롯데장학재단의 지원을 받아 번역, 출간되었습니다.

신주 사마천 사기 15 / 율서·역서·천관서

초판 1쇄 인쇄 2021년 4월 15일
초판 1쇄 발행 2021년 4월 30일

지은이 (본문) 사마천
       (삼가주석) 배인·사마정·장수절
번역 및 신주 한가람역사문화연구소 사기연구실

펴낸이 이덕일
펴낸곳 한가람역사문화연구소

등록번호 제2019-000147호
주소 서울특별시 종로구 김상옥로17 대호빌딩 신관 305호
전화 02) 711-1379
팩스 02) 704-1390
이메일 hgr4012@naver.com

ISBN 979-11-90777-22-3 94910

값은 뒤표지에 있습니다.

세계 최초
삼가주석
완역

신주 사마천 사기

⑮

율서
역서
천관서

지은이
본문_ 사마천
삼가주석_ 배인·사마정·장수절
번역 및 신주
한가람역사문화연구소 사기연구실

한가람역사문화연구소

차
례

新註史記

천관서 天官書

사기 제27권 史記卷二十七

원 사료는 중화서국中華書局 발행의 《사기》와 영인본 《백납본사기百衲本史記》를 기본으로 삼고,
인터넷 사료로는 대만 중앙연구원 역사어언연구소歷史語言研究所에서 제공하는 한적전자문헌
자료고漢籍電子文獻資料庫의 《사기》를 참조했다.

일러두기

❶ 네모 상자 안의 글은 사기 본문 및 삼가주석 서문의 글이다.

❷ 한글 번역문 바로 아래 한문 원문을 실어 쉽게 대조할 수 있게 했다.

❸ 삼가주석 아래 신주를 실어 우리 연구진의 새로운 해석을 달았다.

❹ 사기 분문뿐만 아니라 삼가주석도 필요할 경우 신주를 달았다.

❺ 직역을 원칙으로 삼고 의역은 최대한 피했다.

❻ 한문 원문의 ( )는 빠져야 할 글자를, 〔 〕는 추가해야 할 글자를 나타낸다.

《사기》〈서〉에 관하여

〈서書〉는 다른 말로 〈팔서八書〉라고도 한다. 〈예서禮書〉, 〈악서樂書〉, 〈율서律書〉, 〈역서曆書〉, 〈천관서天官書〉, 〈봉선서封禪書〉, 〈하거서河渠書〉, 〈평준서平準書〉의 여덟 편으로 구성되어 있기 때문이다. 각 편의 제목에서 알 수 있듯이 〈서〉는 문화, 정치제도, 역법, 천문, 수리, 경제 등 각 방면에 대한 전문서들로서 역사와 사회를 바라보는 사마천의 전문적 시각과 경륜이 담겨 있다. 〈서〉는 오제부터 한나라 무제 때까지 정치, 경제, 사회, 문화 등의 각 분야를 전문적으로 기록한 것으로 그 시대를 살았던 사람들의 생각과 생활양식, 사회제도, 문화수준, 세계관 등을 알 수 있게 해준다.

사마천은 《사기》의 마지막 130권 〈태사공 자서〉에서 "예禮와 악樂을 덜어내고 보태었으며 율력律曆을 바꾸고 병권兵權, 산천山川, 귀신鬼神, 천인天人의 관계에서 피폐한 국가를 떠맡고 변화를 통하게 해서 〈팔서八書〉를 지었다."라고 말했다. 이 구절에 대해서 사마정은 《사기색은》에서 이런 주석을 달았다.

"상고해 보니 병권兵權은 곧 〈율서律書〉이다. 사마천이 죽은 뒤에 없어졌다. 저소손이 〈율서律書〉로써 보충했는데 지금의 〈율서〉는 또한 대략 군사를 말한 것이다. 산천山川은 곧 〈하거서河渠書〉이다. 귀신鬼神은 〈봉선서封禪書〉이다. 그러므로 '산천귀신山川鬼神'이라고 일렀다."

《사기》〈표表〉와 달리 〈서書〉는 그 이전에 여러 전범典範들이 존재했다는 견해들이 적지 않았다. 〈서〉의 첫머리인 〈예서〉에서 사마정은, "서書란 오경육적五經六籍의 총명總名이다. 이것이 팔서八書인데, 국가의 대체를 기록했다. 반씨는 이것을 지志라고 말했는데, 지志는 기록하는 것이다.《사기색은》)"라고 주석했다. 오경五經과 육적六籍은 대부분 유학 경전들인데, 사마천의 〈서〉가 오경육적의 총명이라는 것이다. 사마천이 유학 경전에 많은 영향을 받은 것은 사실이지만 〈팔서〉가 오경육적과 같지는 않다.

그러나 사마천이 〈팔서〉를 작성할 때 바탕이 되는 저본底本이 있었다는 견해는 계속 있어 왔다. 청나라의 역사학자였던 왕명성王鳴盛(1722~1797)이《십칠사각十七史榷》〈팔서소본八書所本〉에서 "《사기》〈팔서〉는《예기禮記》,《대대례大戴禮》,《순자荀子》와 가의賈誼의《신서新書》등에서 채록해 〈서〉를 완성했다.[史記八書 采禮記大戴禮荀子賈誼新書等 書而成]"라고 쓴 것이 이를 말해준다.

또한 사마천의 저술에 후대인들이 가필했다는 설도 제기되었다. 청대淸代의 학자 방포方苞(1668~1749)는《독사기팔서讀史記八書》에서 "이 〈서〉의 대부분은 사마천이 지은 것이고, 소부분은 저소손이 보속한 것이다.[以此書大部分為史公所作 少部分為褚少孫補續]"라고 말했다. 저소손은《사기》를 가필한 것 때문에 칭찬과 비난을 동시에 들었는데, 청나라의 왕원계王元啟(1714~1786)는《사기삼서정위史記三書正譌》에서 "이 〈서〉의 소부분은 사마천이 지은 것이고, 대부분은 후인들이 망령되이 가필한 것이다.[以此書小部分為史公所作 大部分為後人妄加]"라고 말했다. 〈서〉의 일부는 후대 학자들이 사마천의 이름에 위탁해 지어 넣었거나 가필되었다는 것이다.

《사기지의史記志疑》로《사기》연구사의 한 획을 그은 청대의 양옥승梁玉繩(1744~1819)도 〈예서〉는《순자荀子》의 10권 〈의병義兵〉과 13권 〈예론禮

論〉의 내용을 참조해 작성했고, 〈악서〉는 《예기》의 〈악기樂記〉를 참조해 후대에 가필한 것으로 보았다.

〈천관서天官書〉도 마찬가지로 여러 견해가 있는데, 왕명성王鳴盛은 이렇게 말했다.

"천관서 1편에 이르러서는 '소첨少詹 전대흔錢大昕(1728~1804)이 마땅히 《감석성경甘石星經》에서 취해서 지었다고 여겼다.[至天官書一篇 錢少詹大昕 以爲當是取甘石星經爲之]'라고 했는데, 내가 이 책을 살펴보니 《한서漢書》의 〈예문지藝文志〉에 실리지 않았고, 명대明代 앞의 속각본俗刻本에 그것이 있으니 당송唐宋 때 사람이 위탁한 것으로 의심된다.[愚考此書 漢藝文志已不載 而前明俗刻有之 疑唐宋人僞託也]"

청나라 전대흔은 《사기》 〈천관서〉는 고대 천문학 서적인 《감석성경》을 보고 썼다고 분석했지만 왕명성은 당송 때 사람이 위탁한 것으로 생각한다는 뜻이다. 어느 쪽이든 《사기》 〈천관서〉는 저본이 있었거나 후대의 저작으로 본다는 뜻이다. 양옥승도 〈천관서〉는 많은 부분이 가필되었다고 보고 있다.

물론 이에 대한 반박도 있다. 근세의 사학자 최적崔適(1852~1924)은 《사기탐원史記探源》에서 왕명성이 〈천관서〉가 《한서》 〈예문지〉에 실리지 않았다고 한 것에 대해 "이 〈천관서〉를 후인이 《한서》 〈천문지天文志〉에 모두 기록하고 있다.[以此書爲後人全錄自漢書天文志]"라고 하면서 왕명성王鳴盛의 주장에 오류가 있다고 지적했다.

〈서〉에 대한 견해가 이처럼 갈리는 것은 《사기史記》의 정본正本이 현존하지 않기 때문이다. 《사기》는 이미 전한前漢 후기에 가면 어느 것이 정본

인지 알 수 없을 정도로 여러 필사본이 유통되었다. 또한 〈경제기〉, 〈예서〉, 〈악서〉, 〈율서〉, 〈일자열전日者列傳〉 등 10여 편은 이미 잃어버린 상태였는데 사마천보다 후대인 전한 중기의 학자 저소손褚少孫이 다른 자료들을 참조해서 보충했기 때문에 그 정당성을 두고 오랫동안 논란이 일었다. 또한 후대에 필사되는 과정에서 가필한 흔적이 여러 판본에서 보이는 것도 사실이다.

〈팔서〉 중의 마지막 세 편인 〈봉선서〉, 〈하거서〉, 〈평준서〉는 사마천의 손때와 시각이 분명히 드러나는 부분이다. 〈봉선서〉는 무제가 하늘과 땅에 행했던 제사 등을 주로 수록했는데 사마천의 부친 사마담이 무제의 태산 봉선을 수행하지 못한 것을 천추의 한으로 삼았기 때문에 사마천은 봉선서에 대해서 크게 신경을 쓸 수밖에 없었다. 또한 〈봉선서〉의 주석에는 중원을 통일한 진秦 왕실이 동이족임을 말해주는 주석도 있다. 사마정은 〈봉선서〉에 대한 《색은》 주석에서 "진나라 임금은 서쪽에서 소호少昊에게 제사지내는데 희생은 흰색을 숭상한다.[秦君西祀少昊時牲尚白]"라고 써서 동이족 소호를 제사 지내면서 흰색을 숭상하는 진 왕실이 동이족이라는 사실도 시사하고 있다.

사마천은 〈하거서〉에서 무제 때 황하의 호자瓠子가 터져 크게 고생한 사실을 적었는데, 그 끝에 "나는 천자를 따라 나무 섶을 지고 선방에서 막았는데, 천자께서 호자에서 지은 시가 비통해서 이에 〈하거서〉를 지었다."라고 말하고 있다. 사마천도 직접 무제를 따라 황하가 범람한 곳에 가서 황하가 농지를 휩쓰는 현실을 목도했다. 이때 무제는 "호자의 물이 터지니 장차 이를 어찌 하리. 큰 물이 불어 마을 모두 하수가 되었구나."라고 읊었는데, 이를 직접 들은 사마천은 〈하거서〉를 지을 때 더욱 고심할 수밖에 없었다.

황하의 범람과 함께 백성들의 삶도 휩쓸려가는 현상을 목도하고 〈하거서〉를 지은 사마천은 경제 정책에 관한 보고서라고 할 수 있는 〈평준서〉를 지어 국부國富와 백성들의 경제 생활에 대한 견해를 서술했다. 〈평준서〉에는 한무제 때 시행했던 평준균수平准均輸 정책과 억상책인 고민령告緡令 등에 대해서 설명했다. 또한 국가의 강성과 쇠약이 모두 경제에 있다고 보아서 '태사공은 말한다'에서 "강성한 국가는 작은 여러 나라를 겸병해 제후를 신하로 삼고 허약한 국가는 조상의 제사가 끊기거나 세상에서 없어졌다."라고 말했다.

《한서漢書》를 편찬한 후한後漢의 반고班固는 〈서〉 대신에 〈지志〉를 편찬했는데, 예를 들면 《사기》 〈평준서〉 대신 반고는 《한서》 〈식화지食貨志〉를 편찬했다. 이후 여러 정사들이 대부분 《한서》의 체제를 따랐다. 《한서》의 〈지〉가 어떤 부분에서는 《사기》 〈서〉보다 더 정교한 것은 사실이지만 전범이 있는 상황에서 개선하는 것은 창작하는 것보다 훨씬 쉬운 일이다. 게다가 후한 때에 이르면 유학이 지배적 사상이 되면서 사마천이 《사기》에서 보여주었던 여러 서술들이 유가 전통의 틀에 갇히면서 형식에 치우치는 흐름이 나타난다는 점에서도 〈서〉의 가치는 격하될 수 없을 것이다.

```
┌─────────────────────────────────────────┐
│  사기 제25권 율서 제3                      │
│  史記卷二十五 律書第三                      │
└─────────────────────────────────────────┘
```

신주 〈율서〉는 병서이다. 황제부터 하, 은, 주 및 춘추, 전국 시대를 거쳐 진나라와 한나라에 이르기까지 군사 문제에 대해서 서술했다. 사마천은 〈태사공자서〉에서 〈율서〉에 관해 이렇게 말했다.

"병력이 아니면 나라가 강하지 못하고 덕이 아니면 나라가 번창하지 못한다. 황제, 상나라 탕왕, 주나라 무왕은 이로써 흥성했고, 하나라 걸왕, 은나라 주왕, 진나라 2세황제는 이로써 무너졌으니 경계하지 않을 수 있 겠는가. 사마법이 전해온 지 오래되었다. 태공망, 손무와 그의 후손 손빈, 오기, 왕자 성보成甫가 능히 이어 이를 밝혔는데, 근세에 들어 절실하니 인간사 변화에 미치기 때문이다. 이로써 제3장에 〈율서〉를 기술한다.[非兵 不彊 非德不昌 黃帝湯武以興 桀紂二世以崩 可不愼歟 司馬法所從來尙矣 太公孫吳王 子能紹而明之 切近世 極人變 作律書第三]"

그런데 〈율서〉는 단순한 병서가 아니라 음악과 밀접한 관련을 갖고 있 다는 특징이 있다. 고대 군주는 사업 계획이나 법法을 제정할 때 육률六 律(양육율과 음육려)에 바탕을 두었는데, 특히 전쟁에 나갈 때 율성律聲을 들고 승부를 미리 점쳤다. 군사는 성인聖人이 강폭함을 토벌하고 난세를 평정해서 세상을 구원하는 일이기 때문에 신중을 기했던 것이다. 그래서 주나라의 무왕은 은나라 주왕을 정벌할 때 군대가 화락하고 군주와 군졸이 한마음이 된다는 의미의 궁성宮聲을 들었다고 한다.

율律에는 12율성이 있다. 양육률陽六律은 황종黃鍾, 태주太簇, 고선姑洗, 유빈蕤賓, 이칙夷則, 무역無射이고, 음육려陰六呂는 대려大呂, 협종夾鍾, 중려中呂, 임종林鍾, 남려南呂, 응종應鍾으로 모두 12율이다. 그래서 열두 달을 이에 비유하기도 한다. 10월 응종, 11월 황종, 8월 남려, 9월 무역, … 등이 그러한데, 이는 오행五行과 팔정八正의 기가 소통한다고 보았기 때문이다. 또한 이 서書에서 율관의 수치와 악기의 길이로 오음五音(궁, 상, 각, 치, 우)을 산정하고 있는데 그 근거가 치밀해서 놀라게 된다.

옛사람들은 나라를 세우는 일이나 군사를 동원하는 일도 힘의 강약뿐만 아니라 하늘의 이치를 세상에 구현하는 일로 여겼고, 그래서 병서에서 음악을 중시했던 것이다. 인간사를 하늘의 이치와 합치시키려고 노력했다는 점에서 병서를 상대를 이기기 위한 도구로만 생각하는 현대에 시사하는 바가 크다.

율서는 병서이다

> 왕이 사업을 계획하고 법을 제정하며 사물의 법칙을 헤아릴 때 오
> 로지 육률六律①에 바탕을 두었으니 이는 육률이 모든 일의 근본
> 이기 때문이다.② 그것은 군사적 도구로 더욱 중요하다.③ 그러므로
> "적군 위의 운기를 보고 길흉을 점치고,④ 군대의 소리를 들어보고
> 승부를 점친다."⑤라고 했다. 모든 왕들은 이를 바꾸지 않는 도道
> 로 여겼다.
>
> 王者制事立法 物度軌則 壹稟於六律① 六律爲萬事根本焉② 其於兵械
> 尤所重③ 故云望敵知吉凶④ 聞聲效勝負⑤ 百王不易之道也

① 六律육률

색은 살펴보니 율律은 열두 가지가 있다. 양陽 여섯이 율律이 되는데,
황종黃鍾, 태주太族, 고선姑洗, 유빈蕤賓, 이칙夷則, 무역無射이다. 음陰 여
섯은 려呂가 되는데, 대려大呂, 협종夾鍾, 중려中呂, 임종林鍾, 남려南呂, 응
종應鍾이 그것이다. 율律이라는 것에 대해 《이아》 〈석명〉에서 "율은 술述
이다. 양기를 기술하기 때문이다."라고 했다. 《한서》 〈율력지〉에서는 "여呂

는 여려旅이며 양기를 돕는다."라고 했다. 살펴보니 옛날에 율律은 대나무를 사용했고 또 옥玉도 사용했으며, 한나라 말기에는 동을 사용해 만들었다. 려呂는 또한 '한閒'이라 일컬었다. 그러므로 육률육한六律六閒이라는 설이 있었다. 원한元閒은 대려大呂이고 이한二閒은 협종夾鍾이라는 것이다.

한나라 경방京房이 5음과 6율의 수를 알았으니, 12율이 변해서 60에 이르는 것은 마치 8괘가 변해서 64괘가 되는 것과 같다. 그러므로 중려中呂에서 1/3을 더하여 집시執始가 되고 집시는 1/3을 빼서 거멸去滅이 되어, 상생과 하생이 서로 낳아 남려南呂에서 끝마치며 60율이 끝난다.

按 律有十二 陽六爲律 黃鍾太蔟姑洗蕤賓夷則無射 陰六爲呂 大呂夾鍾中呂 林鍾南呂應鍾是也 名曰律者 釋名曰 律 述也 所以述陽氣也 律曆志云 呂 旅 助 陽氣也 案 古律用竹 又用玉 漢末以銅爲之 呂亦稱閒 故有六律 六閒之說 元閒 大呂 二閒夾鍾是也 漢京房知五音六律之數 十二律之變至六十 猶八卦之變爲 六十四卦也 故中呂上生執始 執始下生去滅 上下相生 終於南事 而六十律畢也

신주 경방京房(서기전 77~서기전 37)은 전한의 학자로 본성은 이李이고 자는 군명君明인데, 스스로 경씨로 바꾼 것으로 추정된다. 양梁나라 사람 초연수焦延壽에게《역》에 대해서 배웠는데, 초연수는 "나의 도를 배워 몸을 망칠 자는 반드시 경생京生일 것이다."라는 말을 남겼다고 한다. 경방은 한원제에게 총애를 받아 초원 4년(서기전 45)에 효렴으로 천거되어 위군 태수까지 되었다. 그러나《춘추》및《역》에 관하여 오록충종五鹿充宗을 비난했다가 환관 석현石顯과 시비가 붙어 '정치를 비방하는 것이 천자에게 악한 것으로 돌아갔다'는 죄명으로 기시당해 죽었다. 그 후 은가殷嘉 등 경방의 제자 세 명이 경학박사가 되어 경방의《역》을 경씨학京氏學으로 만들었다.《역전易傳》3권을 비롯한 많은 저서가 있다.

위에서 '상생上生'이란 본래 율에서 1/3씩 더한다는 뜻이고, '하생下生'

은 1/3씩 뺀다는 뜻이다. 즉 상생은 앞의 수에 4/3을 곱하고 하생은 앞의 수에 2/3를 곱하면 된다. 이러면 12율이 구해진다. 자세한 것은 마지막 편 '율수의 규정'에서 알 수 있다.

② 萬事根本焉만사근본언

색은 《한서》〈율력지〉에서는 "대저 역曆을 미루어 율律이 태어나고, 기구를 만들어 그림쇠(원형을 그리는 컴퍼스)로 원을 그리고, 곱자로 네모를 그리며, 저울로 무게와 평형을 재고, 수준기와 먹줄로 잘 측량하여 자취를 더듬고 숨은 것을 찾으며, 깊은 데서 끌어올리고 멀리까지 이르니 사용하지 않는 것이 없었다."라고 했는데, 이것이 온갖 일의 근본이다.
律曆志云 夫推曆生律 制器規圜矩方 權重衡平 準繩嘉量 探賾索隱 鉤深致遠 莫不用焉 是萬事之根本

신주 이런 까닭에 〈율서〉를 '병서兵書'라고도 한다. 그 관계를 청나라 고증학자 조익趙翼이 논했지만, 여기서 충분히 살펴볼 수 있으므로 생략한다.

③ 兵械尤所重병계우소중

색은 살펴보니 《역》에서는 '군대의 출진을 율로 한다'고 했는데, 이곳에서는 '군사적 도구로 더욱 소중하다'고 했다.
按 易稱師出以律 是於兵械尤重也

정의 안에서 이루어진 것을 기器라고 하고, 밖에서 이루어진 것을 계械라고 하는데, 계械는 궁弓, 시矢, 수殳, 모矛, 과戈, 극戟을 말한다. 유백장은 "율을 불어서 소리를 살피고, 음악을 듣고 정사를 알며, 사광師曠은 노래를 살펴 진나라와 초나라의 강약을 알았으니, 병가에서는 더욱 중요하다.”라고 했다.

內成曰器 外成曰械 械謂弓矢殳矛戈戟 劉伯莊云 吹律審聲 聽樂知政 師曠審
歌 知晉楚之彊弱 故云兵家尤所重

④ 故云望敵知吉凶고운망적지길흉

색은　무릇 적진 위에는 모두 기색氣色이 있어 기가 강하면 소리도 강하
고 소리가 강하면 그 군사들은 굳세다. 율은 기가 통하게 하므로 길하고
흉한 것을 안다.

凡敵陣之上 皆有氣色 氣強則聲強 聲強則其衆勁 律者 所以通氣 故知吉凶也

정의　무릇 양쪽의 군사가 서로 대적할 때 위에는 모두 구름의 기운과
햇무리가 있다. 〈천관서〉에서는 “햇무리 등은 힘이 균등하다. 두껍고 장대
하면 승리가 있고, 엷고 짧으면 승리가 없다.”고 했다. 그러므로 구름의 기
운을 보고 승부나 강하고 약함을 안다. 옛말을 인용해서 말했으므로 ‘고
운故云’이라고 했다.

凡兩軍相敵 上皆有雲氣及日暈 天官書云 暈等 力鈞 厚長大 有勝 薄短小 無勝
故望雲氣知勝負彊弱 引舊語乃曰 故云

⑤ 聞聲效勝負문성효승부

색은　《주례》에서 “태사가 동률同律(음의 소리와 양의 소리)을 가지고 군대
의 소리를 듣고 그 길흉을 점친다.”라고 하였다.《좌전》에서 사광師曠이
“남풍南風의 노래를 알면 다투지 않는다.”라고 한 것이 같은 말이다.

周禮 太師執同律以聽軍聲而占其吉凶 是也 故左傳稱師曠知南風之不競 此即
其類也

정의　《주례》에서 “태사가 동률을 가지고 군대의 소리를 듣고 그 길흉

을 알렸다."라고 하고, 《좌전》에서는 사광師曠이 남풍南風의 노래를 알면 다투지 않는다고 한 것이 같은 말이다.

周禮云 太師執同律以聽軍聲而詔其吉凶 左傳云師曠知南風之不競 即其類

신주 '남풍가'는 고대에 순임금이 불렀다는 노래로, 〈악서〉에 있다.

무왕武王이 주紂를 정벌할 때 율을 불어 소리를 들었는데,[1] 초봄 (정월)부터 늦겨울(12월)까지 미루어보니 살기殺氣가 서로 섞여 있어서[2] 음 중에서 궁성宮聲을 숭상했다.[3] 소리가 같으면 서로 따르는 것은 사물의 자연스러운 바이니 어찌 기이하다고만 하겠는가? 군비軍備란 성인聖人이 강폭한 자를 토벌하고 난세를 평정하며, 사악한 것의 위험으로부터 구출하기 위해 존재한다. 설령 날카로운 이빨과 뿔을 가진 짐승도 침해를 당하면 맞서는 법인데, 하물며 좋아하고 미워하며 기뻐하고 노여워하는 기를 품은 사람이야 어떻겠는가? 기쁘면 아끼는 마음이 생기지만 노여우면 해로운 독[4]이 더해지니, 성정性情의 이치이다.

武王伐紂 吹律聽聲[1] 推孟春以至于季冬 殺氣相幷[2] 而音尚宮[3] 同聲相從 物之自然 何足怪哉 兵者 聖人所以討彊暴 平亂世 夷險阻 救危殆 自含齒戴角之獸見犯則校 而況於人懷好惡喜怒之氣 喜則愛心生 怒則毒螫[4]加 情性之理也

---

① 吹律聽聲취율청성

색은 그 일에는 마땅히 출처가 있을 것인데 지금은 자세하지 않다.

其事當有所出 今則未詳

② 殺氣相幷 살기상병

정의 군주가 포학하고 심히 급하면 항상 차가운 것이 응한다. 차가움은 북방에서 생기니 곧 살기殺氣이다. 무왕이 주紂를 정벌할 때 율을 불어 봄부터 겨울까지 살기가 서로 섞여져서 율이 또한 응했다. 그러므로 〈홍범〉의 '구징咎徵'에서 "급한 것은 항상 추운 것과 같다고 한 것이 이것이다."라고 했다.

人君暴虐酷急 即常寒應 寒生北方 乃殺氣也 武王伐紂 吹律從春至冬 殺氣相幷 律亦應之 故洪範咎徵云 急常寒若 是也

신주 〈홍범〉의 '구징'은 《서경》의 홍범 구주九疇에 나온다. 임금이 정치를 잘하고 잘 못하는 것에 따라서 하늘에서 여러 가지 조짐을 보이는데, 임금이 정사를 잘 펼치면 좋은 징조인 휴징休徵을 내리고, 그렇지 않으면 나쁜 징조인 구징咎徵을 내린다는 것이다. 휴징은 '임금이 정숙하면 제때 비가 내리고, 민첩하면 제때에 볕이 비치고, 현철賢哲하면 제때에 날씨가 따뜻하고, 지모智謀가 있으면 제때에 날이 춥고, 성스러우면 제때에 바람이 부는[曰肅時雨若 曰乂時暘若 曰哲時燠若 曰謀時寒若 曰聖時風若]' 것이다. 구징은 '임금이 광망狂妄하면 늘 비가 오고, 참람僭濫하면 늘 볕만 나고, 안일安逸하면 늘 따뜻하고, 급하게 굴면 늘 춥고, 몽매蒙昧하면 늘 바람이 부는[曰狂恒雨若 曰僭恒暘若 曰豫恒燠若 曰急恒寒若 曰蒙恒風若]' 것이다.

③ 音尙宮 음상궁

정의 《병서》에서 말한다. "대저 싸움에서는 태사가 율을 부는데 음이 상商에 합하면 싸움에서 승리하고 군사는 강해진다. 각角에 합하면 군대는 흔들리고 변화가 많아서 군사들이 마음을 잃는다. 궁宮에 합하면 군대는 화락하고 군주와 졸병이 한마음이 된다. 치徵에 합하면 장수는 급하고 자주 노여워해 병사들이 피로하다. 우羽에 합하면 군사는 허약하고 위엄이 적다."

兵書云 夫戰 太師吹律 合商則戰勝 軍事張彊 角則軍擾多變 失士心 宮則軍和 主卒同心 徵則將急數怒 軍士勞 羽則兵弱少威焉

신주 5음 궁, 상, 각, 치, 우는 각각 네 계절과 방위에도 적용된다. 각성은 봄으로 동방이고, 궁성은 여름이고 중앙이며, 치성은 남방이고, 상성은 가을이며 서방이고, 우성은 겨울이며 북방이다. 《여씨춘추》 〈고악〉에 "궁성을 들으면 사람은 온량하면서 관대해진다."라고 기록하고 있다.

④ 螫석

정의 螫은 '석釋'으로 발음한다.

螫音釋

옛날에 황제는 탁록涿鹿의 전쟁에서 화재火災를 진정시켰다.① 전욱은 공공共工의 (산을 들이받는) 도움이 있어 수해를 다스렸다.② 성탕은 남소南巢③의 정벌로 하나라의 변란을 평정했다. 번갈아 흥하고 번갈아 무너지며 승리한 자가 권력을 장악했는데④ 이는 하늘에서 받은 것이다.

이때 이후로 병술의 명사들이 잇달아 일어났는데, 진晉나라는 구범咎犯⑤을 등용하고, 제나라는 왕자王子⑥를 등용하고, 오나라는 손무孫武를 등용했다. 이들은 군령을 명백히 밝히고 상벌을 바르게 함으로써 반드시 믿게 하여 마침내 제후의 우두머리가 되었고 다른 나라 토지를 차례로 겸병했다. 비록 3대(夏, 殷, 周)의 훈계와 맹세에는 미치지 못했으나, 자신은 총애를 입고 군주는 존경받아 당대에 이름을 날렸으니 이 어찌 영예롭다고 하지 않겠는가?

昔黃帝有涿鹿之戰 以定火災[1] 顓頊有共工之陳 以平水害[2] 成湯有南巢[3]之伐 以殄夏亂 遞興遞廢 勝者用事[4] 所受於天也 自是之後 名士迭興 晉用咎犯[5] 而齊用王子[6] 吳用孫武 申明軍約 賞罰必信 卒伯諸侯 兼列邦土 雖不及三代之誥誓 然身寵君尊 當世顯揚 可不謂榮焉

① 以定火災이정화재

집해 문영이 말했다. "신농씨의 자손이 포학하여 황제가 정벌했다. 그러므로 화재가 평정되었다."

文穎曰 神農子孫暴虐 黃帝伐之 故以定火災

신주 황제가 신농씨의 자손을 정벌해서 화재가 평정되었다고 보는 논리는 오덕종시설五德終始說의 하나이다. 이는 전국시대 음양가 추연鄒衍이 주장한 왕조교체 사상이다. 오덕五德이란 오행의 목木, 화火, 토土, 금金, 수水가 각각 다섯 종류의 덕성을 가지고 있다는 것이다. 종시終始란 오덕이 주기적으로 교체되는 것을 말하는데, 원래 유가의 오행사상을 전국시대 제나라의 사상가였던 추연鄒衍이 왕조 교체의 논리로 해석했다. 추연은 "목은 토를 이기고, 금은 목을 이기고, 화는 금을 이기고, 수는 화를 이기고, 토는 수를 이긴다."고 말했다. 신농은 화火이고, 황제는 토土이기 때문에 토가 화를 극복한다는 것도 일종의 오덕종시설의 하나이다. 이를 고대 왕조 교체에 대비하면 '황제(토)→하夏(목)→상商(금, 백색을 숭상)→주周(화, 적색을 숭상)→진秦(수, 흑색을 숭상)→한漢'이 되는데, 한漢은 시조 고조 유방은 수水였지만 무제 때 토土가 되어 황색을 숭상했다고 한다.

② 以平水害이평수해

[집해] 문영이 말했다. "공공共工은 물을 주관하는 관직이다. 소호씨少昊氏가 쇠약해지자 정권을 잡고 포학하게 정치했다. 그래서 전욱씨顓頊氏가 정벌했다. 본래 물을 주관한 관직인 까닭에 물을 위하여 행했다고 한다."

文穎曰 共工 主水官也 少昊氏衰 秉政作虐 故顓頊伐之 本主水官 因爲水行也

③ 南巢남소

[정의] 남소南巢는 지금 여주廬州 소현巢縣이다. 《회남자》에서 "탕왕이 걸桀을 정벌하고 역산歷山으로 추방하자, 말희末喜와 함께 배를 타고 장강에 떠서 남소南巢의 산으로 달아나 죽었다."고 했다. 살펴보니 소巢는 곧 산 이름이고 옛날 소백국巢伯國이다. 남소南巢라고 한 것은 중국의 남쪽에 있기 때문이다.

南巢 今廬州巢縣是也 淮南子云 湯伐桀 放之歷山 與末喜同舟浮江 奔南巢之山而死 按 巢即山名 古巢伯之國 云南巢者 在中國之南也

④ 用事용사

[신주] '권력을 장악하다'라는 뜻이다.

⑤ 咎犯구범

[정의] 호언이고 구계이다. 또 서신이라고 한다.

狐偃也 咎季也 又云胥臣也

신주 진晉나라 대신大臣이자 문공文公의 외삼촌이다.

⑥ 王子왕자

색은 서광이 말했다. "왕자 성보이다."

徐廣云 王子成父

어찌 세상의 유생과 더불어 큰 법①에 어두워서 경중을 헤아리지 못하고 외람되게 덕화德化만을 말하며, 용병은 부당하다고 여겨서, 크게는 군주가 욕을 당하고 나라를 지키지 못하는 데에② 이르고, 작게는 나라가 침범당하고 삭감당하면서 쇠약해져도 끝내 고집을 부리며 꿈적도 하지 않는 무리가 되려 하는가! 그래서 가르치기 위한 회초리는 집안에서 없애서는 안 되고, 나라에서 형벌을 없애서는 안 되며, 천하에서 주벌을 멈추게 해서는 안 된다는 것이니, 그것을 사용하는 데 교묘함과 졸렬함이 있고 그것을 행하는 데 역순逆順의 차이가 있을 뿐이다.

豈與世儒闇於大較① 不權輕重 猥云德化 不當用兵 大至君辱失守② 小乃侵犯削弱 遂執不移等哉 故教笞不可廢於家 刑罰不可捐於國 誅伐不可偃於天下 用之有巧拙 行之有逆順耳

---

① 大較대각

색은 대각大較은 대법이다. 순우곤이 "수레가 각較이 없으면 그의 임무를 건디지 못한다.”라고 한 것이 이것이다. 較는 ‘각角’으로 발음한다.

大較 大法也 淳于髡曰 車不較則不勝其任 是也 較音角

신주 각較 자는 수레 차車 자와 사귈 교交 자의 결합인데,《소전小篆》에서는 효爻 자가 쓰였다. 효爻 자는 말과 마차를 연결하는 ‘가름대’를 뜻하는데, 가름대 양쪽에 줄을 이어 말의 방향을 바꾸는 조정 역할을 했다. 해서에서는 효爻자가 교交자로 바뀌면서 본래 의미를 유추하기 어렵게 되었지만 원래 較자가 좌우를 조정하는 의미에서 ‘견주다’나 ‘비교하다’로 쓰인 것이 글자 뜻에 남아 각과 교로 읽히게 된 것이다.

② 君辱失守군욕실수

색은 서광이 말했다. “송양공 같은 것이 이것이다.”

徐廣云 如宋襄公是也

신주 송양공宋襄公(재위 서기전 650~서기전 637)은 춘추시대 송나라 환공桓公의 아들이고 성공成公의 부친이다. 서기전 642년 제환공齊桓公이 죽은 후 제나라에 분열이 일어나자 위衛, 조曹, 주邾 등과 함께 내분을 평정하고 효공을 옹립해 제후국들 사이에서 명성이 높아졌다. 그는 제환공의 뒤를 이어 패자가 되기 위해 남방의 초나라와 패권 다툼을 했는데, 재위 13년(서기전 638) 정나라를 공격하자 초나라가 개입해서 홍수에서 싸웠다. 송양공은 강을 건너는 초나라를 공격하자는 건의를 인의仁義가 아니라고 묵살했다가 크게 패하고 큰 부상을 입어 죽었다. 그가 강을 건너는 초나라를 공격하지 않은 데서 송양지인宋襄之仁(제 분수도 모르고 남을 동정하는 어리석은 어짊을 뜻함)이라는 고사성어가 생겼다.

하나라 걸왕桀王이나 은나라 주왕紂王은 맨손으로 승냥이나 이리를 물리치고 맨발로 수레를 끄는 네 마리의 말을 뒤쫓을 만큼 용맹이 결코 미약하지 않았다. 백 번을 싸워 능히 이기고 제후들이 두려워하며 복종했으니 권세가 가볍지 않았다. 진秦나라 2세 황제는 군사를 쓸모없는 땅에 주둔시키고① 변방에까지 군사들을 보내 머물게 했으니 힘이 약한 것이 아니었다. 흉노와 원한을 맺고 월越나라에도 화근을 심었으니② 그 세력 또한 약한 것이 아니었다. 그의 위엄과 세력이 다했을 때는 시골 마을의 사람들도 적국敵國으로 여겼으니, 그 죄는 무력을 다해도 만족할 줄 모르고 (목적을 달성해도) 탐욕스러운 마음이 그치지 않았기 때문에 생긴 것이다.

夏桀 殷紂手搏豺狼 足追四馬 勇非微也 百戰克勝 諸侯懾服 權非輕也 秦二世 宿軍無用之地① 連兵於邊陲 力非弱也 結怨匈奴 絓②禍於越 勢非寡也 及其威盡勢極 閭巷之人爲敵國 咎生窮武之不知足 甘得之心不息也

① 宿軍無用之地숙군무용지지

색은 항상 군사들이 도성의 교외 뜰에서 호위하는 것을 말한다.

謂常擁兵於郊野之外也

정의 30만 명으로 북쪽 변방을 수비하게 하고 50만 명으로 오령五嶺을 지키게 한 것을 말한다. 군사들을 변방에 연대시켰다고 한 것은 곧 군사들을 쓸모없는 땅에 머무르게 한 것이다.

謂三十萬備北 (關) 〔邊〕 五十萬守五嶺也 云連兵於邊陲 即是宿軍無用之地也

② 絓괘

정의 絓는 '홰[胡卦反]'로 발음한다. 고야왕은 "괘絓는 礙애(막다)이다."라고 했다.

絓 胡卦反 顧野王云 絓者 所礙

신주 고야왕顧野王(519~581)은 처음에는 양梁나라에 출사해 태학박사가 되었다가 양나라 멸망 후에는 진陳을 섬겨 찬사撰史 학사 및 국자國子 박사가 되었다. 1만 6,017자를 540부로 구분한 자전《옥편》 30권을 저술하였다.

(한漢) 고조가 천하를 차지했을 때는 변방 세 곳에서 반란이 있었다.[①] 대국大國의 왕들이 비록 번藩(울타리)이라 칭하여 도왔으나 신하의 절개를 다하지 않았다. 공교롭게도 고조는 군사를 쓰는 것을 싫어했고, 또한 소하蕭何와 장량張良의 계책이 있어서 무기를 쓰지 않고도 단번에 (전쟁을) 멈추도록 할 수 있었으나 적을 얽어매는 수단은 갖추지 못했다.

高祖有天下 三邊外畔[①] 大國之王雖稱蕃輔 臣節未盡 會高祖厭苦軍事 亦有蕭張之謀 故偃武一休息 羈縻不備

---

① 三邊外畔삼변외반

신주 세 변방의 반란은 회남왕 영포英布, 대代의 진희陳豨, 연왕 장도臧荼의 반란을 가리킨다.

효문제가 즉위하자 장군 진무陳武^① 등이 의논해서 말했다.

"남월과 조선朝鮮^②은 온전히 진秦나라 때부터 내속內屬하여 신하가 되었는데,^③ 뒤에 다시 군사를 끼고 험난한 요새를 의지해 꿈틀꿈틀 기회를 엿보며 관망하고 있습니다.^④ 고조 때에 천하를 새로 평정하여 백성들이 다소 안정되었으므로 다시 군사를 일으키지 않았습니다. 지금 폐하께서 인자하게 은혜를 베풀어 백성을 어루만지고 은택을 천하에 더하시면 마땅히 선비나 백성에 이르기까지 등용되는 것을 좋아해서 반역의 무리들을 쳐낼 것이니 통일된 강역을 다스릴 수 있습니다."

歷至孝文即位 將軍陳武^①等議曰 南越朝鮮^②自全秦時內屬爲臣子^③ 後且擁兵阻阨 選蠕觀望^④ 高祖時天下新定 人民小安 未可復興兵 今陛下仁惠撫百姓 恩澤加海內 宜及士民樂用 征討逆黨 以一封疆

① 陳武진무

신주 고조 공신 순위 13위로, 효문제를 옹립하는 일에 가담하여 대장군大將軍이 되었다. 극포후棘蒲侯에 봉해졌다.

② 朝鮮조선

정의 '조선朝鮮'과 '조선潮仙' 두 가지로 발음한다. 고려(고구려) 평양성은 본래 한나라 낙랑군으로 왕험성王險城이고 곧 옛 조선 땅이다. 당시에 조선왕 만滿이 그곳에 자리잡았다.

潮仙二音 高驪平壤城本漢樂浪郡王險城 即古朝鮮地 時朝鮮王滿據之也

신주 이는 위만이 왕으로 있던 위만조선을 뜻하는 것이다. 고구려 평양성이 본래 한나라 낙랑군이자 위만이 수도로 삼았던 지역이라는 뜻이다. 《사기》〈진시황본기〉 진시황 26년 조에 "진秦나라의 영토는 동쪽으로 바다에 이르러 조선朝鮮에 닿았고"라는 본문의 '바다'에 대한 주석에서 "해海는 발해의 남쪽에서 양주揚州, 소주蘇州, 태주台州 등지에 이르는 동해東海이다. '기暨'는 '급及(미치다)'의 뜻이다. 동북東北은 조선국朝鮮國이다." 라고 말했다. 지금의 발해 동북쪽이 위만조선이라는 뜻이다. 또한 《사기》〈조선열전〉에서는 위만이 연나라와 제나라 망명자들의 왕 노릇을 하면서 도읍을 왕험성으로 삼았다고 하고 있는데, 지금의 북경 부근에 있던 연나라와 산동반도에 있던 제나라 망명자들이 지금의 평양까지 올 수는 없다는 점에서 이 또한 위만조선의 도읍이 지금의 평양은 아니라는 사실을 말해준다.

이 왕험성에 대한 집해 에서 서광은 "창려昌黎에 험독현險瀆縣이 있다."라고 말했고, 색은 에서 위소韋昭는 "옛 읍의 이름이다."라고 말했는데, 응소가 주석하기를 "〈지리지〉에 요동군 험독현이 있는데, 조선의 옛 도읍이다"라고 했다. 또한 신찬臣瓚은 "왕험성은 낙랑군 패수의 동쪽에 있다."라고 말했다. 이는 위만이 도읍했던 왕험성에 한나라에서 험독현을 설치했는데 그 소속이 요동군이라는 것이다. 요동군 험독현이니 지금의 평양은 아니다. 또한 요동군 왕험성은 낙랑군 패수의 동쪽에 있다고 했으니 낙랑군은 요동군보다 서쪽에 있다는 것으로 역시 지금의 평양이 될 수는 없다.

③ 自全秦時內屬爲臣子 자전진시내속위신자

신주 진나라 때 조선이 내속內屬하여 신하가 되었다는 주장은 근거가 없다. 앞서 언급한 〈진시황본기〉에서는 "진나라의 영토는 동쪽으로 바다에 이르러 조선에 닿았고"라고 했는데, 이 바다를 발해와 지금의 중국 동해안가로 말하고 있으므로 이 바다를 경계로 고조선과 마주하고 있었을 것이다.

④ 後且擁兵阻阨 選蠕觀望후차옹병조액 선연관망

[집해] 阨은 '애[厄賣反]', 選은 '션[思兗反]', 蠕은 '연[而兗反]'으로 발음한다.

阨音厄賣反 選音思兗反 蠕音而兗反

[색은] 蠕은 '연軟'으로 발음한다. 선연選蠕은 몸을 움직여서 나아가 일을 이루려는 상태를 말한다.

蠕音軟 選蠕謂動身欲有進取之狀也

효문제가 대답했다.

"짐①이 의관을 차려입고 즉위했는데도 생각이 거기까지 이르지는 못했소. 여씨呂氏의 난②을 만났을 때 공신이나 종실이 함께 짐을 추대했으므로 (짐도 덕이 없음을) 부끄러워하지 않았소. 중정中正의 위치③에 잘못 처하고서 항상 전전긍긍하면서 직분을 다하지 못할까 두려워했소. 또 병기는 흉기凶器이며, 비록 원하는 바를 이룰 수 있다 해도 군사를 동원하는 것 또한 비용이 드는 병폐인데다가 백성을 원정하게 해야 하니 어찌 그럴 수 있겠는가? 또한 선제께서도 힘든 백성을 번거롭게 할 수 없음을 알았기 때문에 정벌할 뜻을 두지 않은 것이오. 그런데 짐이 어찌 그렇게 할 수 있다고 하겠소?

지금 흉노가 안으로 침범해 들어와도 군리軍吏들이 공을 세울 수가 없고 변방에 사는 백성 부자父子들이 병기를 지니고[④] 살아온 지가 오래되었소. 짐은 항상 이를 마음 아파하면서 그것을 잊은 날이 없소. 지금 능히 병력을 쓸 수 없으니 원컨대 변방을 굳건히 하고 척후를 설치하며 화친을 맺고 사신을 통해서 북쪽 변방을 안심할 수 있다면 그 공로가 많을 것이오. 앞으로 군사에 관한 논의는 더는 하지 마시오."

孝文曰 朕[①]能任衣冠 念不到此 會呂氏之亂[②] 功臣宗室共不羞恥 誤居正位[③] 常戰戰慄慄 恐事之不終 且兵凶器 雖克所願 動亦秏病 謂百姓遠方何 又先帝知勞民不可煩 故不以爲意 朕豈自謂能 今匈奴內侵 軍吏無功 邊民父子荷[④]兵日久 朕常爲動心傷痛 無日忘之 今未能銷距 願且堅邊設候 結和通使 休寧北陲 爲功多矣 且無議軍

① 朕짐

정의 朕은 '음[而禁反]'으로 발음한다.

朕音而禁反

② 呂氏之亂여씨지란

신주 제여의 난諸呂之亂(서기전 180년 9월)을 말한다. 정권을 잡고 있던 여씨呂氏들이 여태후가 죽자 위태로움을 느끼고 반란을 계획한다. 이때 주허후 유장이 그들의 음모를 알고 주발, 관영 등과 함께 여록과 여산의 군권을 빼앗고 여러 여씨들을 제거한 후 대왕代王 유항劉恒을 황제로 옹립하였다. 이렇게 즉위한 인물이 효문제이다.

③ 正位정위

신주 《맹자》〈등문공〉에 "천하의 넓은 집에 살며[居天下之廣居] 천하의 바른 자리에 서며[立天下之正位] 천하의 큰 도를 행하여[行天下之大道] 뜻을 얻으면 백성들과 함께 하고[得志 與民由之]……"라는 말이 나온다. 여기에서 정위正位란 예禮에 입각해서 일을 행하면 언제나 중정의 위치를 벗어나지 않음을 가리킨다.

④ 荷하

정의 荷는 '하[何我反]'로 발음한다.

荷音何我反

이에 따라 백성은 안팎의 요역이 없어져 휴식을 취하며 농사를 지었고, 천하가 매우 부유해져서 곡식 가격은 10여 전에 이르렀으며, 닭이 울고 개가 짖는 소리가 들리게 되었고,① 밥 짓는 연기가 만리까지 이르렀으니② 참으로 평화롭고 즐거운 모습이로구나!

故百姓無內外之繇 得息肩於田畝 天下殷富 粟至十餘錢 鳴雞吠狗① 煙火萬里② 可謂和樂者乎

---

① 鳴雞吠狗명계폐구

신주 원래는 계명구폐鷄鳴狗吠로 《맹자》〈공손추 上〉에 "닭이 울고 개 짖는 소리가 서로 들려 사방 경계에 이르고 있다.[鷄鳴狗吠 相聞而達乎四

境]"라는 말이 나온다. 백성들이 평화롭고 여유로워서 인구가 크게 늘어난 모습을 뜻한다.

② 煙火萬里연화만리

신주 백성들의 풍족한 생활을 표현한 것인데, 《노자》에서 '계견상문鷄犬相聞 연화만리煙火萬里'라며 이상사회를 묘사하였다.

태사공이 말한다.

문제 때 마침내 천하에는 탕화湯火 같은 전란[1]이 없어지고 백성들은 즐겁게 일했다. 그들이 원하는 대로 되어 소란이 없어졌기 때문에 백성들은 마침내 평안하였다. 육칠십 세 된 노인이 일찍이 저잣거리에 가보지 않고도 놀며 즐기는 것이 마치 어린아이의 모습과 같았으니, (문제는) 공자가 칭송한 덕 있는 군자가 아니겠는가![2]

太史公曰 文帝時 會天下新去湯火[1] 人民樂業 因其欲然 能不擾亂 故百姓遂安 自年六七十翁亦未嘗至市井 游敖嬉戲如小兒狀 孔子所稱有德君子者邪[2]

---

① 湯火탕화

[색은] 진秦나라가 어지러워 초와 한이 교전할 때 마치 끓는 물과 불에 떨어지는 것과 같았다는 것을 말하며, 이는 곧 《서경》에서 "사람이 진흙탕과 숯불에 빠진다."라고 한 것과 같다.

謂秦亂 楚漢交兵之時 如遺墜湯火 即書云 人墜塗炭 是也

② 孔子所稱有德君子공자소칭유덕군자

색은 《논어》〈자로〉에서 말한다. "선인善人이 나라를 다스리기를 100년
이면 또한 가히 잔악한 것을 눌러 이기고 살육을 제거할 수 있다."

論語曰 善人爲邦百年 亦可以勝殘去殺也

12율

《서경》에서는 칠정과 28사舍[1]에 대해 말한다. 율력律曆으로 하늘은 오행五行과 팔정八正[2]의 기를 소통시켜서 만물을 성숙成熟시킨다고 했다. 사舍는 해와 달이 머무는 곳이다. 사舍는 기를 펼치는 것이다.

書曰 七正 二十八舍[1] 律曆 天所以通五行八正[2]之氣 天所以成孰萬物也 舍者 日月所舍 舍者 舒氣也

① 七正 二十八舍 칠정이십팔사

[색은] 칠정七正은 일日, 월月, 오성五星(수성, 금성, 화성, 목성, 토성)이다. 칠七은 천시天時를 바르게 할 수 있다. 또 공안국은 "칠정은 일월과 오성이 각각 정政을 달리하는 것"이라고 했다. 28수宿는 칠정이 머무는 곳이다. 사舍는 '지止'이다. 수宿는 '성차星次'이다. 일월과 오성이 운행하면서 간혹 28수의 자리에 머문다는 말이다.

七正 日月五星 七者可以正天時 又孔安國曰 七正 日月五星各異政也 二十八宿,〔七正〕之所舍也 舍 止也 宿 次也 言日月五星運行 或舍於二十八次之分也

② 八正팔정

팔은 팔절의 기가 팔방의 바람과 응하는 것이다.

八謂八節之氣 以應八方之風

팔절八節은 한 해 동안에 있는 24절기節氣 가운데 여덟 절기, 즉 입춘立春, 춘분春分, 입하立夏, 하지夏至, 입추立秋, 추분秋分, 입동立冬, 동지冬至를 말한다. 하늘에는 오행팔정의 기가 있다. 율력으로 계산해서 이 것을 안다.

부주풍不周風①은 서북쪽에 머무르며 삶과 죽음을 주관한다. 동벽수東壁宿(벽수)는 부주풍의 동쪽에 머무르며 생기生氣를 열어주는② 것을 주관하고 동쪽으로 가서 영실營室(실수室宿)③에 이른다. 영실은 집 짓는 것을 주관해 양기陽氣를 품고 있다가④ 그것을 생산한다. 그리고 동쪽으로 가서 위수危宿에 이른다. 위危는 무너진다⑤는 뜻이다. 양기가 무너지는 까닭에 위危라고 한다. 10월이다. 12율 중에 응종應鍾⑥에 해당한다. 응종이란 양기에 응하지만 작용하지는 않는다. 그것은 12지지에서 해亥에 해당된다.⑦ 해란 해該(갖추다)이다. 양기가 하단에 쌓였기 때문에 해該라고 한다.

不周風①居西北 主殺生 東壁居不周風東 主辟②生氣而東之 至於營室③ 營室者 主營胎④陽氣而產之 東至于危 危 垝⑤也 言陽氣之(危)垝 故曰危 十月也 律中應鍾⑥ 應鍾者 陽氣之應 不用事也 其於十二子爲 亥 亥者 該也⑦ 言陽氣藏於下 故該也

① 不周風부주풍

신주 사마천은 바람에 따라 월月을 나누고 그에 맞추어 다시 율에서 12율을, 천문에서 28수를, 역법에서 천간과 지지를 설명했다. 간단히 표로 나타내면 다음과 같다. 사실 12율을 설명한 이 편은 후대에 문장이 마구 뒤섞이고 빠진 것도 있어 혼란스러운 기록이 되었는데, 그것을 조금 바로잡아 설명한 것이 아래 표이다.

바람	월	12율	28수	천간	지지
부주풍	10	응종應鍾	壁, 室(定 영실), 危		亥
광막풍	11	황종黃鍾	虛, 女(須女 직녀)	任 癸	子
	12	대려大呂	牛(견우), 斗(→ 建)		丑
조풍	1	태주太蔟	箕, 尾, 心, 房		寅
명서풍	2	협종夾鍾	氐, 亢, 角	甲 乙	卯
	3	고선姑洗	軫, 翼		辰
청명풍	4	중려中呂	張, 星(칠성), 柳(注)		巳
경풍	5	유빈蕤賓	鬼, 井	丙 丁	午
양풍	6	임종林鍾	參, 觜		未
	7	이칙夷則	畢(濁), 昴(留)	(茂 己)	申
	8	남려南呂			酉
창합풍	9	무역無射	胃, 婁, 奎	庚 辛	戌

《사기지의》를 쓴 양옥승은 다음과 같이 말했다.

"《회남자》〈천문훈〉과 《백호통》〈팔풍〉에는 8풍의 거리가 각각 45일(45
×8=360)에 이른다고 한다. 《좌전》 소공 20년 '소疏'에서 인용한 《역위》〈통
쾌험〉에서는 둘로 나누어 넷으로 둘씩 세우기에 이른다고 한다.(4×2=8과
나머지는 하나씩 4를 더하면 12개월) 지극히 일리가 있다. 그런데 여기서는 8풍
을 설명할 때 바람 하나가 한 달을 주관하거나 두 달을 주관해야 하는데,
양풍만 6, 7, 8 세 달을 주관하니, 매우 깨치지 못한 것이다. 또 영실營室,
류柳, 위胃, 루婁, 규奎성의 설명은 〈천관서〉와 다르다. 28수에서 두斗, 정
井, 귀鬼, 자觜가 없고 오히려 건建, 호弧, 랑狼이 있다. 벌罰, 삼參을 나누
어 두 수로 했으니, 또한 이해할 수 없다."

② 辟벽

색은 辟은 '벽闢'으로 발음한다.

辟音闢

③ 營室영실

색은 정성定星이다. 정定은 가운데라서 실室을 만들 수 있다. 그러므로
'영실'이라고 했다. 정성은 실室(방)의 형상이 있으므로 《사기》〈천관서〉에
서는 묘廟를 주관한다고 했다. 여기에서 "영양을 주관해 양기를 품고 있
다가 생산시킨다."라고 한 것은 다른 설명이다.

定星也 定中而可以作室 故曰營室 其星有室象也 故天官書主廟 此言 主營胎
陽氣而產之 是說異也

정의 〈천관서〉에서 말한다. "영실은 청묘淸廟로 삼고 이궁離宮, 각도閣道
라고도 한다." 이것은 궁실의 형상이 있는 것이다. 여기서 '主營胎陽氣而

産之주영태양기이산지'라고 한 것은 앞의 설명과 같지 않다.

天官書云 營室爲淸廟 曰離宮閣道 是有宮室象 此言主營胎陽氣而産之 二說
不同

신주 정성은 이십팔수二十八宿 중 하나인 실수室宿이다. 10월 초저녁에
이 별이 북쪽에 나타나는데 이때는 농한기여서 집을 지을 수 있기 때문
에 영실성營室星이라고도 한다. 《시경》〈용풍〉에 '정지방중定之方中'이라는
말이 나오는데 위문공衛文公이 궁실宮室을 옮겨 짓고 농업과 학문을 권
장하여 나라를 부강하게 만든 것을 칭송하는 내용이다. 민간뿐만 아니라
나라에서도 정성이 나타나면 궁실을 짓기 때문에 이 별을 '영실성營室星'
이라고 불렀다.

④ 胎태

집해 서광이 말했다. "다른 판본에는 '함含(품다)'으로 되어 있다."

徐廣曰 一作含

⑤ 垝궤

집해 垝는 '궤[鬼毀反]'로 발음한다.

垝音鬼毀反

⑥ 應鍾응종

정의 應은 '응[乙證反]'으로 발음한다. 《백호통》에서 말한다. "응應은 응
하는 것이다. 만물이 양기에 응해서 움직여 하단에 저장한다는 말이다."
한나라 초기는 진秦나라를 따라서 10월을 한 해의 첫머리로 삼았으므로
응종에서 시작했다.

應 乙證反 白虎通云 應者 應也 言萬物應陽而動下藏也 漢初依秦以十月爲歲
首 故起應鍾

신주 악률樂律 12율 가운데 제10율이 응종이다. 율관律官이 상생하는
순서를 격팔상생隔八相生이라고 한다. 황종黃鐘, 태주太簇, 고선姑洗, 유빈
蕤賓, 이칙夷則, 무역無射을 양률陽律이라 하고, 대려大呂, 협종夾鐘, 중려仲
呂, 임종林鐘, 남려南呂, 응종應鐘을 음려陰呂라고 하는데, 이 12율을 원형
으로 배치하면 북쪽에서부터 황종, 내려, 태주, 협종, 고신, 중려, 유빈, 임
종, 이칙, 남려, 무역, 응종의 순으로 돌아간다. 여기에서 궁宮, 상商, 각角,
치徵, 우羽 5음音을 도출해 내는 방법이 격팔상생법인데, 12율을 원형으
로 배치한 상태에서 황종을 궁으로 잡을 경우 황종부터 세어 오른쪽으로
8위位를 건너가서 임종이 치가 되고, 임종부터 세어 오른쪽으로 8위를 건
너가 태주가 상이 되고, 태주부터 세어 오른쪽으로 8위를 건너가 남려가
우가 되고, 남려부터 세어 오른쪽으로 8위를 건너가 고선이 각이 된다. 이
때 양률에서 음려를 파생하는 경우는 원래의 숫자에서 1/3을 빼서 하생
下生이 되고, 음려에서 양률을 파생하는 경우는 원래의 숫자에 1/3을 더
해서 상생上生이 된다.

⑦ 該也해야

색은 살펴보니 《한서》 〈율력지〉에서 "해該는 해亥의 방향에 저장되는
것이다."라고 했다.

按 律曆志云 該閡於亥

정의 맹강이 말했다. "해閡는 저장하는 것이다. 음이 양기와 섞여 저장
되어 만물의 씨앗이 만들어진다."

孟康云 閡 藏塞也 陰雜陽氣藏塞 爲萬物作種也

광막풍廣莫風은 북쪽에 있다. 광막이란 양기가 하단에 있어 음기가 양기를 막아서 광대하기 때문에 광막이라고 한다. 동쪽으로 가면 허수虛宿에 이른다. 허虛는 채울 수도 있고 비울 수도 있는 것으로, 겨울이면 양기가 허虛에 채워져 있다가[1] 태양이 동지에 이르면 음陰은 하단에 쌓이고 양陽은 올라가서 퍼지기 때문에 허라고 한다. 동쪽으로 가면 수녀수須女宿(직녀성)[2]에 이른다. 만물이 그곳에서 변동하는데, 음과 양의 두 기운이 서로 떨어지지 않고 오히려 서로 함께하려는 듯해서 수녀라고 한다. 11월이다. 12율 중에서 황종黃鍾[3]이다. 황종은 양기가 황천黃泉에 모였다가 솟아나오는 것이다. 그것은 12지지에서 자子에 해당한다. 자子는 '자滋'이다. 자滋는 만물이 하단에 무성하다는 말이다. 십간十干에서 임壬과 계癸에 속한다. 임은 임任(맡기다)이라는 말이니, 양기가 아래에서 만물을 맡아 기른다는 뜻이다. 계癸는 규揆(헤아리다)라는 말이니, 만물(의 생육)을 헤아릴 수 있다는 말이므로 계라고 한다.

廣莫風居北方 廣莫者 言陽氣在下 陰莫陽廣大也 故曰廣莫 東至於虛 虛者 能實能虛 言陽氣冬則宛[1]藏於虛 日冬至則一陰下藏 一陽上舒 故曰虛 東至于須女[2] 言萬物變動其所 陰陽氣未相離 尚相(如)胥[如]也 故曰須女 十一月也 律中黃鍾[3] 黃鍾者 陽氣踵黃泉而出也 其於十二子 爲子 子者 滋也 滋者 言萬物滋於下也 其於十母爲壬癸 壬之爲言任也 言陽氣任養萬物於下也 癸之爲言揆也 言萬物可揆度 故曰癸

① 宛온

정의 宛은 '온蘊'으로 발음한다.

宛音蘊

② 須女수녀

② 須女수녀

색은 무녀婺女(여수女宿의 별칭)의 이름이다.

婺女名也

신주 28수 가운데 12번째 별자리의 명칭이다.

③ 黃鍾황종

정의 《백호통》에서 말한다. "황黃은 중화中和의 기이며 양기가 황천黃泉의 아래에서 활동해 만물을 기른다는 말이다."

白虎通云 黃中和之氣 言陽氣於黃泉之下動養萬物也

신주 황종의 율律은 위에 나온 것처럼 분기分期 중에 동지에 해당하는데, 음력 11월이 동짓달이다. 그래서 율관律管이 가장 길며 가장 낮은 음인 궁宮을 담당한다.

동쪽으로 가면 견우성牽牛星에 이른다. 견우의 견牽은 양기가 만물을 끌어당겨 나오게 한다는 말이다. 우牛는 모冒(무릅쓰다)의 뜻이니 땅이 비록 얼었더라도 무릅쓰고 태어난다는 말이다. 우는 밭을 갈아 만물을 심고 키운다는 뜻이다. 동쪽으로 가면 건성建星[①]에 이른다. 건성은 모든 생명을 낳아 자라게 한다. 12월이다. 12율 중에 대려大呂이다. 대려는 12지지에서 축丑이 된다.[②]

東至牽牛 牽牛者 言陽氣牽引萬物出之也 牛者 冒也 言地雖凍 能冒而生也 牛者 耕植種萬物也 東至於建星[1] 建星者 建諸生也 十二月也 律中大呂 大呂者 其於十二子爲丑[2]

① 建星건성

신주 《후한서》〈율력지〉에서 가규賈逵는 "고대의 황제黃帝, 하夏, 은殷, 주周, 노魯는 동지에 해가 건성建星에 있다고 했는데, 건성은 지금의 두성斗星이다."라고 했다. 두성은 견우성의 바로 옆에 있는 별자리이다. 그렇다고 해서 두성과 건성이 같은 별은 아니다. 28수로 보면 건성은 두수와 우수牛宿의 사이에 있다.

② 十二子爲丑십이자위축

집해 서광이 말했다. "이것은 가운데가 빠져서 대려大呂와 축丑을 설명하지 못했다."
徐廣曰 此中闕不說大呂及丑也

정의 살펴보니 이 아래에 빠진 문장이 있다. 어떤 판본에서는 "축은 얽어맨다는 뜻이다. 양기가 위에 있고 아직 내려오지 않아서 만물이 얽혀서 감히 나오지 못한다는 말이다."라고 했다.
案 此下闕文 或一本云 丑者 紐也 言陽氣在上未降 萬物厄紐未敢出也

조풍條風은 동북쪽에 있고 만물이 낳는 것을 주관한다. 조條는 만물을 조리 있게 다스려 낳는다는 말이므로 조풍이라고 한다. 남쪽으로 가면 기수箕宿에 이른다. 기箕[①]는 만물의 근본이라는 뜻이기 때문에 기라고 한다. 정월(1월)이다. 12율 중에 태주太蔟[②]이다. 태주는 만물이 무리지어 나오기 때문에 태주라고 한다. 그것은 12지지에서 인寅에 해당하는데, 인은 만물이 처음 싹틀 때 꿈틀거리는 모습[③]을 말하므로 인이라고 한다. 남쪽으로는 미수尾宿에 이르는데, 만물이 처음 생겨나는 모습이 꼬리와 같다는 말이다. 남쪽으로 가면 심수心宿에 이르는데, 만물이 처음 생겨나서 줄기[④]를 가지게 된다는 말이다. 남쪽으로 가면 방수房宿에 이른다. 방房은 만물의 문호門戶라는 말이니, 문에 이르면 나가게 된다.

條風居東北 主出萬物 條之言條治萬物而出之 故曰條風 南至於箕 箕者 言萬物根棋[①] 故曰箕 正月也 律中泰蔟[②] 泰蔟者 言萬物蔟生也 故曰泰蔟 其於十二子爲寅 寅言萬物始生螾[③]然也 故曰寅 南至於尾 言萬物始生如尾也 南至於心 言萬物始生有華[④]心也 南至於房 房者 言萬物門戶也 至于門則出矣

① 棋기

집해 서광이 말했다. "기棋는 다른 판본에는 횡橫자로 되어 있다."
徐廣曰 一作橫也

② 泰蔟태주

정의 蔟는 '추[千豆反]'로 발음한다.《백호통》에서 말한다. "태泰는 대大

이다. 주족는 주湊(모이다)이다. 만물이 처음으로 크게 땅에 모여서 나온다
는 말이다."

蔟音千豆反 白虎通云 泰者 大也 蔟者 湊也 言萬物始大湊地而出之也

③ 蟎인

색은　蟎은 '인引'으로 발음한다. 또 '인[以愼反]'으로 발음한다.

音引 又音以愼反

④ 華화

집해　서광이 말했다. "화華는 다른 판본에는 경莖(줄기)으로 되어 있다."

徐廣曰 一作莖

명서풍明庶風은 동쪽에 있다. 명서는 많은 사물이 모두 태어나 드
러나는 것이다. 2월이다. 12율 중에서 협종夾鍾①에 해당한다. 협종
은 음과 양이 서로 옆에 끼어 있다는 뜻이다. 이것은 12지지에서
묘卯가 된다. 묘卯는 무茂(무성하다)라는 뜻이니, 만물이 무성하다
는 말이다. 이것은 십간十干에서 갑甲과 을乙에 해당한다. 갑甲은
만물이 껍질②을 깨고 나온다는 말이다. 을乙은 만물이 한꺼번에
나온다는 말이다. 남쪽으로 가서 저수氏宿③에 이른다. 저氏는 만
물이 모두 나타나는 것이다. 남쪽으로 항수亢宿에 이르게 된다. 항
亢은 만물이 높이 자라서 나타난다는 말이다. 남쪽으로 각수角宿
에 이른다. 각角은 만물이 모두 가지가 뻗어 뿔과 같다는 말이다.

3월이다. 12율 중에 고선姑洗④에 해당한다. 고선은 만물이 신선하게 태어난다는 말이다. 그것은 12지지에서 진辰에 해당된다. 진은 만물이 움직인다⑤는 말이다.(이 뒤에 28수에 관한 내용이 뒤따라야 하는데 잘못하여 뒤로 옮겨졌다.)

明庶風居東方 明庶者 明衆物盡出也 二月也 律中夾鍾① 夾鍾者 言陰陽相夾廁也 其於十二子爲卯 卯之爲言茂也 言萬物茂也 其於十母爲甲乙 甲者 言萬物剖符甲②而出也 乙者 言萬物生軋軋也 南至于氐③者 氐者 言萬物皆至也 南至於亢 亢者 言萬物亢見也 南至于角 角者 言萬物皆有枝格如角也 三月也 律中姑洗④ 姑洗者 言萬物洗生 其於十二子爲辰 辰者 言萬物之蜄⑤也

① 夾鍾협종

정의 《백호통》에서 말한다. "협夾은 부갑孚甲이다. 만물은 껍질에 쌓여 있어서 종류별로 구분된다는 말이다."

白虎通云 夾 孚甲也 言萬物孚甲 種類分也

② 符甲부갑

집해 符는 '부孚'로 발음한다.

音孚

색은 부갑은 부갑孚甲과 같다.

符甲猶孚甲也

③ 氐저

정의 氏는 '제[丁禮反]'로 발음한다.

氏音丁禮反

④ 姑洗고선

정의 姑는 '고沽'로 발음한다. 洗은 '선[先典反]'으로 발음한다. 《백호통》
에서 말한다. "고沽는 '옛'이다. 선洗은 선鮮(신선하다)이다. 만물이 옛 것을
버리고 새로운 것을 취하여 선명하지 않은 것이 없다는 말이다."

姑音沽 洗音先典反 白虎通云 沽者 故也 洗者 鮮也 言萬物去故就新 莫不鮮明也

⑤ 蜄진

蜄은 '진[之愼反]'으로 발음한다.

音之愼反

색은 蜄은 '진振'으로 발음한다. 다른 판본에는 '신娠'이라고 했는데 같
은 음이다. 〈율력지〉에서는 "진振은 진辰보다 길게 발음한다."라고 했다.

蜄音振 或作娠 同音 律曆志云 振羨於辰

청명풍淸明風은 동남쪽 모퉁이에 자리잡고 있다. 바람이 만물에게
부는 것을 주관하는데 서쪽으로 가서 진수軫宿[①]에 이른다. 진軫
이란 만물이 더욱 커져 매우 성대한 것을 말한다. 서쪽으로 익수翼
宿에 이르게 된다. 익翼이란 만물이 모두 날개가 있다는 말이다. 4
월이다. 12율 중에 중려中呂[②]에 해당한다. 중려란 만물이 모두 무
리 지어서 서쪽으로 간다는 말이다. 이것은 12지지에서 사巳에

해당한다. 사는 양기가 이미 다했다는 말이다. 서쪽으로 가서 칠성
七星에 이르게 된다. 칠성은 양의 수가 7로 이루어지므로 칠성이라
고 하는 것이다. 서쪽으로는 장수張宿에 이른다. 장張은 만물이 모
두 번성한다는 말이다. 서쪽으로 가서 주수注宿③에 이른다. 주注
는 만물이 쇠약해지기 시작하여 양기가 아래로 내려간다는 말이
므로 주라고 한다. 5월이다. 12율 중에 유빈蕤賓④에 해당한다. 유
빈이란 음기陰氣가 어리고 적다는 말이어서 유蕤라고 한다. 양기陽
氣가 (다 써서) 마비되어 제대로 사용하지 못하기 때문에 빈賓이라
고 한다.

淸明風居東南維 主風吹萬物而西之〔至於〕軫① 軫者 言萬物益大而軫
軫然 西至於翼 翼者 言萬物皆有羽翼也 四月也 律中中呂② 中呂者 言
萬物盡旅而西行也 其於十二子爲巳 巳者 言陽氣之已盡也 西至于七
星 七星者 陽數成於七 故曰七星 西至于張 張者 言萬物皆張也 西至于
注③ 注者 言萬物之始衰 陽氣下注 故曰注 五月也 律中蕤賓④ 蕤賓者
言陰氣幼少 故曰蕤 痿陽不用事 故曰賓

① 軫진

신주 28수의 별 중 마지막 별자리이다. 진수는 익수와 함께 화火의 기
운을 다스리는 남방 주작칠수朱雀七宿에 속한다. 《천문류초》와 〈천관서〉
에 주작의 꼬리에 해당한다고 되어 있다.

② 中呂중려

정의 中은 '중仲'으로 발음한다. 《백호통》에서 "양기가 장차 속에 가득

차서 매우 커지는 것을 말한다."라고 했다. 그러므로 이것을 다시 한 번 말했다.

中音仲 白虎通云 言陽氣將極中充大也 故復申言之也

③ 注주

[색은] 注는 '주[丁救反]'로 발음한다. 주注는 주咮(부리)이다. 《사기》〈천관서〉에서 "유수柳宿는 새의 부리가 된다."라고 했으니, 곧 주수注宿는 유수이다.

音丁救反 注 咮也 天官書云 柳爲鳥咮 則注 柳星也

④ 蕤賓유빈

[정의] 蕤는 '아[仁佳反]'로 발음한다. 《백호통》에서 "유蕤는 하下이다. 빈賓은 경敬이다. 양기가 끝까지 올라가면 음기가 비로소 손님처럼 공경한다는 것을 말한다."고 했다.

蕤音仁佳反 白虎通云 蕤者 下也 賓者 敬也 言陽氣上極 陰氣始賓敬之也

경풍景風[1]은 남쪽에 있다. 경景이란 양기陽氣의 도道가 극에 이르렀다는 말이므로 경풍이라고 한다. 이것은 12지지에서 오午가 된다. 오는 음과 양이 교차하는 것이므로 오[2]라고 한다. 십간에서는 병丙과 정丁에 해당한다. 병丙은 양기의 도道가 분명히 드러난다는 말이므로 병이라고 한다. 정丁은 만물이 왕성한 상태를 말하므로 '정'이라고 한다. 서쪽으로 호성弧星에 이른다. 호弧란 만물이

크게^③ 쇠락해서 장차 죽음으로 나아간다는 말이다. 서쪽으로 낭
성狼星(시리우스)에 이르게 된다. 낭狼이란 만물을 헤아려 가늠하고
판단한다는 말이므로 낭이라고 한다.^④

景風^①居南方 景者 言陽氣道竟 故曰景風 其於十二子爲午 午者 陰陽
交 故曰午^② 其於十母爲丙丁 丙者 言陽道著明 故曰丙 丁者 言萬物之
丁壯也 故曰丁 西至于弧 弧者 言萬物之呺^③落且就死也 西至于狼 狼
者 言萬物可度量 斷萬物 故曰狼^④

① 景風경풍

신주 남풍南風이며 개풍凱風이라고도 한다. 《역위》〈통괘험〉에 팔풍八
風의 하나로 만물을 길러주는 온화한 바람이라는 내용이 나온다.

② 午오

색은 《한서》〈율력지〉에서 말한다. "오午에서 놀라 흩어진다."

律曆志云 咢布於午

③ 呺오

집해 서광이 말했다. "오呺는 다른 판본에는 '유柔'자로 되어 있다."

徐廣曰 呺 一作柔

④ 狼者 言萬物可度量 斷萬物 故曰狼랑자 언만물가도량 단만물 고왈랑

신주 낭성狼星은 항성 중 가장 밝은 시리우스를 말한다. 중국과 달리
우리 동방에서는 낭성과 더불어 낭성이 바라보는 '오리온자리'의 '삼태성

三台星'도 북두칠성 못지않게 중요하게 여겼다. 여기서 삼태성은 중국 천문학에서 말하는 북극성 주위의 삼태성과는 다르다. 28수에서 말하는 삼수參宿가 동방의 삼태성이다.

양풍凉風은 서남쪽 모퉁이를 차지하고 있으며 땅을 주관한다. 땅이란 만물의 기氣를 잃게 해[①] 빼앗는 것이다. 6월이다. 12율 중에 임종林鍾[②]에 해당한다. 임종이란 만물이 무르익어서 사기死氣가 많아짐을 뜻한다. 이것은 12지지에서 미未에 해당하는데, 미未란 만물이 모두 완성되어 좋은 맛[③]을 낸다는 것이다. 북쪽으로 가서 벌수罰宿에 이른다. 벌罰이란 만물이 기운을 빼앗겨서 꺾을 수 있다는 말이다. 북쪽으로 가서 삼수參宿[④]에 이른다. 삼參이란 만물을 헤아릴 수 있다는 말이므로 삼이라 한다.

涼風居西南維 主地 地者 沈[①]奪萬物氣也 六月也 律中林鍾[②] 林鍾者 言萬物就死氣林林然 其於十二子爲未 未者 言萬物皆成 有滋味[③]也 北至於罰 罰者 言萬物氣奪可伐也 北至於參[④] 參言萬物可參也 故曰參

---

① 沈침

정의 침沈은 다른 판본에 '세洗'로 되어 있다.

沈 一作洗

② 林鍾임종

정의 《백호통》에서 말한다. "임林은 '무리'이다. 만물이 성숙해져서 종류가 많은 것을 말한다."

白虎通云 林者 衆也 言萬物成熟 種類多也

③ 昧미

색은 〈율력지〉에서 "미未에서 어두워 숨는다."라고 하는데 그 뜻이 다르다.

律曆志云 昧薆於未 其意殊也

④ 參삼

정의 參은 '심[所林反]'으로 발음한다.

音所林反

신주 앞서 설명했듯이, 삼수는 오리온자리 삼태성을 가리킨다. 그 삼태성 아래 세로로 뻗은 작은 세 별을 '벌수'라고 한다. 이 두 별은 모두 서방(중국) 천문학에선 정벌을 나타낸다. 하지만 동방에서는 낭성(시리우스)과 더불어 생명을 주관하는 별로 인식되었다.

7월이다. 12율 중에 이칙夷則①이다. 이칙이란 음기陰氣②가 만물을 해친다③는 말이다. 이것은 12지지에서 신申에 해당된다. 신이란 음기가 권력을 부린다는 말이며, 만물을 해치기④ 때문에 신이라고 한다. 북쪽으로 가서 탁수濁宿⑤에 이른다. 탁濁이란 부딪힌다는 뜻이며, 만물이 모두 부딪혀 죽기 때문에 탁이라고 한다. 북쪽으로 가서 유수留宿⑥에 이른다. 유留란 양기가 머물러 있기 때문에 유라고 한다.

七月也 律中夷則① 夷則 言陰②氣之賊③萬物也 其於十二子爲申 申者
言陰用事 申賊④萬物 故曰申 北至於濁⑤ 濁者 觸也 言萬物皆觸死也
故曰濁 北至於留⑥ 留者 言陽氣之稽留也 故曰留

① 夷則이칙

정의 《백호통》에서 말한다. "이夷는 상傷(다치다)이다. 칙則은 법法이다.
만물이 손상되기 시작해서 형벌을 당한다는 말이다."

白虎通云 夷 傷也 則 法也 言萬物始傷 被刑法也

② 陰음

집해 서광이 말했다. "음陰은 다른 판본에는 '양陽'자로 되어 있다."

徐廣曰 一作陽

③ 賊적

집해 서광이 말했다. "다른 판본에는 '칙則'으로 되어 있다."

徐廣曰 一作則

④ 申賊신적

집해 서광이 말했다. "적賊은 다른 판본에는 '칙則'으로 되어 있다."

徐廣曰 賊 一作則

색은 〈율력지〉에 말한다. "신申에서 사물이 단단해진다."

律曆志 物堅於申也

⑤ 濁탁

색은 살펴보니 《이아》에서는 "탁濁을 필畢이라고 한다."고 했다.

按 爾雅 濁謂之畢

⑥ 留유

색은 유留는 곧 묘昴(28수의 하나)이고, 《모시전》에서도 또한 유留를 묘昴라고 했다.

留即昴 毛傳亦以留爲昴

8월이다. 12율 중에 남려南呂①에 해당한다. 남려南呂란 양기가 떠돌다 들어가 쌓인다는 말이다. 이것은 12지지에서 유酉가 된다. 유酉란 만물이 늙어가는 것이므로② 유라고 한다.

八月也 律中南呂① 南呂者 言陽氣之旅入藏也 其於十二子爲酉② 酉者 萬物之老也② 故曰酉

---

① 南呂남려

정의 《백호통》에서 말한다. "남南은 임任이다. 양기가 잘 감싸서 냉이와 보리를 크게 한다는 말이다."

白虎通云 南 任也 言陽氣尚任包 大生薺麥也

② 萬物之老也만물지노야

색은 〈율력지〉에서는 "유酉에서 머물러 익는다."라고 했다

律曆志 留孰於酉

이 뒤에 28수에 대한 설명이 없다. 설명할 28수도 더 이상 존재하지 않지만, 유독 8월에만 28수에 대한 설명이 빠져 있다.

창합풍閶闔風은 서쪽에 자리잡고 있다. 창閶은 인도하는 것이고, 합闔은 감추는 것이다. 양기가 만물을 인도해 황천黃泉에 감춘다는 말이다. 십간에서는 경庚과 신辛에 해당한다. 경庚은 음기가 만물을 익어 가게 하는 것을 말하므로 경이라 하고, 신辛은 만물이 고생스럽게 태어나는 것을 말하므로 신이라고 한다. 북쪽으로 가서 위수胃宿에 이른다. 위胃란 양기가 가서 감춰져서 모두 감싸졌다는 말이다. 북쪽으로 가서 누수婁宿에 이른다. 누婁란 만물을 불러서 장차 안에 둔다는 것이다. 북쪽으로 가서 규수奎宿①에 이른다. 규奎는 독毒을 주관해 만물을 쏘아 죽인다는 것으로, 만물을 쏘아 죽여서 감추는 것이다.

閶闔風居西方 閶者 倡也 闔者 藏也 言陽氣道萬物 闔黃泉也 其於十母 爲庚辛 庚者 言陰氣庚萬物 故曰庚 辛者 言萬物之辛生 故曰辛 北至於 胃 胃者 言陽氣就藏 皆胃胃也 北至於婁 婁者 呼萬物且內之也 北至於 奎① 奎者 主毒螫殺萬物也 奎而藏之

① 奎규

집해 서광이 말했다. "다른 판본에는 '규畫'자로 되어 있다."

徐廣曰 一作畫

색은 살펴보니 〈천관서〉에서는 "규奎는 구독溝瀆(봇도랑)이 되고, 누婁는 취중聚衆이 되며, 위胃는 천창天倉이 된다."고 했다. 지금 이 설명들이 모두 다르고, 육률六律과 십간十干 역시 《한서》와도 같지 않다. 지금 이 각각은 다른 사가史家들의 설명이다.

按 天官書 奎爲溝瀆 婁爲聚衆 胃爲天倉 今此說竝異 及六律十母 又與漢書不同 今各是異家之說也

9월이다. 12율 중에 무역無射[1]이다. 무역이란 음기가 왕성하여 일마다 쓰여서 양기에 여유가 없는 것이므로 무역이라고 한다. 이것은 12지지에서 술戌에 해당된다. 술戌은 만물이 모두 없어지는 것을 말하므로 술[2]이라고 한다.

九月也 律中無射[1] 無射者 陰氣盛用事 陽氣無餘也 故曰無射 其於十二子爲戌 戌者 言萬物盡滅 故曰戌[2]

---

① 無射무역

정의 射은 '역亦'으로 발음한다. 《백호통》에서 "역射은 마치는 것이다. 만물이 양기를 따라 끝마치나 당연히 다시 음기를 따라 일어나므로, 끝남이 없다는 말이다."라고 했다. 이것은 육려六呂와 십간과 12지를 설명한 것인데 《한서》와는 다르다.

音亦 白虎通云 射 終也 言萬物隨陽而終 當復隨陰而起 無有終已 此說六呂十干十二支與漢書不同

② 戌술

색은 〈율력지〉에서 말한다. "술戌에서 끝내고 들어간다."

律曆志 畢入於戌也

율수의 규정

율수律數(율관의 길이)는 다음과 같다.

9 × 9 = 81푼(8치 1푼) 길이를 궁성宮聲으로 삼는다.

궁성에서 1/3의 길이를 뺀 54푼의 길이가 치성徵聲이다.

치성에서 1/3의 길이를 더하면 72푼 길이의 상성商聲이 된다.

상성에서 1/3의 길이를 빼면 48푼 길이의 우성羽聲이 된다.

우성에서 1/3의 길이를 더하면 64푼 길이의 각성角聲이 된다.[①]

律數 九九八十一以爲宮 三分去一 五十四以爲徵 三分益一 七十二以

爲商 三分去一 四十八以爲羽 三分益一 六十四以爲角

① 九九八十一以爲宮 ~ 六十四以爲角 구구팔십일이위궁 ~ 육십사이위각

신주 궁 81, 상 72, 각 64, 치 54, 우 48푼의 길이로 낮은 음에서 높은 음으로 갈수록 율관의 치수가 9, 8, 10, 6의 차이만큼 줄어든다. 이것이 오음(또는 오성)을 이해하는 기본이다. 마지막 각성 64에서 다시 하생과 상생을 더하면 12율이 구해져서 황종에서 응종까지 율의 수치가 나온다.

황종의 길이는 8치 1푼이며, 궁성이다.^① → 궁성이다.[①]

황종의 길이는 8치 1푼이며, 궁성이다.[①]

대려의 길이는 7치하고 5와 2/3푼이다.[②]

태주의 길이는 7치 2푼이며, 각성이다. (잘못 쓰인 것으로 상성이다.)

협종의 길이는 6치하고 7과 1/3푼이다.

고선의 길이는 6치 4푼이며, 우성이다.[③] (잘못 쓰인 것으로 각성이다.)

중려의 길이는 5치하고 9와 2/3푼이며, 치성이다. (치성은 잘못 쓰인 것으로 삭제해야 한다.)

유빈의 길이는 5치하고 6과 2/3푼이다.

임종의 길이는 5치 4푼이며 각성이다.[④] (잘못 쓰인 것으로 치성이다.)

이칙의 길이는 5치 2/3푼이며, 상성이다. (상성은 잘못 쓰인 것으로 삭제해야 한다.)

남려의 길이는 4치 8푼이며, 치성이다. (잘못 쓰인 것으로 우성이다.)

무역의 길이는 4치하고 4와 2/3푼이다.

응종의 길이는 4치하고 2와 2/3푼이며, 우성이다. (우성은 잘못 쓰인 것으로 삭제해야 한다.)

黃鍾長八寸七分一 宮[①] 大呂長七寸五分三分(一)〔二〕[②] 太蔟長七寸(七)〔十〕分二 角 夾鍾長六寸(一)〔七〕分三分一 姑洗長六寸(七)〔十〕分四 羽[③] 仲呂長五寸九分三分二 徵 蕤賓長五寸六分三分(一)〔二〕 林鍾長五寸(七)〔十〕分四 角[④] 夷則長五寸(四分)三分二 商 南呂長四寸(七)〔十〕分八 徵 無射長四寸四分三分二 應鍾長四寸二分三分二 羽

① 黃鍾長八寸七〔十〕分一 宮 황종장팔촌칠〔십〕분일 궁

[색은] 황종은 길이가 8치 10분의 1이며 궁성이다. 살펴보니 위의 글에서

"율관이 $9 \times 9 = 81$로 궁성이 된다."고 했다. 그러므로 "길이가 8치와 10분의 1이며 궁성이다."라고 했다. 황종의 길이가 9치라고 이른 것은 9로 나눈 치이다. 유흠과 정현 등은 모두 길이를 9치로 삼아 10으로 나눈 치로 여겼으니, 이 법에 의거하지 않았다. '궁성'이라고 이른 것은 황종이 율의 첫째가 되고 궁성은 5음의 장長이 되어, 11월은 황종을 써서 궁宮으로 삼는다면 성聲이 바르게 된다는 뜻이다. 구본에는 '7분七分(위의 본문도 그러하다.)'으로 된 것이 많은데 내부분 잘못된 깃이다.

黃鍾長八寸十分一宮 案 上文云 律九九八十一以爲宮 故云長八寸十分一宮 而云黃鍾長九寸者 九分之寸也 劉歆鄭玄等皆以爲長九寸即十分之寸 不依此法也 云宮者 黃鍾爲律之首 宮爲五音之長 十一月以黃鍾爲宮 則聲得其正 舊本多作七分 蓋誤也

신주 사마정의 말처럼 중화서국본《사기》에는 위 본문과 같이 '七分一'이라고 잘못 나와 있다. '十分一'로 고쳐야 맞다. '十'과 '七'은 모양이 비슷하여 잘못 쓰는 경우가 많다. 이 책에서는 본문의 잘못된 부분을 주석에 따라 수정하여 '8치 1푼'으로 번역하였다.

② 大呂長七寸五分三分(一)〔二〕 대려장칠촌오푼삼분(일)〔이〕

색은 11월은 황종을 궁성으로 삼고 오행이 순서에 의해 토가 금을 낳으므로 대려로 상성을 삼는 것을 말한다. 대려가 양을 돕고 베풀어 변화하기 때문이다.

謂十一月以黃鍾爲宮 五行相次 土生金 故以大呂爲商者 大呂所以助陽宣化也

③ 姑洗長六寸(七)〔十〕分四 羽 고선장육촌(칠)〔십〕분사 우

색은 또한 금은 수를 낳기 때문이다.

亦以金生水故也

④ 林鍾長五寸(七)〔十〕分四 角 임종장오촌(칠)〔십〕분사 각

색은 수는 목을 낳는다. 그러므로 각角이 된다. 유빈蕤賓을 사용하지 않은 것은 음기가 일어나면 양기가 작용하지 못하고 떠나기 때문이다.
水生木 故爲角 不用蕤賓者 以陰氣起 陽不用事 故去之也

신주 12율을 이해하기 쉽도록 간단히 정리하면 다음과 같다.

12율	12지지	율관의 길이	5음	서양 음계
황종	자子	81푼	궁성	c
대려	미未	75푼 2/3		c#
태주	인寅	72푼	상성	d
협종	유酉	67푼 1/3		d#
고선	진辰	64푼	각성	e
중려	해亥	59푼 2/3		f
유빈	오午	56푼 2/3		f#
임종	축丑	54푼	치성	g
이칙	신申	50푼 2/3		g#
남려	묘卯	48푼	우성	a
무역	술戌	44푼 2/3		a#
응종	사巳	42푼 2/3		b

황종률黃鍾律을 기준으로 한 분수分數①는 다음과 같다.

자子(황종)는 1②이다. 축丑은 (황종의: 이하 동일함) 2/3③이다. 인寅은 8/9④이다. 묘卯는 16/27⑤이다. 진辰은 64/81이다. 사巳는 128/243이다. 오午는 512/729이다. 미未는 1024/2187이다. 신申은 4096/6561이다. 유酉는 8192/19683이다. 술戌은 32768/59049이다. 해亥는 65536/177147이다.

生鍾分① 子一分② 丑三分二③ 寅九分八④ 卯二十七分十六⑤ 辰八十一分六十四 巳二百四十三分一百二十八 午七百二十九分五百一十二 未二千一百八十七分一千二十四 申六千五百六十一分四千九十六 酉一萬九千六百八十三分八千一百九十二 戌五萬九千四十九分三萬二千七百六十八 亥十七萬七千一百四十七分六萬五千五百三十六

① 生鍾分생종분

색은 이 산술은 황종을 기준으로 율수를 정하는 법이다.

此算術生鍾律之法也

정의 分은 '분[扶問反]'으로 발음한다.

分音扶問反

② 子一分자일분

색은 이 이하로 11진(축에서 해까지) 모두 3을 곱하여 황종의 적실수(분모)로 삼았다.

自此已下十一辰 皆以三乘之 爲黃鍾積實之數

③ 丑三分二축삼분이

색은 살펴보니 자율子律에서 황종의 길이는 9치, 임종林鍾은 축율의 눈금으로 길이는 6치이며, 6이 9에 비해 1/3이 적으므로 축율은 (자율의) 2/3이다. 즉 황종에서 1/3을 빼는 하생下生의 원리로 임종의 수가 나온다.

案 子律黃鍾長九寸 林鍾丑衝長六寸 以九比六 三分少一 故云丑三分二 即是黃鍾三分去一 下生林鍾之數也

④ 寅九分八인구분팔

색은 12율은 황종을 기준으로 하는데, 황종의 길이는 9치이고 태주太蔟의 길이는 8치여서 인寅은 (황종의) 8/9이 되는데, 곧 이것은 임종에 1/3의 길이를 더하는(54+54×1/3=72) 상생上生의 원리로 태주가 된다는 뜻이다.

十二律以黃鍾爲主 黃鍾長九寸 太蔟長八寸 寅九分八 即是林鍾三分益一 上生太蔟之義也

정의 맹강이 말했다. "원기元氣는 처음 자子에서 일어난다. 나누어지지 않았을 때는 하늘, 땅, 사람이 혼합돼서 하나이다. 그러므로 자子의 수는 홀로 1이다."

《한서》〈율력지〉에서 말한다. "태극太極의 원기는 셋을 포용해 하나를 만들어 12진十二辰으로 가는데, 자子에서 움직이기 시작하여 축丑에서 헤아려 3을 얻는다. 또 인寅에서 9를, 묘卯에서는 27을, 진辰에서 81을, 또 사巳에서는 243을, 오午에서는 729를, 미未에서 2,187을, 신申에서 6,561을, 유酉에서 19,683을, 술戌에서 59,049를, 그리고 해亥에서는 177,147을 얻는다. 이것은 음과 양이 덕을 합해 기를 자子에 모아서 만물을 변화시켜 낳는 것이다."

그러나 축의 2/3와 인의 8/9은 모두 나눈 나머지 수인데, 《한서》에서는 설명하지 않았다.

孟康云 元氣始起於子 未分之時 天地人混合爲一 故子數獨一 漢書律曆志云 太極元氣, 函三爲一 行於十二辰 始動於子 參之於丑 得三 又參於寅 得九 又參之於卯 得二十七 又參之於辰 得八十一 又參之於巳 得二百四十三 又參之於午 得七百二十九 又參之於未 得二千一百八十七 又參之於申 得六千五百六十一 又參之於酉 得萬九千六百八十三 又參之於戌 得五萬九千四十九 又參之於亥 得十七萬七千一百四十七 此陰陽合德 氣種於子 化生萬物者也 然丑三分二 寅九分八者 竝是分之餘數 而漢書不說也

⑤ 卯二十七分十六묘이십칠분십육

[색은] 이로써 축丑에 3을 곱하면 인寅이고, 인에 3을 곱하면 묘卯이고 27을 얻는다. 남려南呂는 묘가 되고 율관의 길이는 5치와 1/3푼이며, 27을 3으로 나누면 9를 얻는데 곧 황종의 본래 수이다. 또 16을 3으로 나누면 5를 얻고 나머지는 1/3인데 이것이 곧 남려南呂의 길이이고, '묘는 16/27'이라고 이른 것은 또한 태주에서 1/3을 빼는 하생의 원리로 남려南呂가 나온다는 뜻이다. 이하 8진(진부터 해까지)은 아울러 이를 기준으로 한다. 그래서 '축은 2/3이고 인은 8/9'이라고 한 것은 모두 나눈 나머지 수이다.

此以丑三乘寅 寅三乘卯 得二十七 南呂爲卯 衝長五寸三分寸之一 以三約二十七得九 即黃鍾之本數 又以三約十六得五 餘三分之一即南呂之長 故云卯二十七分十六 亦是太蔟三分去一 下生南呂之義 已下八辰竝準此 然云丑三分二 寅九分八者 皆分之餘數也

[신주] 종률을 구하는 방법은 우선 자子를 1로 하고, 축丑은 거기에 2/3을 곱한다. 그리하여 자 이후부터 차례로 2/3, 4/3, 2/3, 4/3 …를 곱해 가

면 길이가 나온다. 다만 여기 원전에서 잘못 인용했을 가능성이 있다. 즉 자부터 오午까지는 위 순서대로 되지만, 다음 미未는 2/3가 아니라 4/3을 곱해야 한다는 점이다. 따라서 오에서 해亥까지는 차례로 4/3, 2/3, 4/3, 2/3, 4/3을 곱하면 된다.

12지지 순서로 황종률을 정리해 보면 다음과 같다.

자: 1 × 81 = 81푼, 황종이 되며 궁성

축: 81 × 2/3 = 54푼, 임종이 되며 치성

인: 81 × 8/9 = 72푼, 태주가 되며 상성

묘: 81 × 16/27 = 48푼, 남려가 되며 우성

진: 81 × 64/81 = 64푼, 고선이 되며 각성

사: 81 × 128/243 = 42푼 2/3, 응종이 된다.

오: 81 × 512/729 = 56푼 2/3, 유빈이 된다.

미: 81 × 2048/2187 = 75푼 2/3, 대려가 된다. (원문의 1024는 2048이 되어야 한다.)

신: 81 × 4096/6561 = 50푼 2/3, 이칙이 된다.

유: 81 × 16384/19683 = 67푼 1/3, 협종이 된다. (원문의 8192는 16384가 되어야 한다.)

술: 81 × 32768/59049 = 44푼 2/3, 무역이 된다.

해: 81 × 131072/177147 = 59푼 2/3, 중려가 된다. (원문의 65536은 131072가 되어야 한다.)

이를 상생과 하생의 원리로 계산해 보면 다음과 같이 된다. 물론 계산해보면 수치가 1/3, 2/3씩 정확히 맞아 떨어지지는 않는다.

자: 9 × 9 = 81푼, 황종

축: 81 × 2/3 = 54푼, 임종

인: 54 × 4/3 = 72푼, 태주

묘: 72 × 2/3 = 48푼, 남려

진: 48 × 4/3 = 64푼, 고선

사: 64 × 2/3 = 42푼 2/3, 응종

오: 42 2/3 × 4/3 = 56푼 2/3, 유빈

미: 56 2/3 × 4/3 = 75푼 2/3, 대려 (이때부터 상생과 하생이 뒤바뀜)

신: 75 2/3 × 2/3 = 50푼 2/3, 이칙

유: 50 2/3 × 4/3 = 67푼 1/3, 협종

술: 67 1/3 × 2/3 = 44푼 2/3, 무역

해: 44 2/3 × 4/3 = 59푼 2/3, 중려

아울러 여기 12지지를 바탕으로 한 12율과 또한 천문天文에서 12개월에 적용하는 12지지地支는 그 성격이 다르다. '자, 인, 진, 오, 신, 술'의 홀수는 천문과 월月이 같지만, '축, 묘, 사, 미, 유, 해'의 짝수는 천문과 6개월씩 차이가 난다. 즉 율에서 축은 임종인데, 천문에서는 임종이 6월이며 축은 12월이니 6개월 차이가 난다. 그래서 율에서 천문으로의 변화는 다음과 같다.

축: 임종 6월 → 건축 12월

묘: 남려 8월 → 건묘 2월

사: 응종 10월 → 건사 4월

미: 대려 12월 → 건미 6월

유: 협종 2월 → 건유 8월

해: 중려 4월 → 건해 10월

황종黃鍾을 구하는 방법은 다음과 같다. 하생(하나의 율관에서 1/3을 빼 가면서 율관을 만드는 방식)[1]은 실수實數(분자)에 2를 곱하고 3으로 나누며,[2] 상생(1/3을 더해 가며 율관을 만드는 방식)은 4를 곱하고 3으로 나눈다.[3] 가장 높은 수는 9인데, 상성은 8, 우성은 7, 각성은 6, 궁성은 5, 치성은 9이다.[4] 1을 놓고 구삼九三(분모에 3씩 곱하는 것)을 법수法數(제수, 분모)로 삼는다.[5] 실수와 법수가 같으면 길이 1치를 얻는다.[6] 무릇 9치를 얻으면 '황종의 궁宮'이라고 명한다. 그러므로 음은 궁에서 시작하고 각에서 끝난다고 하는 것이다.[7] 숫자는 1에서 시작해 10에서 끝마치고 3에서 이루어진다. 기氣는 동지冬至에서 시작하여 1년 주기로 다시 생긴다.

生黃鍾術曰 以下生者[1] 倍其實 三其法[2] 以上生者 四其實 三其法[3] 上九 商八 羽七 角六 宮五 徵九[4] 置一而九三之以爲法[5] 實如法 得長一寸[6] 凡得九寸 命曰 黃鍾之宮 故曰音始於宮 窮於角[7] 數始於一 終於十 成於三 氣始於冬至 周而復生

① 生黃鍾術曰 以下生者생황종술왈 이하생자

색은 생종술왈이하생자. 살펴보니 채옹은 "양이 음을 낳는 것을 하생下生이라고 하고, 음이 양을 낳는 것을 상생上生이라고 한다. 자오선子午線의 동은 상생이 되고 서는 하생이 된다."라고 했다. 또 〈율력지〉에서는 "음과 양이 서로 상생相生하는데 황종에서 시작해서 황종이 태주太蔟에 이르고 왼쪽으로 8×8(=64)을 돌면 5가 된다."고 했다. 자子로부터 미未에 이르면 8을 얻고, 하생하여 임종이 되는 것이 이것이다. 또 미未로부터 인寅

에 이르면 또한 8을 얻는데 상생하여 태주가 된다. 그러므로 상생上生과 하생下生이 상생相生하여 모두 이로써 이끌게 된다.

生鍾術曰以下生者 案 蔡邕曰 陽生陰爲下生 陰生陽爲上生 子午巳東爲上生 巳西爲下生 又律曆志云 陰陽相生自黃鍾始 黃鍾(生)〔至〕太簇 左旋八八爲五 從子至未得八 下生林鍾是也 又自未至寅亦得八 上生太簇 然上下相生 皆以此 爲率也

② 倍其實 三其法배기실 삼기법

색은　황종이 1/3 줄면 임종이 되는데, 황종의 길이는 9치이고 그 실수에 갑절을 하면 2×9는 18이며, 삼기법三其法으로 3을 법수로 삼아 나누면 6을 얻는데(9×6=54), 임종의 길이가 된다.

謂黃鍾下生林鍾 黃鍾長九寸 倍其實者 二九十八 三其法者 以三爲法 約之得 六 爲林鍾之長也

③ 四其實 三其法사기실 삼기법

색은　사기실이란 임종이 1/3 늘면 태주가 된다는 말이다. 임종의 길이는 6치이고, 4×6=24를 얻어 3으로 나누면 8을 얻는데(9×8=72), 이것이 곧 태주의 길이가 된다.

四其實者 謂林鍾上生太簇 林鍾長六寸 以四乘六得二十四 以三約之得八 即爲 太簇之長

④ 上九～徵九상구～치구

색은　이것은 오성五聲의 수이고 또한 상생上生은 3분의 1을 더하고, 하생下生은 3분의 1을 뺀다. 궁은 1/3을 빼서 치가 되고, 치는 1과 1/3을 더하여(4/3이라는 뜻) 상이 되며, 상은 1/3을 빼서 우가 되고, 우는 1과 1/3을 더하여 각이 된다. 그리하여 이 문장은 숫자의 착오인 듯하다. 그러나 짬이 없어 깊이 연구하지 못했다.

此五聲之數亦上生三分益一 下生三分去一 宮下生徵 徵益一上生商 商下生羽 羽益一上生角 然此文似數錯 未暇硏覈也

⑤ 置一而九三之以爲法치일이구삼지이위법

색은 《한서》〈율력지〉에서는 "태극의 원기는 셋을 포용해 하나를 만들고 12진十二辰으로 가게 해, 처음은 자子에서 움직이고 축丑에서 헤아려 3을 얻었으며, 또 인寅에서 헤아려 9를 얻었다."라고 했다. 그리하여 이를 구삼九三이라고 한다. 위소는 "1을 두고 9를 3으로 곱한다고 한 것이 이것이다."라고 했다. 악산이 말했다. "하나의 기가 자에서 태어나 축에 이르러 셋이 되니, 이것이 일삼一三이다. 또 축으로부터 인에 이르러서 9가 되는 것은 모두 3으로 곱한 것이며 이것이 구삼九三이다. 또 묘에서 헤아려 27을, 진에서 81을, 또 사에서 243을, 오에서 729를, 미에서 2,687을, 신에서 6,563을, 유에서 19,683을, 술에서 59,049를, 그리고 해에서 헤아리는 데 이르러 177,147을 얻어 수를 갖추었다고 이른다. 이렇게 음과 양이 덕을 합하고 기가 자子에 모여서 만물을 변화시켜 낳는다. 그래서 축은 3분하고(2/3) 인은 9분하니(8/9), 즉 나눈 나머지 수이다."

漢書律曆志曰 太極元氣 函三爲一 行之於十二辰 始動於子 參之於丑得三 又參之於寅得九 是謂因而九三之也 韋昭曰 置一而九 以三乘之是也 樂産云 一氣生於子 至丑而三 是一三也 又自丑至寅爲九 皆以三乘之 是九三之也 又參之卯 得二十七 參之於辰 得八十一 又參之於巳 得二百四十三 又參之午 得七百二十九 又參於未 得二千六百八十七 又參之於申 得六千五百六十三 又參

於酉 得萬九千六百八十三 又參於戌 得五萬九千四十九 又參至於亥 得十七萬

七千一百四十七 謂之該數 此陰陽合德 氣鍾於子 化生萬物也 然丑三分 寅九

分者 即分之餘數也

⑥ 實如法 得長一寸실여법 득장일촌

[색은] 실수實數(분자)와 법수法數(분모)가 같으면 1을 얻는다. 실이란 자子

의 1을 축丑의 3에 곱하는 것을 밀하며 해亥에 이르러 177,147을 얻어 실

수가 된다. 여법如法이란 위 19,683의 법수로 실수를 나누어 9를 얻으니,

황종의 길이가 됨을 말한다. '1을 얻는다'는 것은 산술하는 데 법수를 두

었다는 말이다. '득得' 아래에 있는 '장長'과 '일一' 아래에 있는 '촌寸'은

모두 쓸데없는 글자이다. 위소는 '9치를 얻은 것을 1'이라고 했다. 요씨는

1을 얻는다는 것은 곧 황종인 자子의 수를 이른다고 했다.

實如法得一 實謂以子一乘丑三 至亥得十七萬七千一百四十七爲實數 如法謂

以上萬九千六百八十三之法除實得九 爲黃鍾之長 言得一者 算術設法辭也

得下有長 一〔下有〕寸者 皆衍字也 韋昭云得九寸之一也 姚氏謂得一即黃鍾

之子數

⑦ 音始於宮 窮於角음시어궁 궁어각

[색은] 곧 위의 문장과 같이 궁은 1/3을 빼서 치가 되고, 치에 1/3을 더하

여 상이 되며, 상에서 1/3을 빼서 우가 되고, 우에 1/3을 더하여 각이 되

어 이에 끝난다.

即如上文宮下生徵 徵上生商 商下生羽 羽上生角 是其窮也

신神은 무無에서 생기고① 형상形象은 유有에서 이루어지며,② 형상이 있은 뒤에 수數가 있고 형상에서 소리가 이루어지므로,③ 신神은 기氣를 지배하고 기는 형상으로 나타나는 것이다. 형상의 이치는 무리 중에 가히 유류有類가 있는 것과 같다. 형상이 같지 못해서 유류有類를 이루지 못하지만 어떤 것은 형상이 같아서 유류有類를 이룬다. 그래서 유류有類를 나눌 수 있고 유류有類를 가히 알 수 있는 것이다. 성인은 천지를 식별할 줄 알기 때문에 있는 것에서부터 있지 않은 것에까지 이르러④ 기처럼 세세한 것과 오성五聲과 같은 미세한 것을 터득할 수 있었다.⑤

神生於無① 形成於有② 形然後數 形而成聲③ 故曰神使氣 氣就形 形理如類有可類 或未形而未類 或同形而同類 類而可班 類而可識 聖人知天地識之別 故從有以至未有④ 以得細若氣 微若聲⑤

① 神生於無신생어무

정의 형상이 없는 것은 태역太易의 기가 되니, 하늘과 땅이 아직 형성되지 않았을 때 신神은 본래 태허太虛의 안에서 형상이 없었다는 말이다.

無形爲太易氣 天地未形之時 言神本在太虛之中而無形也

② 形成於有형성어유

정의 하늘과 땅이 이미 나누어지니, 이의二儀(음양)가 바탕을 이루고, 만물의 형상이 천지간에서 이루어지며 신神이 그 속에 있다.

天地既分 二儀已質 萬物之形成於天地之間 神在其中

③ 形然後數 形而成聲^{형연후수 형이성성}

정의 수數는 천수天數를 이른다. 성聲은 궁, 상, 각, 치, 우를 말한다. 하늘의 수가 이미 형상으로 나타나면 그 오성을 이룰 수 있다는 말이다.

數謂天數也 聲謂宮商角徵羽也 言天數既形 則能成其五聲也

④ 從有以至未有^{종유이지미유}

정의 종유從有는 만물의 형질을 이르고, 미유未有는 천지에서 형성되지 않은 것을 이른다.

從有謂萬物形質也 未有謂天地未形也

⑤ 以得細若氣 微若聲^{이득세약기 미약성}

정의 기氣는 태역의 기를 이른다. 성聲은 오성의 소리를 이른다.

氣謂太易之氣 聲謂五聲之聲也

그러나 성인은 신神으로 인해서 존재하는 것①이기에 비록 미묘한 것이라도 반드시 정을 드러내고 그 신묘한 도를 깊게 연구하여 밝힌다.② 성스러운 마음을 가지지 않고서 총명함으로만 헤아린다면 누가 능히 천지의 신神을 보존시키고 형상의 정을 살피겠는가? 신神이란 만물이 그것을 받아들여도 그 오고가는 것③을 능히 알지 못하므로, 성인은 그것을 두려워하면서도 보존하려고 한다. 오직 보존하고자 하기에 신 또한 존재한다.④ 보존하려는 것이 이보다 귀한 것은 없다.⑤

然聖人因神而存之^① 雖妙必效情 核其華道者明矣^② 非有聖心以乘聰
明 孰能存天地之神而成形之情哉 神者 物受之而不能知(及)其去來^③
故聖人畏而欲存之 唯欲存之 神之亦存^④ 其欲存之者 故莫貴焉^⑤

① 聖人因神而存之성인인신이존지

정의 성인聖人은 신神을 따라서 그의 형체를 다스리고 자취를 살펴서
태역의 기에 이른다. 그러므로 "신을 따라서 존재한다."라고 이른다. 위에
서 '있는 것에서부터 있지 않은 것에까지'라고 이른 것이 이것이다.

言聖人因神理其形體 尋迹至於太易之氣 故云因神而存之 上云從有以至未有
是也

② 妙必效情~明矣묘필효정~명의

정의 묘妙는 오묘한 본성을 말한다. 효效는 '나타나는 것'과 같다. 핵核
은 '깊게 연구함'이다. 화도華道는 신묘한 도이다. 사람이 비록 미묘한 본
성을 가졌더라도 반드시 자신의 정리情理를 헤아려 감독한 연후에, 신묘
한 도를 연구해 그 형체를 탐구하고 그 이루어진 소리를 판단하기 때문에
'밝다'라고 이른 것이다. 그러므로 아래 문장에서 "성스러운 마음을 가지
지 않고서 총명함으로만 헤아린다면 누가 능히 천지의 신을 존재하게 하
고 형상의 정을 이루었겠는가?"라고 한 것이다.

妙謂微妙之性也 效猶見也 核 研核也 華道 神妙之道也 言人雖有微妙之性 必
須程督己之情理 然後研核神妙之道 乃能究其形體 辨其成聲 故謂明矣 故下云
非有聖心以乘聰明 孰能存天地之神而成形之情哉 是也

③ 其去來기거래

정의 만물은 신묘한 기를 받아도 깨닫지 못하고, 신이 오고감[去來]에도 그 오고감[往復]을 능히 알지 못한다는 말이다.

言萬物受神妙之氣 不能知覺 及神去來 亦不能識其往復也

④ 神之亦存신지역존

정의 성인은 신묘한 이치를 알기 어렵다고 누려워하여 항상 보존하려고 했다. 오직 항상 보존하려고 했기 때문에 그 신 또한 존재했다는 말이다.

言聖人畏神妙之理難識 而欲常存之 唯欲常存之 故其神亦存也

⑤ 莫貴焉막귀언

정의 평범한 사람은 정령의 신을 얻어 존재하고자 했다. 그런 까닭에 또한 신의 오묘함만을 더없이 귀하게 여긴다는 말이다.

言平凡之人欲得精神存者 故亦莫如貴神之妙焉

태사공은 말한다.

선기옥형旋璣玉衡①을 두어 칠정七政을 가지런히 하니, 즉 천지의 28수②이다. 또 십간③과 12지지,④ 12율의 조화는 상고시대부터 있었다. 율을 만들고 역법曆法을 운영하며 태양이 운행하는 도수를 헤아리는⑤ 근거를 얻었다. 법도에 부합하고 도덕과 통하는 것은 곧 이를 따르는 것이다.

> 太史公曰 (故)〔在〕旋璣玉衡① 以齊七政 即天地二十八宿② 十母③ 十二
> 子④ 鍾律調自上古 建律運曆造日度 可據而度⑤也 合符節 通道德 即從
> 斯之謂也

① 旋璣玉衡선기옥형

신주 선기옥형은 혼천의渾天儀라고도 하는데, 천체의 운행과 그 위치를 측정하던 천문관측 기구이다. 북두칠성의 제1성에서 제4성까지를 선기璇璣라고 하고, 제5성부터 제7성까지를 옥형玉衡이라 한다. 또한 이것은 기형璣衡이라고도 불렸다. 옛 사람들은 하늘이 공처럼 둥글다고 생각해서 기璣(구슬)라고 했는데, 그 표면에 일월성신의 운행을 설명할 수 있는 천구의天球儀를 만들었다. 형衡은 천구의를 통해서 천체를 관측할 수 있는 관管을 뜻했다. 그 크기는 《서경》에 따르면 기경이 8자, 둘레 25자, 형장은 8자에 구경이 1치였다고 한다.

혼천의라고도 한 것은 동심다중구同心多重球의 둥근 공을 뜻하기 때문인데, 세 겹의 동심구면으로 되어 있으며 제일 바깥층에서 중심을 향해 지평환地平環, 자오환子午環, 적도환赤道環 등 세 개의 환으로 구성되어 있다. 지평환은 땅과 평행하며 천구를 상하로 양분하고, 자오환은 천구자오선과 일치하는 대원大圓을 이루는데, 천구북극, 천정, 천구남극 등이 이 대원상에 있어 지평환과 지평에서 직각으로 만난다. 적도환은 천구적도와 일치하는 환으로서 자오선과는 직각으로 만나지만 지평환과는 엇비슷하게 만난다. 이들 세 개의 환이 교착되어 천구를 알 수 있고, 천구의 상하와 사방을 추측할 수 있기 때문에 이 환들을 육합의六合儀라고 한다. 가운데층은 황도환黃道環과 백도환白道環으로 구성되는데 해와 달과 별을 관측할 수 있다. 황도는 태양의 길, 백도는 달의 길을 의미한다. 안쪽 층은 적경쌍환赤經雙環, 극축極軸, 규관窺管으로 구성되는데, 망원경과 같이 천체를 관측하는 규관을 통해서 동서남북 사방을 볼 수 있으며 사유의四遊儀라고 한다. 이들 각 층의 각 환에는 눈금을 표시하여 정확하게 관측하였다.

선기옥형은 아침, 저녁 및 밤중의 남중성南中星과 천체의 적도좌표, 황도경도 및 지평좌표를 관측하고 일월성신의 운행을 추적하는 데 쓰였다. 순임금은 제위에 오른 뒤 제일 먼저 선기옥형을 정비했다고 한다.

② 二十八宿이십팔수

정의 宿는 '수[息袖反]'로 발음하며, 또 '숙肅'으로 발음한다. 동방은 각角, 항亢, 저氐, 방房, 심心, 미尾, 기箕이며, 남방은 정井, 귀鬼, 류柳, 성星, 장張, 익翼, 진軫이고, 서방은 규奎, 루婁, 위胃, 묘昴, 필畢, 자觜, 삼參이며, 북방은 두斗, 우牛, 녀女, 허虛, 위危, 실室, 벽壁인 총 28수이며 128수성이다.

宿音息袖反 又音肅 謂東方角亢氐房心尾箕 南方井鬼柳星張翼軫 西方奎婁胃昴畢觜參 北方斗牛女虛危室壁 凡二十八宿一百二十八宿星也

③ 十母십모

정의 십간을 말하며 '갑, 을, 병, 정, 무, 기, 경, 신, 임, 계'이다.
十干 甲乙丙丁戊己庚辛壬癸

④ 十二子십이자

정의 12지이며 '자, 축, 인, 묘, 진, 사, 오, 미, 신, 유, 술, 해'이다.

十二支 子丑寅卯辰巳午未申酉戌亥

⑤ 度탁

정의 度은 '작[田洛反]'으로 발음한다.

度音田洛反

색은술찬 사마정이 펼쳐서 밝히다.

옛날 헌원부터 악관樂官 영윤을 임명했다. 웅자雄雌(율려律呂)를 들으니 두텁고 얇은 소리가 참으로 고르구나. 기의 조화를 헤아리고 성진의 궤도를 깨쳤다. 군대의 모습이 절도가 있는 것은 악기를 이용했기 때문이었다. 미약한 것부터 깨우쳐 드러냈으니, 조화를 헤아려 신과 통했구나. 위대하다, 자신을 희생하고 천명을 받아 묵묵히 사람을 양생하였으니.

自昔軒後 爰命伶綸 雄雌是聽 厚薄伊均 以調氣候 以軌星辰 軍容取節 樂器斯因 自微知著 測化窮神 大哉虛受 含養生人

사기 제26권 史記卷二十六

역서 曆書

사기 제26권 역서 제4

史記卷二十六 曆書第四

　　신주 〈역서〉는 고대 역법曆法에 대해 기술한 것이다. 〈역서〉는 천문학
이 고대 국가의 정치 체제 및 정치 운용에 있어서 아주 중요한 역할을 했
음을 말해주는 역사 문헌이다. 사마천은 〈태사공자서〉에서 〈역서〉에 관해
이렇게 말했다.

　　"음률은 음에 깃들어서 양을 다스리고, 역법은 양에 깃들어서 음을 다
스린다. 그래서 율력이 바뀌 가며 서로 다스리니 그 사이에 한 치의 오차
도 수용하지 않는다. 황제력黃帝曆, 전욱력顓頊曆, 하력夏曆, 은력殷曆, 주력
周曆이 서로 달랐는데, 한무제 태초 원년에 이를 거론했다. 이로써 4장에
〈역서〉를 기술한다.[律居陰而治陽 曆居陽而治陰 律曆更相治 間不容瓢忽 五家之
文怫異 維太初之元論 作曆書第四]"

　　천문학에서 나온 역법은 음양과 오행의 원칙에서 추론하여 전쟁 또는
왕조의 흥망성쇠를 점치고, 나라의 중요한 정책을 세우는 데 사용했기 때
문에 아주 중요했다. 고대 왕들은 천명을 받아 나라를 세워서 군주의 성
씨를 바꾸면 반드시 처음을 경계해서 정삭正朔을 고치고, 복색을 바꿨는
데, 이는 하늘의 뜻에 따라 세상을 다스리겠다는 의지의 표현이었다.

황제黃帝는 성력星曆(천문역법)을 상고하여 역법을 제정하면서 한 해의 나머지로 윤달을 바로잡았다. 하夏나라는 한 해의 시작을 정월正月로 삼았고, 은殷나라는 12월을, 주周나라는 11월을 정월로 삼았다. 부여가 은 정월殷正月에 영고라는 제천 행사를 한 것은 동이족 은나라의 전통을 따라서 12월을 정월로 삼았음을 뜻한다. 진秦나라도 자못 오행의 상승相勝을 추앙하여 스스로 수덕水德의 상서로움을 얻었다고 여겨 10월을 정월로 삼았으며 흑색을 높였다. 한漢나라 고조高祖도 스스로 수덕水德의 상서로움을 얻었다고 여겼는데, 진秦나라의 정삭正朔과 복색을 답습했다.

그 후 효문제孝文帝 때가 되어서야 굉굉閎에게 산법算法과 역법을 운용케 한 연후에 일력日曆과 성력星曆의 법도가 하夏나라의 정월과 같아졌다. 이에 연호를 개정하고 관직의 호칭도 고쳤다. 그러나 효무제孝武帝 태초太初 원년부터 사용한 《태초력太初曆》은 기술하지 않고 '역술 갑자편'에서만 기록하고 있다. 《태초력》은 동지를 세수로 정했던 책력과는 다르게 입춘을 세수로 정한 것이어서 당연히 〈역서〉의 본문에서 기술했어야 하지만 다루지 않은 것은 효무제에 대한 불만을 사마천이 달리 표출한 것인지도 모른다. 이후 중원을 통일한 왕조는 매년 역서를 반포하는 것으로 자신들이 천명을 받았음을 드러냈다.

하늘의 기운을 따른 역법

옛날 고대부터 역법曆法은 정월正月을 정할 때 맹춘孟春(음력 정월)을 기점으로 삼았다.[①] 이때는 얼음이 녹고 벌레들이 깨어나고 온갖 풀들이 싹터서 자라며 두견새가 먼저 못을 찾아와 운다.[②] 만물도 이때 시작되고 한 해의 일은 이때에 갖추어진다. 태양은 동쪽에서 태어나기 시작해서 차례로 네 계절을 거치며 겨울에 마친다.[③] 닭이 세 번 울면 새해가 열리기 시작하는 때이며[④] 열두 달의 절기를 순환해서 축丑에서 마친다.[⑤] 또 해와 달의 운행으로 이루어지기 때문에 밝아지는 것이다. 밝음明에는 맹孟이라는 뜻이 있다. 어둠幽에는 유幼라는 뜻이 있다. 유명幽明이란 자웅雌雄이다. (유명은) 자웅처럼 교대로 흥해서 (하루를 이루고, 한 달을 이루고, 한 해를 이루어) 지극히 바른 계통을 따르게 된다.

昔自在古 曆建正作於孟春[①] 於時冰泮發蟄 百草奮興 秭鴂先滜[②] 物迺歲具 生於東 次順四時 卒于冬分[③] 時雞三號 卒明[④] 撫十二〔月〕節 卒于丑[⑤] 日月成 故明也 明者孟也 幽者幼也 幽明者雌雄也 雌雄代興 而順至正之統也

① 曆建正作於孟春역건정작어맹춘

색은 살펴보니 옛날의 역曆은 황제黃帝 때 만든 《조력調曆》으로 《상원태초력上元太初曆》 등보다 앞에 있었는데 모두 인寅을 정월로 삼고 맹춘孟春이라고 일렀다. 전욱顓頊과 하우夏禹에 이르기까지 또한 인寅을 정월로 삼았다. 다만 황제와 은, 주, 노나라에서는 모두 자子를 정월로 삼았다. 진秦나라는 해亥를 정월로 삼았고, 한나라는 처음에는 이를 따랐다가 무제 원봉元封 7년에 이르러 처음으로 《태초력》을 고쳐 사용했는데, 그에 따라 주나라 정월인 자子를 정하고 11월에 동지를 삭단朔旦으로 삼아 태초太初로 원년을 고쳤다. 지금 살펴보니 이 글은 '十二月節'에 이르기까지 모두 《대대례》에 있는 우사虞史 백이伯夷의 말에서 나온 것이다.

按 古曆者 謂黃帝調曆以前有上元太初曆等 皆以建寅爲正 謂之孟春也 及顓頊 夏禹亦以建寅爲正 唯黃帝及殷 周 魯竝建子爲正 而秦正建亥 漢初因之 至武 帝元封七年始改用太初曆 仍以周正建子爲十一月朔旦冬至 改元太初焉 今按 此文至於十二月節 皆出大戴禮虞史伯夷之辭也

신주 《조력調曆》은 황제 때 용성容成이라는 사관이 만들었다. 《한서》〈율력지〉에서는 "살펴보니 한나라 원년에 황제 때 만든 《조력》을 사용하지 않았다.[案漢元年不用黃帝調曆]"라고 했다. 역서曆書란 특정한 역법의 편제에 따라 연월일시와 계절 등을 기록한 책을 가리킨다. 고대에는 역성혁명으로 새로운 왕조가 들어서면 정삭正朔을 개정해 정월 초하루를 새로 정하고 복식도 바꾸어 새로운 시대가 열렸음을 선언했다. 12지 자축인묘진사오미신유술해의 첫 번째인 자월子月(11월)이 정월이다. 위의 **색은**에서 "전욱은 인월寅月을, 황제와 은, 주, 노나라에서는 모두 자월子月을 정월로 삼았다."고 했으나 이는 오류인 듯하다. 《한서》〈율력지〉에서 "주력은 자월(11월)을 정월로 삼았고, 하력은 인월(정월)을, 은력은 축월丑月(12월)

을, 전욱력은 해월亥月(10월)을, 황제력과 노력은 모두 자월을 정월로 삼았다.[周曆以子月 爲正月 夏曆建寅 殷曆建丑 顓頊建亥 黄帝曆 魯曆也都建子]"라고 했으며, 다른 역서에서도 이와 같이 기록하고 있기 때문이다. 하나라의 역법대로 인월寅月을 정월로 하면 축월에 한 해를 마치게 된다.

참고로 진秦나라는《전욱력》의 해월亥月(10월)을 정월로 삼았고, 한나라도 처음에는 이 역법을 따랐다가 무제 원봉 7년(서기전 104)에 하나라의 책력을 복원시켜 음력 1월을 정월로, 동짓달을 11월로 했다. 이것이 바로《태초력》이다. 그래서《전욱력》은 진나라부터 전한 원봉 6년(서기전 105)까지 사용된 태음태양력 계열의 역법이다.

서량지徐亮之는《중국사전사화》에서 중국의 역법이 동이에서 시작되었는데 역법을 만든 사람은 희화자羲和子이고, 그 계통은 은상의 동이 조상이며, 동이가 달력을 만든 사실은 실로 의문의 여지가 없다고 하였다. 우리나라 조선시대 세종의 명을 받은 이순지가 옛 기록들을 모아 편찬한《천문류초》에서 "상고시대에 연명이 갑인(서기전 2467)일 때 갑자월 초하루 아침인 동짓날 한밤중에 해와 달과 오성이 자방에 합하였다. 고로 주옥처럼 모여 이어진 상서로움이 있게 되었고 이에 응해서 전욱이 책력을 세우는 기원으로 삼았다."라는 기록을 남겼다.

② 秭鴂先澤자규선고

집해 서광이 말했다. "秭는 '자姉'로, 鴂는 '규規'로 발음한다. 자규子鴂는 새이다. 일명 제계鶗鴂라고 한다."

徐廣曰 秭音姉 鴂音規 子鴂鳥也 一名鶗鴂

색은 살펴보니 서광이 "자秭의 음은 '규規'이다."라고 한 것은 잘못이다. 마땅히 자秭의 음은 '자姉'이고 규鴂의 음은 '규規'라고 한 것이 아마 유실되었을 것이다. 자규는 봄기운이 발동하면 먼저 들의 못에 나와 운다. 또 살펴보니 《대대례》에는 '서규瑞雉(두견새)'로 되어 있고 해석이 없어 그 뜻을 헤아리지 못하지만, 마땅히 이 글자의 체가 각각 와전되어 변한 것일 뿐이다. 鷤의 음은 '제弟'이고 鶪의 음은 '계桂'이다. 《초사》에는 '여제계지선명慮鷤鶪之先鳴 사부백초위지불방使夫百草爲之不芳'이라고 했는데, 해석한 사람이 제계鷤鶪를 두견이라고 했다.

按 徐廣云 秭音規者 誤也 當云 秭音姊 鶪音規 蓋遺失耳 言子鶪鳥春氣發動 則先出野澤而鳴也 又按 大戴禮作瑞雉 無釋 未測其旨 當是字體各有訛變耳 鷤音弟 鶪音桂 楚詞云 慮鷤鶪之先鳴 使夫百草爲之不芳 解者以鷤鶪爲杜鵑

③ 卒于冬分졸우동분

[색은] 졸卒은 '쥴[子律反]'이고, 분分은 글자대로 '분'으로 발음한다. 졸卒은 '끝'의 뜻이다. 역을 세워 맹춘孟春을 일으키고 계동季冬이 다하면 한 해의 일이 갖추어지는 것을 말한다. 겨울이 다한 뒤에 봄이 와서 나누어지기 때문에 '동분冬分'이라고 했다.

卒 子律反 分 如字 卒 盡也 言建曆起孟春 盡季冬 則一歲事具也 冬盡之後 分爲來春 故云冬分也

④ 時雞三號 卒明시계삼호 졸명

[집해] 서광이 말했다. "졸卒은 다른 판본에는 '평平'으로 되어 있고 또 졸卒은 '사斯(나눔)'라고 일렀다."

徐廣曰 卒 一作平 又云卒 斯也

[색은] 삼호三號는 세 번 우는 것이다. 밤에 닭이 세 번 울면 하늘이 밝아진다는 말로, 이렇게 정월 1일이 시작되어 해가 달라진다는 말이다. 서광

은 "졸卒은 다른 판본에는 '평平'으로 되어 있고 또 '사斯'로 되어 있다."라고 했는데, 모두 문장에 맞다.

三號 三鳴也 言夜至雞三鳴則天曉 乃始爲正月一日 言異歲也 徐廣云卒 一作平 又作斯 於文皆便

⑤ 撫十二〔月〕節 卒于丑 무십이〔월〕절 졸우축

[정의] 무撫는 순순循(순환하다)과 같다. 해가 뜨기 시작하는 인寅으로부터 닭이 우는 축丑에 이르기까지 총 12진十二辰이다. 진辰은 축丑에서 다하고 또다시 다음 아침의 인寅에 이르러 하루 낮과 하루 밤을 보낸다. 그러므로 유명幽明(어둠과 밝음)이라고 했다.

撫猶循也 自平明寅至雞鳴丑 凡十二辰 辰盡丑又至明朝寅 使一日一夜 故曰幽明

해는 서쪽으로 지고 동쪽에서 뜬다. 달은 동쪽으로 지고 서쪽에서 뜬다. 역법을 만드는 데 천시天時를 따르지 않고 또 사람의 도리를 따르지 않는다면① 모든 일이 쉽게 무너지고 이루기 어려워진다. 왕이 성姓을 바꾸고 천명을 받을 때는 반드시 신중히 해야 한다. 정삭正朔을 고치고, 복색을 바꾸며, 하늘의 원기를 근본으로 하여 그 뜻을 따라 받들었다.②

日歸于西 起明於東 月歸於東 起明于西 正不率天 又不由人① 則凡事 易壞而難成矣 王者易姓受命 必慎始初 改正朔 易服色 推本天元 順承 厥意②

① 正不率天 又不由人 정불솔천 우불유인

색은 '正不率天 亦不由人'은 《대대례》에서 나온 말로 공자가 주나라

태사太史가 한 말을 일컬은 것이다.

正不率天 亦不由人 此文出大戴禮 是孔子稱周太史之詞

② 王者易姓受命~順承厥意 왕자역성수명 ~ 순승궐의

색은 왕들이 성姓을 바꾸어 일어나면 반드시 하늘의 원기元氣가 운행

하는 곳을 살펴서 정삭을 정하고 하늘의 뜻을 받들었다. 그러므로 '그 뜻

을 따라 받들었다'고 했다.

言王者易姓而興 必當推本天之元氣行運所在 以定正朔 以承天意 故云承順

厥意

고대의 역법

태사공은 말한다.

신농씨神農氏[①] 이전은 먼 옛날이다. 황제는 성력星曆(천문역법)을 관찰하여 정하고[②] 오행五行의 체계를 세우며, 만물이 일어나고 소멸되는 이치를 찾고,[③] 윤달과 윤년을 만들어 바로잡았다.[④] 이를 위해 천지의 천신天神과 지기地祇(땅의 신)에 대한 제사를 지내는 관직을 두었는데[⑤] 이를 오관五官이라고 했다.

각기 맡은 바를 잘 지켜서 서로 혼란하지 않게 했다. 이 때문에 백성은 신뢰할 수 있었고 신神들은 밝은 덕을 베풀 수 있었다. 백성과 신들은 맡은 일이 달랐지만 (백성들은 신을) 공경하고 업신여기는 일이 없었다. 그러므로 신神이 강림해서 좋은 곡식을 내리고[⑥] 백성은 신을 섬기는 제사를 지내니[⑦] 재앙이 생기지 않고 원하는 것을 부족하지 않게 구했다.

太史公曰 神農[①]以前尚矣 蓋黃帝考定星曆[②] 建立五行 起消息[③] 正閏餘[④] 於是有天地神祇物類之官[⑤] 是謂五官 各司其序 不相亂也 民是以能有信 神是以能有明德 民神異業 敬而不瀆 故神降之嘉生[⑥] 民以物享[⑦] 災禍不生 所求不匱

① 神農신농

신주 염제신농씨炎帝神農氏이다. 그는 중국 고대 삼황三皇 중의 한 사람으로 본명은 강석년姜石年이며, 열산씨烈山氏, 염제주양씨炎帝朱襄氏라는 별칭으로 불리기도 한다. 염제신농국을 세워 8대에 걸쳐 520년간 중국을 통치했다고 한다. 선대의 태호복희씨와 함께 동이족의 시조로 추앙받고 있으며, 황제헌원 이전에 하화족에게 농사짓는 방법을 알려주었고, 또한 동양의학을 창시했다고 전해진다. 5,300여 년 전에 섬서성 기산현의 강수姜水에서 성장해서 강씨姜氏라고 했는데, 치우蚩尤천왕과 춘추시대 제나라 왕인 강태공姜太公도 그의 후손이다. 그의 후손으로 240여 개 성씨가 있다고 전해지는데, 현재 한국의 성씨 중에도 진주강씨晉州姜氏, 범양노씨范陽盧氏, 온양방씨溫陽方氏, 홍씨(양홍씨 당홍계) 등 여러 성씨가 그를 성씨의 시조로 받들고 있다고 한다.

② 黃帝考定星曆황제고정성력

색은 살펴보니《세본系本》과〈율력지〉에서는 "황제가 희화羲和를 시켜 해를 점치게 하고, 상의常儀를 시켜 달을 점치게 하고, 유구臾區를 시켜 별의 형세를 점치게 하고, 영륜伶倫을 시켜 율려를 만들게 하고, 대요大橈를 시켜 갑자를 만들게 하고, 예수隸首를 시켜 산수算數를 만들게 하고, 용성容成을 시켜 이 여섯 가지 술術을 종합하게 해서《조력》이라고 했다."라고 한다. 按 系本及律曆志黃帝使羲和占日 常儀占月 臾區占星氣 伶倫造律呂 大橈作甲子 隸首作算數 容成綜此六術而著調曆也

③ 建立五行 起消息건립오행 기소식

정의 황간이 말했다. "건乾은 양陽이니 살아서 식息이 되고, 곤坤은 음

陰이니 죽어서 소소消가 된다."

皇侃云 乾者陽 生爲息 坤者陰 死爲消也

④ 正閏餘정윤여

집해 《한서음의》에서 말한다. "한 해의 나머지로 윤閏을 만든다. 그러 므로 '윤여閏餘'이다."

漢書音義曰 以歲之餘爲閏 故曰閏餘

정의 등평과 낙하굉이 이르기를 "1개월의 날은 29일과 81분의 43일日 이다."라고 했다. 살펴보니 그 여분을 계산해서 윤閏을 만들었다. 그러므 로 윤閏의 여분으로 바로잡았다고 했다. 매 1년은 366일인데 (한 달을 30일로 계산하면) 6일이 남고 또 작은 달(29일)에서 6일이 남는다. 따라서 한 해에 12 일이 남아서 대강 계산해도 (3년에) 33일이니, 월로 따지면 한 달이 남는다.

鄧平 落下閎云 一月之日 二十九日八十一分日之四十三 按 計其餘分成閏 故云正閏餘也 每一歲三百六十六日餘六日 小月六日 是一歲餘十二日 大計 三十三 月則一閏之耳

신주 달이 지구를 한 바퀴 도는 삭망월朔望月이 약 29.53일이므로 6개 월은 대월 30일, 6개월은 소월 29일로 만들어 교대로 사용하니 1년이면 354일이 된다. 그러나 실제 지구가 태양을 한 바퀴 도는 데에 약 365.24일 이 소요되므로 태음력과 태양력의 격차는 약 11.24일이 된다. 따라서 2년 반마다 윤년閏年을 두어 13월로 만들었다는 갑골문의 기록도 있다.

⑤ 天地神祇物類之官천지신기물류지관

정의 응소가 말했다. "황제는 천명을 받아 운서雲瑞(상서로운 구름)가 있 었다. 그러므로 운雲으로써 관직을 기록했다. 춘관은 청운靑雲, 하관은 진

운기雲, 추관은 백운白雲, 동관은 흑운黑雲, 중관은 황운黃雲이다." 살펴보
니 황제는 오관을 설치하고 각각 사물의 종류로 그 직분을 관장하는 명
칭을 부여했다.

應劭云 黃帝受命有雲瑞 故以雲紀官 春官爲青雲 夏官爲縉雲 秋官爲白雲 冬
官爲黑雲 中官爲黃雲 按 黃帝置五官 各以物類名其職掌也

⑥ 嘉生가생

[집해] 응소가 말했다. "가생은 좋은 곡식이다."

應劭曰 嘉穀也

[색은] 응소가 말했다. "좋은 곡식이다."

應劭云 嘉穀也

⑦ 物享물향

[정의] 유백장이 말했다. "물物은 섬김이다. 사람은 모두 고분고분 섬김으
로 복을 누린다."

劉伯莊云 物 事也 人皆順事而享福也

소호씨少皞氏가 쇠약해지자 구려九黎족이 덕을 어지럽혔다.① 그
리하여 백성과 신들의 관계가 뒤섞여 혼란스러워지자 일을 의지
대로② 할 수 없었고 재앙만 거듭되어③ (백성들은) 그 원기를 펼칠
수 없었다. 전욱顓頊씨가 천명을 받고서 즉위하자 이에 중重을 남
정南正으로 임명해 하늘을 맡아 신을 모시는 일을 수행하게 하고,

여黎를 화정火正으로 임명해 땅을 맡아 백성들의 일을 처리하게
해서,④ 그들로 하여금 과거의 상도常道를 회복시켜서 서로 침탈하
고 업신여기는 일이 없게 했다.

少暤氏之衰也 九黎亂德① 民神雜擾 不可放②物 禍菑薦③至 莫盡其氣
顓頊受之 乃命南正重司天以屬神 命火正黎司地以屬民④ 使復舊常 無
相侵瀆

① 少暤氏之衰也 九黎亂德소호씨지쇠야 구려난덕

집해 《한서음의》에서 말한다. "소호 때 제후가 난을 일으켰다."

漢書音義曰 少暤時諸侯作亂者

신주 소호씨少暤氏는 소호김천씨를 말하는데 황제의 장자라고 한다. 소
호는 태호복희씨의 도道를 잇는다는 뜻에서 붙여진 이름이다. 또한 태호
복희씨에 대해서 부사년傅斯年은 《이하동서설》에서 "태호복희가 동방의
부족이라는 것은 고대로부터 공인되어 온 일이다."라고 했고, 고사변학파
의 양관楊寬도 《중국상고사도론》에서 태호를 동이족으로 기록하고 있다.
황제의 아들 소호는 동이족이기 때문에 황제도 동이족인 것이 당연하다.
그러나 사마천은 황제를 하화夏華족의 시조로 삼고 있는데 이는 사마천
의 역사 인식의 가장 큰 모순이다. 사마천이 황제가 동이족이라는 사실을
모르지 않았을 텐데 황제를 하화족의 시조로 내세운 이유는 황제는 동이
족이 명백한 치우와 싸웠기 때문에 동이족 치우와 싸운 황제를 하화족의
시조로 내세우면 받아들여질 것으로 생각했기 때문일 것이다. 사마천이
상고사의 시작을 삼황三皇부터 하지 않은 것 역시 삼황이 모두 동이족이
기 때문이며, 소호가 황제의 제위를 이었음에도 불구하고 소호가 제위를

잇지 못한 것으로 설정한 것도 모두 동이족 역사를 지우고 하화족의 역사를 만들기 위함이었을 것이다.

구려九黎는 중국 상고시대 황하의 중하류 유역인 산동山東, 하북河北, 하남河南, 강소江蘇 지역에 거주하던 동이족을 가리킨다. 구려는 치우가 다스렸던 신정神政의 나라로 이에 관한 기록을 보면《서경》〈여형〉의 공영달의 주석에서 "구려 임금의 호칭이 치우이다.[九黎之君號曰蚩尤]"라고 했고, 또 "소호시대 말기 구려 임금의 이름이다.[少昊之末九黎君名]"라고 했다.《국어》〈초어〉의 주석에도 "구려는 치우의 무리이다.[九黎 蚩尤之徒也]"라고 했고,《여씨춘추》〈탕병〉과《전국책》에서 고유高誘는 "모두 치우가 구려의 임금이다."라고 주를 달았다.《사기》〈본기〉의 신주 에서 밝혔듯이 치우는 동이족의 시조격인 신농씨의 후예이다. 따라서 구려는 동이족의 나라임을 알 수 있다. 특히 한국의 성씨 중 많은 성씨들이 소호의 후예로 여기고 있음을 주목할 필요가 있다. 풍속이나 생활습관 및 여러 입증할 만한 사료들은 차치하더라도 이 사실 하나만으로도 현재 한민족과 동이족이 적어도 문화적으로 관계가 깊음을 알 수 있기 때문이다.

② 放방

색은 放은 '방昉'으로 발음하며, '의지'라는 뜻이다.

於音昉 依也

③ 薦천

색은 위의 글자는 '견[在見反]'으로 발음한다. 薦은 옛날의 '천荐'자인데, 가차한 것이다. 천荐은 '이르다'이다.

上音在見反 古荐字 假借用耳 荐 集也

④ 火正黎司地以屬民화정려사지이속민

집해 응소가 말했다. "여黎는 음관陰官이다. 화火의 수는 2이다. 2는 땅의 숫자이다. 그러므로 화정火正이 땅을 맡아서 만민이 소속되게 했다."

應劭曰 黎 陰官也 火數二 二 地數也 故火正司地以屬萬民

신주 오행은 음양의 구분으로 수는 1과 6, 화는 2와 7, 목은 3과 8, 금은 4와 9, 토는 5와 10에 해당한다. 1부터 5까지 생수라 하고 여기에 5를 더한 수를 성수라 한다. 출생과 성장의 의미를 가지고 있다.

색은 살펴보니 《좌전》에는 중重은 구망句芒이고 목정木正이라고 했다. 여黎는 축융祝融이고 화정火正이 되었다. 여기의 '남南' 자에 대해 유씨는 잘못된 것이라고 하였으나 그렇지 않다. 대개 중重과 여黎 두 사람이 원래 목정木正과 화정火正의 관직을 겸해 천지의 직분을 맡았다. 천天은 양陽이며 남南은 양의 자리이고 목木 또한 양陽이므로 목정은 남정南正이 된다. 화火는 지정地正이며 또한 북정北正이라고 한 것은, 화火의 숫자가 2이고 2는 땅의 수이며 지地는 음陰으로 북방을 주관하기 때문이다. 그러므로 화정火正을 북정北正이라고도 일컫은 것은 이 때문이다. 신찬은 고문古文의 '화火' 자는 '북北' 자와 같다고 주장했으나 깊이 깨달은 것은 아니다.

按 左傳重爲句芒 木正 黎爲祝融 火正 此言南者 劉氏以爲南字誤 非也 蓋重黎二人元是木火之官 兼司天地職 而天是陽 南是陽位 故木亦是陽 所以木正爲南正也 而火是地正 亦稱北正者 火數二 二地數 地陰 主北方 故火正亦稱北正 爲此故也 臣瓚以爲古文火字似北 未爲深得也

그 뒤 삼묘三苗족이 구려의 악덕을 따르면서[1] 두 관직의 직분이 모두 폐지되었다. 이로 인해 윤달의 차례도 어긋나서[2] 맹추孟陬(정월)가 사라지고[3] 섭제攝提(달을 세우는 기준)도 없어져서 역수曆數는 순서에 맞지 않게 되었다.[4]

其後三苗服九黎之德[1] 故二官咸廢所職 而閏餘乖次[2] 孟陬殄滅[3] 攝提無紀 曆數失序[4]

① 三苗服九黎之德삼묘복구려지덕

정의 공안국은 "삼묘三苗는 진운씨縉雲氏의 후예인 제후이다."라고 했다. 살펴보니 복服은 종從이다. 구려의 군주가 소호 때에 난을 일으켰으며 지금 삼묘의 군주는 구려가 어지럽힌 덕을 따랐다. 그러므로 남북의 두 관직이 모두 무너지고 역수의 순서가 맞지 않게 됐다는 말이다.

孔安國云 三苗 縉雲氏之後諸侯也 按 服 從也 言九黎之君在少暤之世作亂 今三苗之君從九黎亂德 故南北二官皆廢 使曆數失序

신주 앞에서 "소호씨의 세상이 쇠약해지니 구려족이 덕을 어지럽혔다.[少暤氏之衰也 九黎亂德]"라고 하고, 삼묘족도 구려의 덕을 따랐다고 한 것과 사뭇 배치되는 기록도 있다. 《한서》〈지리지 제8 下〉에서는 "공자가 자신의 도를 행할 수 없음을 한탄하며 발해에 뗏목을 띄워 구이에 가서 살고 싶다고 한 이유가 있었다.[孔子悼道不行 設浮於海 欲居九夷 有以也夫]"고 했다. 이에 안사고는 《논어》에서 공자가 '도가 행해지지 않으니, 뗏목을 띄워 바다에 나가려고 한다면 나를 따를 자는 중유仲由이리라![論語稱孔子曰 道不行 乘桴浮於海 從我者其由也歟]'라고 하면서 뗏목을 띄워 동이로 가고 싶다고 말했다.[言欲乘桴筏而適東夷] 이는 그 나라에 어진 현자의 교화가 있어서[以其國有仁賢之化] 가히 도가 행해지기 때문이다.[可以行道也]"라고 주를 달았다. 이는 공자가 동이족 국가를 현자의 교화가 있어서 도가 행해지는 나라로 보고 있는 것이어서 구려족에 대해 덕을 어지럽히는 대상으로 보는 이 구절과 배치된다.

② 閏餘乖次윤여괴차

집해 《한서음의》에서 말한다. "차次는 12차이다. 사관이 역曆을 추산해 윤달을 잘못하면 두건斗建과 달의 명칭이 어긋난다."

漢書音義曰 次十二次也 史推曆失閏 則斗建與月名錯

신주 두건斗建은 북두성北斗星이 가리키는 곳을 뜻하는데, 이를 통해 월月과 계절을 구분했다. 북두성의 자루가 되는 세 개의 별인 두병斗柄이 동쪽을 가리키면 봄, 남쪽을 가리키면 여름, 서쪽을 가리키면 가을, 북쪽을 가리키면 겨울이다. 북두성의 운전에 의해서 월령月令을 계산했는데, 두병이 진辰을 가리키는 것이 두건이며 월건月建이라고도 해서 북두성으로 열두 달을 표시했다. 《회남자》〈천문훈〉에서 "천제가 사유四維를 펼쳐서 북두성으로 그곳을 선회하게 했다. 달마다 12진辰 중 1진辰씩 옮겨 다시 원 위치로 돌아가게 했다. 정월에는 인寅을 가리키고, 12월에는 축丑을 가리킨다. 한 해는 한 바퀴 돌기를 끝마치면 다시 시작한다.[帝張四維 運之以斗 月徙一辰 復反其所 正月指寅 十二月指丑 一歲而匝 終而復始]"고 했다.

③ 孟陬殄滅맹추진멸

집해 《한서음의》에서 말한다. "정월은 맹추孟陬가 된다. 윤閏은 남은 것이 어긋나면 정확한 1년을 계산할 수 없어서 다 없어졌다고 한다."

漢書音義曰 正月爲孟陬 閏餘乖錯 不與正歲相值 謂之殄滅

색은 살펴보니 정월은 추陬가 된다. 陬의 음은 '추鄒'이다. 또 '주[作侯反]'로도 발음한다. 《초사》에서는 "섭제정호맹추攝提貞乎孟陬(인년寅年의 정월이다.)"라고 했다. 역수가 어긋나 맹추가 없어져 그 바른 것을 얻지 못함을 말한다.

按 正月爲陬 陬音鄒 又作侯反 楚詞云 攝提貞乎孟陬 言曆數乖誤 乃使孟陬殄滅 不得其正也

신주 굴원의 《초사》〈이소〉에서 "섭제(인년寅年)의 정월에 점지함이여, 정월 경인일에 내가 태어났네.[攝提貞于孟陬兮 惟庚寅吾以降]"라고 했는데, 이는 굴원이 자신의 운명이 태어날 때부터 이미 정해졌다고 말한 것이다.

④ 攝提無紀 曆數失序섭제무기 역수실서

집해 《한서음의》에서 말한다. "섭제攝提는 별 이름이며 두표斗杓(북두성 자루 쪽의 세 별)가 가리키는 것을 따라서 12월을 세운 것이다. 만약 역曆이 잘못되면 봄 3월은 마땅히 진辰을 가리켜야 할 것이 사巳를 가리키게 되어 순서에 맞지 않게 된다."

漢書音義曰 攝提 星名 隨斗杓所指建十二月 若曆誤 春三月當指辰而指巳 是謂失序

색은 섭제가 방향을 잃은 것이다. 살펴보니 〈천관서〉에서는 "섭제의 세 별은 솥의 발이 굽은 것과 같고 곧 두표斗杓가 가리키는 바는 때의 절기를 세운다. 그러므로 섭제격攝提格이라고 한다."라고 했다. 격格은 '이르는 것'이다. 섭제는 월건月建을 따라서 이른다는 말이므로 '격格'이라고 했다.

攝提失方 按 天官書云 攝提三星 若鼎足句之 直斗杓所指 以建時節 故曰攝提格 格 至也 言攝提隨月建至 故云格也

신주 섭제는 옛 갑자이며 십이지의 인寅에 해당하는데, 축을 정월로 세

운 은나라와 자子를 정월로 세운 주나라를 제외하고는 모두 인을 정월로
세웠다. 섭제는 한 해의 시작을 뜻한다.

  고갑자古甲子는 육십갑자가 만들어지기 전에 부르던 명칭으로 알봉關
逢부터 연을 표시하여 대연헌大淵獻에서 끝나는 22년 동안을 1주갑周甲
으로 한 것으로 추정된다. 《이아》〈석천〉에 태세太歲가 인에 있으면 섭제
격이라고 하였는데, 태세란 목성은 서쪽에서 동쪽으로 운행하므로 역년
을 표기하기에 불편하기 때문에 반대로 운행하는 가상의 천체로 세성歲
星(목성의 다른 표현)을 표기한 것을 말한다.

요임금이 다시 중려重黎의 후손들을 기용하여 옛날을 잊지 않고
본받게 하고 희씨羲氏와 화씨和氏라는 관직을 설치하였다. 세시歲
時를 명료하게 하고 율도를 바르게 하니 음과 양이 조화되고 바람
과 비가 조절되며 기氣가 왕성해져서 백성에게 돌림병이 퍼지는
일이 생기지 않았다.
요임금이 나이가 들어 순에게 제위를 선양하고 문조文祖의 사당에
서 순임금에게 경계하여 말하기를[1] "하늘의 역수[2]를 바르게 보
존하는 것은 그대의 책임이다."라고 했다. 순임금이 우임금에게 천
하를 양위할 때도 똑같이 명했다.[3] 이러한 것으로 보아 (역수는) 왕
들에게 소중한 것이었다.
堯復遂重黎之後 不忘舊者 使復典之 而立羲和之官 明時正度 則陰陽
調 風雨節 茂氣至 民無夭疫 年耆禪舜 申戒文祖[1] 云天之曆數[2]在爾躬
舜亦以命禹[3] 由是觀之 王者所重也

① 申戒文祖신계문조

집해 서광이 말했다. "계戒는 다른 판본에는 '칙敕'으로 되어 있다."

徐廣曰 戒 一作敕

정의 문조의 묘에서 순임금에게 경계하여 말한 것을 이른다.

言於文祖之廟以申戒舜也

신주 문조의 묘는 요임금 조상의 신주를 모신 사당을 말한다.

② 曆數역수

집해 하안이 말했다. "역수는 차례를 이른다."

何晏曰 曆數謂列次也

③ 舜亦以命禹순역이명우

집해 공안국이 말했다. "순임금 또한 요임금이 자신에게 명한 말을 우임금에게 명했다."

孔安國曰 舜亦以堯命己之辭命禹也

하나라에서는 한 해의 시작을 정월(1월)로, 은나라에서는 12월로, 주나라에서는 11월로 삼았다. 대개 하, 은, 주 3대의 한 해의 시작은 순환하는 고리처럼 마지막에 이르면 처음으로 되돌아왔다. 천하에 도道가 있으면 인륜의 질서를 잃지 않았고, 도가 없으면 정삭正朔이 제후들에게서 실행되지 않았다.

유왕幽王과 여왕厲王 이후부터 주 왕실이 쇠약해져서 제후국 신하들이 정권을 잡자, 사관들은 계절을 제대로 기록하지 않았고 군주도 매달 초하루의 제사를 지내지 않았다.[1] 그래서 천문 역법을 맡은 집안 자제들이 뿔뿔이 흩어져[2] 어떤 이들은 중원 각지에 있었고 어떤 이들은 이적夷狄의 땅에 가기도 했다. 이 때문에 제사 지내는 제도가 폐지되고 통일되지 않았다.[3]

夏正以正月 殷正以十二月 周正以十一月 蓋三王之正若循環 窮則反本 天下有道 則不失紀序 無道 則正朔不行於諸侯 幽 厲之後 周室微 陪臣執政 史不記時 君不告朔[1] 故疇人子弟分散[2] 或在諸夏 或在夷狄 是以其禨祥廢而不統[3]

① 君不告朔군불고삭

집해 정현이 말했다. "《예기》에서는 군주가 매월 초하루에 묘廟에서 고하고 제사 지내는 것을 조향朝享이라고 한다."

鄭玄曰 禮 人君每月告朔於廟 有祭 謂之朝享

② 疇人子弟分散주인자제분산

집해 여순이 말했다. "가업이 대대로 서로 전해지는 것을 주疇라고 한다. 율律에, 해마다 23부傅가 주관疇官이었는데, 각각 그 부친의 학업을 따랐다."

如淳曰 家業世世相傳爲疇 律 年二十三傅之疇官 各從其父學

색은 위소가 말했다. "주疇는 끼리끼리이다." 맹강이 말했다. "같은 무리

의 사람으로 역에 밝은 자이다." 악산이 말했다. "주疇는 예전에 별을 아
는 사람이다."

韋昭云 疇 類也 孟康云 同類之人明曆者也 樂產云 疇昔知星人

③ 禨祥廢而不統기상폐이불통

집해 여순이 말했다. 《여씨춘추》에서 '형荊나라 사람은 귀신을 믿고
월越나라 사람은 신이 내리는 조짐을 믿는다.'라고 했다. 지금 무당이 사당
에서 빌고 기도하며 넘치게 제사하는 것과 같다." 진작이 말했다. "기禨의
발음은 주기의 '기璣'이다."

如淳曰 呂氏春秋 荊人鬼而越人禨 今之巫祝禱祠淫祀之比也 晉灼曰 禨音珠璣
之璣

주양왕周襄王 26년에 3월을 윤달로 삼았는데, 《춘추》에서는 잘못
된 것이라고 했다. 선왕들은 세시를 정할 때 끝과 시작의 균형을
잡고,① 망중望中에 오차를 바로잡아② 나머지를 윤달에 돌아가게
했다.③ 시작에서 끝을 맞추니 순서가 넘치지 않았고, 망중望中에
서 바로잡으니 백성이 미혹되지 않았으며, 나머지를 윤달에 돌아
가게 하니 일이 어그러지지 않았다.

周襄王二十六年閏三月 而春秋非之 先王之正時也 履端於始① 擧正於
中② 歸邪於終③ 履端於始 序則不愆 擧正於中 民則不惑 歸邪於終 事
則不悖

① 履端於始이단어시

[집해] 위소가 말했다. "정력正曆은 반드시 먼저 끝과 시작의 균형을 잡는 것을 말한다. 마치 11월 동지를 삭단으로 삼는 것과 같다."

韋昭曰 謂正曆必先稱端始也 若十一月朔旦冬至也

[신주] 삭단朔旦은 자시子時를 가리키며 정북正北이다. '삭단동지'는 자시에 동지가 된다는 말이다. 그래서 '삭단'은 곧 끝이 시작이 된다는 말이다. 즉 끝과 시작이 같다.

② 擧正於中거정어중

[집해] 위소가 말했다. "기氣가 망중望中에 있으면 그 때 날의 어둡고 밝은 것이 모두 바르다."

韋昭曰 氣在望中 則時日昏明皆正也

③ 歸邪於終귀여어종

[집해] 邪는 '여餘'로 발음한다. 위소가 말했다. "여邪는 여분餘分(나머지)이다. 종終은 윤달이다. 중기中氣가 그믐에 있으면 뒤의 달이 윤달이고, 망望(보름)에 있으면 그것은 중기를 바로잡은 것이다."

音餘 韋昭曰 邪 餘分也 終 閏月也 中氣在晦則後月閏 在望是其正中也

그 뒤 전국시대에는 서로 싸우면서 나라를 강력하게 하여 적을 물리치고 급한 것을 구제하고 분란을 해결하는 데에만 급급했을 뿐이니, 어찌 역법을 생각할 겨를이 있었겠는가! 이때 유독 추연鄒衍[1]이라는 사람이 오덕종시설五德終始說[2]에 밝아서 소멸하고 생장하는 이치를 전파하여 제후들에게 알려졌다. 그리고 또한 진秦나라가 여섯 나라를 멸망시킬 때 전쟁이 극심했고, 또 진나라가 지존의 자리에 오른 지 얼마 되지 않아서 (역법에 신경 쓸) 여유가 없었다. 그렇지만 진나라도 자못 오행의 상승相勝[3]을 추앙하여 스스로 수덕水德의 상서로움을 얻었다고 여겨서, 황하의 이름을 고쳐 '덕수德水'라고 부르고 10월을 정월로 삼았으며[4] 흑색을 숭상했다.[5] 역법에서 윤달을 두었지만 그 정확한 진상을 살피지는 못했다.

其後戰國竝爭 在於彊國禽敵 救急解紛而已 豈遑念斯哉 是時獨有鄒衍[1] 明於五德之傳[2] 而散消息之分 以顯諸侯 而亦因秦滅六國 兵戎極煩 又升至尊之日淺 未暇遑也 而亦頗推五勝[3] 而自以爲獲水德之瑞 更名河曰德水 而正[4]以十月 色上黑[5] 然曆度閏餘 未能睹其眞也

① 鄒衍추연

신주 추연은 전국시대 말기 제나라 직하稷下(당시 임치臨菑의 직문稷門에 있던 땅)에서 활동했던 대표적인 음양가로 음양오행설을 주창하였다. 추연은 오덕종시설五德終始說을 주장했는데, 오행의 목, 화, 토, 금, 수를 뜻하는 오덕五德이 왕조의 교체에 따라 주기적으로 교체된다는 주장이다. 그는 하늘에 대한 논변이 뛰어나다는 뜻의 담천연談天衍이라고도 불리며 당시 뭇

제후들에게 대접을 받았다. 《주운편》을 저술하였고, 《한서》〈예문지〉에 "《추자》, 《추자종시》 등의 책을 썼다."는 기록이 있으나 전하지 않는다.

② 五德之傳오덕지전

정의 전傳의 발음은 '전[竹戀反]'이다. 오덕은 오행이다.

傳音竹戀反 五德 五行也

신주 오덕五德은 오행의 목木, 화火, 토土, 금金, 수水에 각각 덕이 있어서 왕조 교체에 대응한다는 사상이다. 예를 들면 화덕火德의 주周나라가 수덕水德의 진秦나라에 교체되었다는 것으로, 모든 왕조의 흥망을 오덕종시설로 설명할 수 있다는 주장이다.

③ 五勝오승

집해 《한서음의》에서 말한다. "오행의 상승相勝이며 진나라는 주나라를 화火로 여기고 수水를 사용해 이긴 것이다."

漢書音義曰 五行相勝 秦以周為火 用水勝之也

④ 而正이정

정의 正은 '정征'으로 발음한다. 진시황의 이름이기 때문에 기휘忌諱한 것이다. 그래서 고쳤다.

音征 以秦始皇名諱之 故改也

신주 기휘忌諱란 임금이나 존경하는 사람의 이름자를 통하는 글자로 쓰거나 획을 일부 생략하여 쓰는 것을 말한다. 피휘避諱라고도 한다. 진시황은 성이 영嬴이고 이름이 정政이다.

⑤ 色上黑색상흑

신주 오행 중 수水을 상징하는 색이 흑색이다. 진나라의 덕이 수덕水德
이기 때문에 흑색을 숭상했다. 목은 청색, 화는 적색, 토는 황색, 금은 백
색에 해당한다.

제
三
장

한나라 역법

한나라가 일어나자 고조는 "북치北畤(북쪽 제사 터)가 나를 기다려서 세워졌다."[①]라고 말했으며, 또한 스스로 (한나라도) 수덕水德의 상서로움을 얻었다고 여겼다. 역법에 밝은 장창張蒼[②] 등도 모두 그렇다고 여겼다. 이때는 천하가 비로소 안정되고 바야흐로 기강에 큰 틀이 잡힐 때였는데 고후高后가 여주女主[③]여서 모든 것에 여력(역법을 고칠 틈)이 없었다. 그런 까닭에 진나라의 정삭과 복색을 답습했다.

漢興 高祖曰 北畤待我而起[①] 亦自以爲獲水德之瑞 雖明習曆及張蒼[②] 等 咸以爲然 是時天下初定 方綱紀大基 高后女主[③] 皆未遑 故襲秦正朔服色

① 北畤待我而起북치대아이기

신주 〈봉선서〉에서 "고조가 '나는 하늘에 오제五帝가 있다고 들었는데 단지 네 개의 사당만 있으니 무슨 까닭인가?'라고 물었는데 아무도 답하

지 못하자 그는 '나는 그 까닭을 알고 있다. 나를 기다려서 오제의 수를
채우려고 했던 것이다.'라고 하며 흑제黑帝의 사당을 건립하고 북치北畤라
고 명명했다."라고 하였다.

② 張蒼장창

신주 장창(서기전 253~서기전 152)은 양무陽武(지금 하남성 원양현 현성의 동남
쪽) 사람으로 진, 한 때의 유학자이며 음양가이다. 그는 일찍이 순자를 스
승으로 따랐다. 전한의 개국공신으로 승상에 올랐으며 북평후北平侯에
봉해졌다.

③ 高后女主고후여주

신주 여후呂后(서기전 241~서기전 180)이다. 자字는 아구娥姁인데, 여후, 한
고후漢高后, 여태후呂太后 등으로 불린다. 지금의 산동성 단현單縣 출신
이다. 여성으로 제위에 올랐기 때문에 당나라 때의 무측천武則天과 더불
어 '여무呂武'라고 한다. 한고조 유방의 정실부인으로 고조가 죽자 황태후
로 정권을 장악했는데, 중국 역사상 최초의 황태후이다. 그래서 사마천은
《사기》에 〈여태후본기〉를 두어 황제로 대접했다. 정권을 잡은 후 고조의
후궁이었던 척부인戚夫人을 핍박하고 수많은 공신들을 제거하고 자신의
친족인 여씨들을 끌어들여 왕으로 삼았지만 여후가 죽은 후 모두 숙청당
했다.

효문제 때 노나라 사람 공손신公孫臣[①]이 오덕종시설을 근거로 글을 올려서 말했다.

"한나라는 토덕土德으로 천하를 얻었으니 마땅히 연호를 변경하고 정삭을 고치며 복색도 바꾸어야 합니다. 그러면 마땅히 상서로운 징조가 있을 것이며 그 징조로 황룡이 나타날 것입니다."

이 일을 승상인 장창에게 자문을 구했는데, 장창 또한 율력을 배웠기 때문에 이를 옳지 않다고 하자 의논이 중지되었다. 그 후에 황룡이 성기成紀 땅에 나타나자 장창은 스스로 자리에서 물러났고 그가 논하여 저술하려던 것들을 완성하지 못했다. 그리고 신원평新垣平[②]은 망기望氣를 살펴 역법과 복색을 바로잡아야 한다고 말해 문제의 총애를 받았다. 후에 (신원평의 망기술이 천하를) 어지럽힌다고 하여 효문제는 그를 폐하고 역법에 대해 다시 묻지 않았다.

지금 황상(한무제)이 즉위하고 방사方士인 당도唐都를 초빙해서 하늘의 성부星部를 나누게 했다.[③] 파군巴郡 낙하현 사람 굉閎에게 전력轉曆을 계산하여 운용케 한[④] 연후에야 일진日辰의 도度가 하나라 정삭과 같아졌다. 이에 따라 연호와 관직의 호칭을 고치고 태산에서 봉제를 지냈다.

至孝文時 魯人公孫臣[①]以終始五德上書 言漢得土德 宜更元 改正朔 易服色 當有瑞 瑞黃龍見 事下丞相張蒼 張蒼亦學律曆 以爲非是 罷之 其後黃龍見成紀 張蒼自黜 所欲論著不成 而新垣平[②]以望氣見 頗言正曆服色事 貴幸 後作亂 故孝文帝廢不復問 至今上即位 招致方士唐都 分其天部[③] 而巴落下閎運算轉曆[④] 然後日辰之度與夏正同 乃改元 更官號 封泰山

① 公孫臣공손신

신주 공손公孫이 성씨이고 신臣이 이름이다. 한나라 초기의 학자이자 음양가이다. 노魯(지금의 산동성 곡부) 출신이며 문제 때 박사로 제수되자 오덕종시설에 대한 상서를 올렸다. 이 상서에서 정삭을 개정하고 복색을 바꿔야 한다고 주청했다.

② 新垣平신원평

신주 신원新垣이 성씨이고 평平이 이름이다. 조국趙國 방사方士이다.

③ 唐都 分其天部당도 분기천부

집해 《한서음의》에서 말한다. "28수宿의 떨어진 정도에 따라 나누어 관장함을 이른다."

漢書音義曰 謂分部二十八宿爲距度

신주 28수는 고대로부터 동아시아에서 사용되어 온 태양의 길 황도 주변에 있는 28개의 별자리를 말한다.

④ 巴落下閎運算轉曆파락하굉운산전력

집해 서광이 말했다. "진술이 이르기를 '징사徵士(조정에서 초빙한 사인) 파군 낙하현 사람 굉閎'이라고 한다."

徐廣曰 陳術云 徵士巴郡落下閎也

색은 요씨가 살펴보니 《익부기구전》에서 "굉閎의 자는 장공長公이며 천문에 통달하고 낙하落下에 숨어 살았다. 무제가 태사에게 조서를 내려 그를 불러 기다렸다. 땅속에 혼천의渾天儀을 운행하고 《전욱력》을 고쳐 《태초력》을 만들었으며, 시중에 임명되었으나 나가지 않았다."라고 했다.

姚氏案 益部耆舊傳云 閎字長公 明曉天文 隱於落下 武帝徵待詔太史 於地中
轉渾天 改顓頊曆作太初曆 拜侍中不受

신주 굉이 계산한 전력轉曆이란 혼천의를 운행하여 계산하는 역법이다.
위 주석에서 혼천의를 운행했다는 것이 그런 뜻이다.

이에 따라 어사를 불러 명했다.

"지난날 관리들이 성도星度가 정해지지 않았다고 해서 널리 사람
을 불러 의견을 물어 성도星度를 알려고 했으나 아직 제대로 살피
지① 못했다. 대개 듣자하니 예전에 황제가 역법을 정해서 사라지
지 않았으며 천체의 명칭을 구분하고 운행 규칙을 증험했다. 또 율
律의 청탁淸濁을 정하고, 오부五部(5행)를 일으켜서 절기와 물物②
과 분수를 세웠다고 한다.③ 그러나 이는 이미 오래된 일이다. 기록
은 없어지고 악률도 해이해졌으니 짐은 이를 매우 슬프게 여긴다.
짐이 능히 좇아 (역법을) 밝히지 못했으나, 일분日分을 운용하고④ 수
덕水德을 이길 수 있는 방도에 따를 것이다.⑤ 오늘은 태양이 하지⑥
를 맞으니 황종을 궁宮으로, 임종을 치徵로, 태주를 상商으로, 남려
를 우羽로, 고선을 각角으로 삼는다. 이후부터 기氣가 바르게 돌아
오고, 우성이 맑게 회복하며, (각각의) 이름이 바르게 변하여 회복하
였으니, 자일子日을 동지에 맞추면 곧 음양이 흩어지고 합해지는 도
가 실행될 수 있을 것이다. 11월 갑자 삭단朔旦(정북正北, 자시子時, 야반夜
半)에 동지가 관측되었으니, (원봉元封) 7년을 고쳐 태초太初 원년⑦으
로 삼는다. 연年의 명칭은 언봉·섭제격焉逢攝提格(갑인甲寅)⑧이라 하고,

월月 명칭은 필취畢聚(갑甲)라 하며, 일日은 갑자甲子라 하고, 야반夜半 삭단朔旦이 동지가 된다.⑨"

因詔御史曰 乃者 有司言星度之未定也 廣延宣問 以理星度 未能詹①也 蓋聞昔者黃帝合而不死 名察度驗 定淸濁 起五部 建氣物②分數③ 然蓋 尙矣 書缺樂弛 朕甚閔焉 朕唯未能循明也 紬績日分④ 率應水德之勝⑤ 今日順夏至⑥ 黃鐘爲宮 林鐘爲徵 太蔟爲商 南呂爲羽 姑洗爲角 自是 以後 氣復正 羽聲復淸 名復正變 以至子日當冬至 則陰陽離合之道行 焉 十一月甲子朔旦冬至已詹 其更以七年爲太初元年⑦ 年名 焉逢攝提 格⑧ 月名畢聚 日得甲子 夜半朔旦冬至⑨

① 詹첨

집해 서광이 말했다. "첨詹은 다른 판본에는 '수售'로 되어 있다."

徐廣曰 詹 一作售也

색은 살펴보니 《한서》에는 '수讐'로 되어 있다. 그러므로 서광이 "다른 판본에는 수售로 되어 있다."고 했다. 수售는 곧 수讐이다. 위소는 "수讐는 '비교하다'이다."라고 했다. 정덕은 "서로 응하는 것을 수讐라 한다."고 했다.

按 漢書作讐 故徐廣云一作售 售卽讐也 韋昭云 讐 比校也 鄭德云 相應爲讐也

② 物물

신주 《사기》〈역서〉 번역본(까치 발행)에서 物은 물후物候를 가리키는 것 이며, 고대 역법에서 사물의 변화가 절후節候에 미치는 반응을 근거로 하 여 5일을 1후로 정하였다고 한다.

③ 黃帝合而不死 ~ 建氣物分數 황제합이불사 ~ 건기물분수

집해 응소가 말했다. "황제는 역법을 만들고 신선을 얻어 절회節會(절기)의 이름을 지었으며, 춥고 더운 것을 살펴 계폐啓閉(입춘과 입하, 입추와 입동)와 분지分至(춘분과 추분, 하지와 동지)에 이르고, 청탁淸濁을 정했으며 오부를 세웠다는 말이다. 오부는 금, 목, 수, 화, 토의 오행이다. 절기와 물物과 분수를 세운 것은 모두 역曆의 뜻을 편 것이다."

맹강이 말했다. "합슴은 작作이다. 황제가 역법을 만들었는데 역법은 끝나면 끊임없이 다시 시작하므로 '불사不死'라고 했다. 청탁淸濁은 율성律聲의 청탁이다. 오부는 오행이다. 하늘에는 네 계절이 있는데 나누면 오행이 된다. 기氣는 24절기이고, 물物은 만물을 말한다. 분分은 역수曆數의 나눔이다."

신찬이 말했다. "황제의 성스런 덕이 허수虛宿와 서로 결합하여 용을 타고 하늘로 우화등선羽化登仙했다. 그러므로 합하여 죽지 않는다는 것이다. 이에 천체의 명칭을 정하고 진퇴를 살폈으며, 삼신三辰의 도度를 일컬으니 길흉을 증험할 수 있었다."

應劭曰 言黃帝造曆得仙 名節會 察寒暑 致啟閉分至 定清濁 起五部 五部 金 木 水 火 土也 建氣物分數 皆敘曆之意也 孟康曰 合 作也 黃帝作曆 曆終復始無窮 已 故曰不死 清濁 律聲之清濁也 五部 五行也 天有四時 分爲五行也 氣 二十四 氣 物 萬物也 分 曆數之分也 瓚曰 黃帝聖德 與虛合契 升龍登仙於天 故曰合而 不死 題名宿度 候察進退 謂三辰之度 吉凶之驗也

색은 신찬이 말했다. "천체의 명칭을 정하고 진퇴를 살펴, 길흉의 형태를 문장으로 해석하여 얻을 수 있게 되었다." 살펴보니 《한서》에는 '명찰발렴名察發斂'으로 되어 있는데, 위소는 "발發은 기가 발현하는 것이고, 렴斂은 기를 수렴하는 것이다."라고 했다. 또 《속한서》에는 도道의 발렴發斂

이 빛의 장단에 의한 것이라고 여겼으니, 곧 발렴은 태양이 가는 길이 극極을 떠나 차고 줄어드는 것이다.

臣瓚云 題名宿度 候察進退 以爲吉凶之狀 依文作解爲得 案 漢書作 名察發斂 韋昭云 發 氣發 斂 氣斂 又續漢書以爲道之發斂 景之長短 則發斂是日行道去極盈縮也

④ 紬績日分주적일분

[색은] 紬는 '주宙'로 발음한다. 또 글자대로 발음한다. 주적紬績(실을 뽑아냄)은 여공女工이 실을 잣는다는 뜻이며, 역법을 만들고 산술을 운용하는 것이 마치 여공이 실을 뽑아서 짜는 것과 같다는 말이다.

紬音宙 又如字 紬績者 女工紬緝之意 以言造曆算運者猶若女工緝而織之也

⑤ 水德之勝수덕지승

[집해] 서광이 말했다. "아마도 토덕에 응해서 토土가 수水를 이기는 것으로 여겼다."

徐廣曰 蓋以爲應土德 土勝水

[신주] 오행의 상생상극설相生相剋說에서 상생은 목木은 화火를, 화火는 토土를, 토土는 금金을, 금金은 수水를, 수水는 목木을 생(조장)한다는 이치이고, 상극은 수는 화를, 화는 금을, 금은 목을, 목은 토를, 토는 수를 극(억제)한다는 이치이다.

⑥ 夏至하지

[색은] 살펴보니 하지는 하지와 동지를 이른다.

按 夏至 謂夏至 冬至

⑦ 太初元年태초원년

[색은] 살펴보니 원봉 7년을 고쳐 태초 원년(서기전 104)으로 삼았다. 그러나 한나라는 처음에는 건해建亥(10월)를 한 해의 첫머리로 삼았는데 지금은 건인建寅(1월)으로 고쳤다. 그러므로 7년을 원년으로 삼은 것이다. 위소는 "한나라가 일어나 이때에 102년에 이르렀다."라고 했다. 살펴보니 《한서》〈율력지〉에서는 "이전의 역은 상원上元 태초太初 4617년이고 원봉 7년에 이르러 다시 언봉섭제격의 세歲를 얻어, 중동中冬 11월 갑자 초하루가 동지이다."라고 했다.

按 改元封七年爲太初元年 然漢始以建亥爲年首 今改以建寅 故以七年爲元年 韋昭云 漢興至此百二歲 案 律曆志云 乃以前曆上元太初四千六百一十七歲 至元封七年 復得閼逢攝提之歲 中冬十一月甲子朔旦冬至

⑧ 焉逢攝提格언봉섭제격

[집해] 서광이 말했다. "세음歲陰(12지지)은 인寅에 있어 좌로 운행하고, 세성歲星(목성)은 축丑에 있어 우로 운행한다."

徐廣曰 歲陰在寅 左行 歲星在丑 右行

[색은] 살펴보니 《이아》에서는 "태세가 갑甲에 있으면 언봉焉逢이라 이르고 인寅에 있으면 섭제격攝提格이라 이른다."고 했는데, 이는 곧 갑인甲寅의 해이며 11월 갑자 삭단朔旦 야반夜半이 동지冬至이다. 그리고 이 편篇의 끝에 또 '인寅의 명칭은 섭제격'이라고 했으니 이는 갑인의 해이다. 또 태초 2년을 단알單閼이라 이름하고 3년은 집서執徐 등으로 부른 것을 보면 해의 차례가 분명하다.

그러나 《한서》〈율력지〉에서 그 해가 병자丙子에 있다고 한 것은 분명 반고가 《삼통력》을 사용한 것이며, 《태초력》과는 다르다. 그러므로 태사공의 설명과 다른 점이 있다. 《이아》는 근대에 만들어졌는데, 연명을 기록한 것이 또 동일하지 않다. 좌행(《이아》)과 우행(사마천)에 대해서는 살펴보니 소림은 "세歲는 별과 함께 움직이는데 그 있는 곳은 순서가 있다."라고 했다.

按 爾雅云 歲在甲曰焉逢 寅曰攝提格 則此甲寅之年十一月甲子朔旦夜半冬至
也 然此篇末亦云 寅名攝提格 則此甲寅之歲也 又據二年名單閼 三年名執徐等
年次分明 而漢志以爲其年在丙子 當是班固用三統 與太初曆不同 故與太史公
說有異 而爾雅近代之作 所記年名又不同也 左行右行 按蘇林云 歲與星行所在
之次

　정의　焉은 '언[於乾反]'으로 발음한다. 뒤에서도 동일하다.

焉音於乾反 後同

　신주　《삼통력》은 하, 은, 주 3대의 역법을 말한다.

⑨ 月名畢聚 ~ 夜半朔旦冬至 월명필취 ~ 야반삭단동지

　집해　문영이 말했다. "율律은 음에 있으면서 양을 다스리고, 역曆은 양에 있으면서 음을 다스려, 번갈아 서로를 다스리니 그 사이에 소홀한 것을 용납하지 않는다. 오가五家의 글들이 어긋나고 달랐으므로 태초太初 원년으로 추산한 것이다."

文穎曰 律居陰而治陽 曆居陽而治陰 更相治 間不容期忽 五家文悖異 推太初
之元也

　색은　聚는 '추娵'로 발음한다. 살펴보니 우희가 말했다. "천원天元의 시작은 11월 갑자 야반 삭단 동지이니, 해와 달이 마치 구슬을 꿴 것과 같고 함께 견우성牽牛星의 처음에서 시작한다. 세歲는 웅雄(10간)이 알봉에 있고 자雌(12지)가 섭제격에 있다. 월月은 웅이 필畢에 있고 자가 자訾에 있는데, 자訾는 곧 추자娵訾(실수室宿)이다. 일日은 웅이 갑甲에 있고 자가 자

子에 있다. 이것은 곧 갑인이 원년이 되니, 천도天道의 첫머리이다."

聚音娵 案 虞喜云 天元之始 於十一月甲子夜半朔旦冬至 日月若連珠 俱起牽
牛之初 歲 雄在閼逢 雌在攝提格 月 雄用畢 雌在訾 訾則娵訾之宿 日 雄在甲
雌則在子 此則甲寅之元 天道之首

역술 〈갑자〉①

> 태초 원년. 연명은 언봉焉逢② 섭제격攝提格③이고, 월명은 필취畢
> 聚,④ 일은 갑자甲子이며,⑤ 야반夜半 삭단朔旦이 동지가 된다.⑥
>
> 曆術甲子篇①
>
> 太初元年 歲名 焉逢② 攝提格③ 月名 畢聚④ 日得甲子⑤ 夜半朔旦冬至⑥

① 曆術甲子篇역술갑자편

[색은] 11월 삭단朔旦 동지冬至가 갑자가 되고, 갑자는 양기陽氣 지간支
干의 첫머리가 되므로 갑자로 역술曆術 편의 머리로 삼는 것이지 이 해가
갑자년이라는 말은 아니다.

以十一月朔旦冬至得甲子 甲子是陽氣支干之首 故以甲子命曆術爲篇首 非謂
此年歲在甲子也

② 焉逢언봉

[색은] 갑甲은 세웅歲雄(10간)이다. 《한서》에서는 '알봉閼逢'이라고 했다.

또한 '언焉'으로 발음하니 이 발음과 같다.

甲 歲雄也 漢書作閼逢 亦音焉 與此音同

③ 攝提格섭제격

색은 인寅은 세음歲陰(12지)이다. 여기서는 《이아》에 의거하면 갑인년이지만, 《한서》 〈율력지〉에 의거하면 병자년이 된다.

寅 歲陰也 此依爾雅甲寅之歲 若據漢志 以爲丙子之年

④ 畢聚필취

색은 월月이 필성畢星과 추자陬訾(시위豕韋, 실수室宿)를 만난 것을 말한 것이다. 필畢은 월웅月雄(월간)이다. 취聚는 월자月雌(월지)이다.

謂月値畢及陬訾也 畢 月雄也 聚 月雌也

⑤ 日得甲子일득갑자

색은 11월 동지 삭단朔旦(초하루 아침)에 갑자를 얻었다.

謂十一月冬至朔旦得甲子也

⑥ 夜半朔旦冬至야반삭단동지

색은 건자建子를 정正으로 삼으므로 한밤중(자시)이 삭朔이 된다. 그 동지가 삭과 같은 날이다. 그래서 한밤중(자시) 삭단을 동지라고 한다. 만약 건인建寅을 정正으로 삼으면 평단平旦(동틀 무렵, 묘시)이 삭이 된다.

以建子爲正 故以夜半爲朔 其至與朔同日 故云夜半朔旦冬至 若建寅爲正者 則以平旦爲朔也

신주 이 뒤부터 이어지는 《태초력》 역법을 이해하기 쉽도록 다음과 같이 정리해 두었다.《태초력》설명은 고갑자古甲子로 했으며, 고갑자는 기록마다 약간씩 다르다. 다음은《사기》기록에 따라 정리한 것이다.

고갑자 간지										
	甲	乙	丙	丁	戊	己	庚	辛	壬	癸
《이아》	알봉 閼逢	전몽 旃蒙	유조 柔兆	강어 强圉	저옹 著雍	도유 屠維	상상 上章	중광 重光	현익 玄黓	소양 昭陽
《사기》	언봉 焉逢	단몽 端蒙	유조 游兆	강어 彊梧	도유 徒維	축리 祝犂	상횡 商橫	소양 昭陽	횡애 橫艾	상장 尙章

子	丑	寅	卯	辰	巳	午	未	申	酉	戌	亥
곤돈 困敦	적분약 赤奮若	섭제격 攝提格	단알 單閼	집서 執徐	대황락 大荒落	돈장 敦牂	협흡 協洽	군탄 涒灘	작악 作噩	엄무 閹茂	대연헌 大淵獻

황제별로《태초력》에 따라 정리하면 다음 표와 같다. 회색 칸은 태초 원년부터 차례로 동지의 시간이 정북正北 자시子時, 정서正西 유시酉時, 정남正南 오시午時, 정동正東 묘시卯時에 있음을 가리킨다.

세성歲星이라고 부르는 목성은 공전 주기가 12년이어서 간지에 적용하기 편하다. 그러나 실제는 약 11.86년으로 그것을 보정해주어야 하니, 그를 초진超辰이라고 한다. 하지만 적용이 불편하여 한무제 태초 원년(서기전 104)에《태초력》으로 바꾸면서 건인建寅 원리에 따라 갑인년으로 했다. 따라서 당시 태세太歲는 갑인년이 된다.

황제	연호	연도	서기전	간(干)	지(支)	태세
무제 武帝	태초 太初	원년	104	언봉	섭제격	갑인
		2	103	단몽	단알	을묘
		3	102	유조	집서	병진
		4	101	강어	대황락	정사
	천한 天漢	원년	100	도유	돈장	무오
		2	99	축리	협흡	기미
		3	98	상횡	군탄	경신
		4	97	소양	작악	신유
	태시 太始	원년	96	횡애	엄무	임술
		2	95	상장	대연헌	계해
		3	94	언봉	곤돈	갑자
		4	93	단몽	적분약	을축
	정화 征和	원년	92	유조	섭제격	병인
		2	91	강어	단알	정묘
		3	90	도유	집서	무진
		4	89	축리	대황락	기사
	후원 後元	원년	88	상횡	돈장	경오
		2	87	소양	협흡	신미
소제 昭帝	시원 始元	원년	86	횡애	군탄	임신
		2	85	상장	작악	계유
		3	84	언봉	엄무	갑술
		4	83	단몽	대연헌	을해
		5	82	유조	곤돈	병자
		6	81	강어	적분약	정축
	원봉 元鳳	원년	80	도유	섭제격	무인
		2	79	축리	단알	기묘
		3	78	상횡	집서	경진

		4	77	소양	대황락	신사
		5	76	횡애	돈장	임오
		6	75	상장	협흡	계미
	원평 元平	원년	74	언봉	군탄	갑신
선제 宣帝	본시 本始	원년	73	단몽	작악	을유
		2	72	유조	엄무	병술
		3	71	강어	대연헌	정해
		4	70	도유	곤돈	무자
	지절 地節	원년	69	축리	적분약	기축
		2	68	상횡	섭제격	경인
		3	67	소양	단알	신묘
		4	66	횡애	집서	임진
	원강 元康	원년	65	상장	대황락	계사
		2	64	언봉	돈장	갑오
		3	63	단몽	협흡	을미
		4	62	유조	군탄	병신
	신작 神爵	원년	61	강어	작악	정유
		2	60	도유	엄무	무술
		3	59	축리	대연헌	기해
		4	58	상횡	곤돈	경자
	오봉 五鳳	원년	57	소양	적분약	신축
		2	56	횡애	섭제격	임인
		3	55	상장	단알	계묘
		4	54	언봉	집서	갑진
	감로 甘露	원년	53	단몽	대황락	을사
		2	52	유조	돈장	병오
		3	51	강어	협흡	정미
		4	50	도유	군탄	무신

	황룡黃龍	원년	49	축리	작악	기유
원제元帝	초원初元	원년	48	상황	엄무	경술
		2	47	소양	대연헌	신해
		3	46	횡애	곤돈	임자
		4	45	상장	적분약	계축
		5	44	언봉	섭제격	갑인
	영광永光	원년	43	단몽	단알	을묘
		2	42	유조	집서	병진
원제元帝	영광永光	3	41	강어	대황락	정사
		4	40	도유	돈장	무오
		5	39	축리	협흡	기미
	건소建昭	원년	38	상황	군탄	경신
		2	37	소양	작악	신유
		3	36	횡애	엄무	임술
		4	35	상장	대연헌	계해
		5	34	언봉	곤돈	갑자
	경녕竟寧	원년	33	단몽	적분약	을축
성제成帝	건시建始	원년	32	유조	섭제격	병인
		2	31	강어	단알	정묘
		3	30	도유	집서	무진
		4	29	축리	대황락	기사

1. 정북正北 ①

12개월②

대여大餘도 없고 소여小餘도 없음③

대여도 없고 소여도 없음④

언봉섭제격 태초 원년⑤

十二②

無大餘 無小餘③

無大餘 無小餘④

焉逢攝提格太初元年⑤

① 正北정북

색은 부蔀(76년)의 첫머리가 11월 갑자甲子 삭단朔旦이며 자시子時에 있을 때 동지로 삼으므로 '정북正北'이라고 했다. 그러나 해마다 하늘이 1회전 할 때 전체 도수 외에 남은 4분의 1이 있어 이것을 12진十二辰으로 나누면 동지는 항상 사중四仲에 있다. 그러므로 동지가 자년子年에는 자子에, 축년丑年에는 묘卯에, 인년寅年에는 오午에, 묘년卯年에는 유酉에 있고, 뒤에 19년에 이르러서 장장(19년)의 첫머리가 유酉에 있다. 그래서 정서正西라고 한다. 정남正南이나 정동正東도 나란히 이를 기준으로 한다.

謂蔀首十一月甲子朔旦時加子爲多至 故云 正北也 然每歲行周天全度外餘有四分之一 以十二辰分之 冬至常居四仲 故子年在子 丑年在卯 寅年在午 卯年在酉 至後十九年章首在酉 故云 正西 其正南 正東 竝準此也

신주 부蔀는 돌아온다는 뜻이다. 천문에서 1부蔀는 76년을 의미한다. 1

장章은 19년이고 1부部는 4장(19×4=76)을 의미한다. 동지의 정확한 시간이 '子→酉→午→卯→子 …'의 순으로 순환하므로 子에서 子로, 酉에서 酉로 다시 돌아오는 시간이 76년 걸린다는 것이고, 그것을 부部라고 한다.

정의 황종黃鐘의 관管이 자시子時의 기에 응하면 정북이라고 칭한다. 사중四仲이 순행하여 이르는 곳이 정월 1일이 된다. 이것이 한 해의 시작이 되어 1장一章이 끝나게 된다. 19년이 되어 황종의 관이 응해서 유시酉時에 있으면 정서라고 칭하는데, 다른 것도 모두 이를 따른다.

黃鐘管 子時氣應稱正北 順行四(時)仲 所至爲正月一日 是歲之始 盡一章 十九年黃鐘管 應在酉則稱正西 他皆放此

② 十二십이

색은 한 해에 12개월이 있고 윤달이 있으면 13개월이 된다.

歲有十二月 有閏則云十三也

③ 無大餘無小餘무대여무소여

색은 그 해의 갑자 삭단朔旦에 일월이 견우의 처음과 맞아 떨어져서 남는 시간이 없으므로 대소大小에 여분이 없다.

其歲甲子朔旦 日月合於牽牛之初 餘分皆盡 故無大小餘也

정의 대여와 소여가 없다는 것은 윤달의 해가 나오면 354일 348분이 있게 되는데 여기서 다섯 갑자 300일을 제하면 54일 348분이 남는다. 남는 날이 60일 미만이므로 두었다가 내년에 대소여大小餘로 삼는다. 또한 태초 원년에 일日이 갑자 삭단 동지가 되니, 지난해 남은 일수와 남은 분이 없으므로 대소의 여분이 없는 것이다.

無大小餘者 以出閏月之歲有三百五十四日三百四十八分 除五甲三百日 餘有

五十四日三百四十八分 緣未滿六十日 故置爲來年大小餘 亦爲太初元年日得
甲子朔旦冬至 前年無奇日分 故無大小餘也

신주 대여는 남는 날의 수, 소여는 남는 분의 수이다.

④ 無大餘無小餘무대여무소여

색은 위의 대소여는 초하루의 대소여이고, 여기 대소여는 동지의 대소
여를 말한 것이다. 동지가 또한 초하루와 같은 날이면 나란히 여분이 없
어 삭법朔法과 달라지게 되므로, 여기에 거듭 나열했다.

上大小餘朔之大小餘 此謂冬至大小餘 冬至亦與朔同日 竝無餘分 至與朔法異
故重列之

⑤ 焉逢攝提格太初元年언봉섭제격태초원년

색은 《한서》〈율력지〉에 따르면 태초 원년은 병자년이지만, 여기에 의거
한다면 갑인년이다.《이아》〈석천〉에서 말한다. "세양歲陽이란 '갑을병정무
기경신임계'의 10간이다. 세음歲陰이란 '자축인묘진사오미신유술해'의 12
지이다. 세양이 갑甲에 있는 것을 언봉焉逢이라고 이르는 것은 세간歲干을
말한다. 세음이 인寅에 있는 것을 섭제격攝提格이라고 이르는 것은 세지歲
支를 말한다."

如漢志太初元年歲在丙子 據此 則甲寅歲也 爾雅釋天云歲陽者 甲乙丙丁戊己
庚辛壬癸十干是也 歲陰者 子丑寅卯辰巳午未申酉戌亥十二支是也 歲陽在甲
云焉逢 謂歲干也 歲陰在寅云攝提格 謂歲支也

신주 상주 금문에 나타난 십간십이지도 갑골문과 마찬가지로 왕의 호
칭에 사용되었는가 하면 날짜를 표기하기도 하였다. 신탁의 내용과는 전
혀 관계가 없다. 다만 갑골문이 발굴된 이래 십간십이지의 글자별 의미는

학자에 따라 달리 해석된다. 서주 시기 및 춘추전국시대의 금문에서는 날짜 표기만 하였고 호칭은 시호로 바뀌었으며 기사 내용과도 무관하다. 간지에 사물의 생장 등 각종 의미가 부여된 것은 춘추전국시대부터이다.

> 이 뒤부터는 필요한 내용만을 간단한 표로 정리하였다. 연호와 연명을 앞에 두고, 중복되는 용어와 숫자에 해당하는 원문은 제시하지 않았다.

연호年號	연명年名	개월 수	대여大餘, 소여小餘 ①	대여大餘, 소여小餘 ①
태초太初 원년 (서기전 104)	언봉섭제격 焉逢攝提格	12개월	0일, 0분	0일, 0분
2년 (서기전 103)	단몽단알 端蒙單閼 ②	12개월	54일, ③ 348분 ④	5일, ⑤ 8분 ⑥
3년 (서기전 102)	유조집서 游兆執徐 ⑦	윤년 13개월	48일, ⑧ 696분	10일, 16분
4년 (서기전 101)	강어대황락 彊梧大荒落 ⑨	12개월	12일, ⑩ 603분	15일, 24분
천한天漢 원년 (서기전 100)	도유돈장 徒維敦牂 ⑪	12개월	7일, ⑫ 11분	21일, 0분
2년 (서기전 99)	축리협흡 祝犁協洽 ⑬	윤년 13개월	1일, 359분	26일, 8분
3년 (서기전 98)	상횡군탄 商橫涒灘 ⑭	12개월	25일, 266분	31일, 16분
4년 (서기전 97)	소양작악 昭陽作鄂 ⑮	12개월	19일, 614분	36일, 24분

① 대여大餘, 소여小餘 / 대여大餘, 소여小餘

신주 대여는 남는 날의 수, 소여는 남는 분의 수이다. 앞의 대여와 소여
는 초하루의(月朔甲子日法) 대소여이고, 뒤의 대여와 소여는 동지의(冬至甲
子日法) 대소여이다.

② 端蒙單閼단몽단알

집해 서광이 말했다. "단알單閼은 다른 판본에는 '난안亶安'으로 되어
있다."

徐廣曰 單閼 一作亶安

색은 단몽端蒙은 을乙이다.《이아》에서는 '전몽旃蒙'이라고 했다. 단알單
閼은 묘卯이며 '단丹과 알遏' 두 가지로 발음하고, 또 선언蟬焉으로도 발
음한다. 태초 2년 을묘년이다.

端蒙 乙也 爾雅作旃蒙 單閼 卯也 丹遏二音 又音蟬焉 二年 歲在乙卯也

정의 單은 '단丹'으로, 또는 '션[時連反]'으로 발음하고 閼은 '알[烏葛反]'
로, 또는 '연[於連反]'으로 발음한다.

單音丹 又音時連反 閼音烏葛反 又於連反

③ 대여 54일(大餘五十四)

색은 한 해는 12개월이고 6개월은 크고 6개월은 작은데, 합해서 354일
이다. 6으로 나누어 5×6=30으로 300일을 빼면 54일이 남는다. 그러므로
아래에서 "대여大餘라는 것은 날日이다."라고 했다.

歲十二月 六大六小 合三百五十四日 以六除之 五六三十 除三百日 餘五十四
日 故下云 大餘者日也

정의 월에서 삭단 갑자는 일법日法이다.

月朔旦甲子日法也

④ 소여 348분(小餘三百四十八)

[색은] 《태초력》에서 1개월의 날은 29일과 940분의 499일이라고 했다. 두 달을 합하면 59일이 되고 58분이 남는다. 지금 12개월분의 나머지로 58을 6개 합하면 이 수(58×6은 348)를 얻는다. 그러므로 "아래에서 소여小餘는 달月이다."라고 했다.

太初曆法 一月之日 二十九日九百四十分日之四百九十九 每兩月合成五十九日 餘五十八分 今十二月合餘六箇五十八 得此數 故〔下〕云 小餘者月也

[정의] 하루가 차지 않은 분수이다. 그 분수가 매양 940분이 차면 1일이 되고 곧 위로 돌아가 55일을 이룬다. 대여大餘 54라고 한 것은 해마다 작은 달의 6일을 빼면 354일이 된다. 5갑 300일을 제하면 단지 54일이 남는데 60일 미만이므로 '대여 54'라고 칭했다. 소여小餘 348은 그 대수大數 54 외에 다시 여분 348이 있는 것이므로 '소여 348'이라고 칭했다. 이 대소여大小餘는 월삭갑자일법月朔甲子日法이며 윤달의 수치가 나온다. 1년에 354일 348분이 있어서 매 60일을 빼면 나머지가 60일 미만이므로 대소여가 있다.

이것은 태초 원년의 남은 날과 남은 분이다. 대여 54를 두어 계산하고 매년 54일을 더해서 60일이 차면 제하고 남은 날은 남겨둔다. 매양 윤달이 이른 뒤의 1년은 29를 더하여 계산하고 또 60일이 차면 제하고 나머지는 남겨둔다. 만약 가까스로 60일에 꽉 차면 다음해에는 대여와 소여가 없다. 또 다시 그 다음해에 54를 두어 위에서와 같이 계산하고, 소여에도 348의 두어 계산하여 매년 348분을 더해 940분이 차면 1일이 되어 위로 돌리며, 나머지는 남겨둔다. 만약 윤달이 이른 뒤에는 1년에 847분을 더하여 940분이 차면 하루의 날이 되어 대여로 돌리고 나머지는 남겨둔다. 그 다음해에는 다시 348의 계산을 더해서 위의 방법과 같이 한다.

未滿日之分數也 其分每滿九百四十則成一日 即歸上 成五十五日矣 大餘五十四者 每歲除小月六日 則成三百五十四日 除五甲三百日 猶餘五十四日 爲未滿六十日 故稱大餘五十四也 小餘三百四十八者 其大數五十四之外更餘分三百四十八 故稱小餘三百四十八也 此大小餘是月朔甲子日法 以出閏月之數 一歲則有三百五十四日三百四十八分 每六十日除之 餘爲未滿六十日 故有大小餘也 此是太初元年奇日奇分也 置大餘五十四算 每年加五十四日 滿六十日除之 奇算留之 每至閏後一年加二十九算 亦滿六十日除之 奇算留之 若纔足六十日 明年云無大餘 無小餘也 又明年以置五十四算 如上法 置小餘三百四十八算 每年加三百四十八分 滿九百四十分成一日 歸上 餘算留之 若至閏後一年加八百四十七分 亦滿九百四十分成日 歸大餘 奇留之 明年以加三百四十八算 如上法也

신주 날짜에 대한 대여와 소여의 계산법에 대한 설명이다.

⑤ 대여 5일(大餘五)

색은 하늘의 1회전은 365와 1/4도度이며 태양은 하루에 1도를 운행한다. 지난해 11월 초하루에 견우牽牛의 첫머리에 있을 때 동지冬至가 되었다면 금년 11월 12일에 다시 견우의 첫머리에 이르러서 일주一周가 된다. 이것을 6갑六甲으로 나누면 6×6=36으로 360을 제하니 5가 남으므로 대여는 5이다.

周天三百六十五度四分度之一 日行一度 去歲十一月朔在牽牛初爲冬至 今歲十一月十二日又至牽牛初爲一周 以六甲除之 六六三十六 除三百六十餘五 故

云大餘五也

정의 동지의 갑자일법이다.

冬至甲子日法也

⑥ 소여 8분(小餘八)

색은 곧 4분의 1이며 소여小餘는 32가 차야 대여大餘의 1을 따른다. 4×8=32이므로 소여는 8이라고 일렀다. 다음해에는 또 8을 더해서 16을 얻으므로 아래에서 '소여 16'이라고 했다. 차례로 다음해에는 또 8을 더해 24가 되므로 아래에서 '소여 24'라고 했다. 또 다음해에 8을 더하면 32가 되어 가득 차므로 아래에서 '소여가 없다.'고 했다. 이것이 모두《태초력》에 따라 시행한 것이다.

即四分之一 小餘滿三十二從大餘一 四八三十二 故云小餘八 明年又加八得十六 故下云小餘十六 次明年又加八得二十四 故下云小餘二十四 又明年加八得三十二爲滿 故下云無小餘 此竝依太初法行之也

정의 1일이 차지 않은 분수이다. 그 분수는 32가 차면 1일이 되고 곧 위(대여)로 귀속하여 6일이 된다. 대여大餘가 5라는 것은 해마다 365일에서 6갑甲 360을 빼면 단지 5일이 남으므로 '대여 5'라고 칭했다. 소여小餘 8이란 매해가 365와 4분의 1일인데, 1일이 32분이니 곧 1년은 365일 8분이므로 '소여가 8'이라고 하였다. 이곳의 대소여는 동지갑자일법冬至甲子日法이고 윤달의 수가 나오지 않으면 매양 60일을 빼는데, 60일 미만이므로 대소여大小餘가 있게 된다.

　여기서는 태초太初 원년의 남은 날과 남은 분이다. 대여에서 5를 두어 계산하고 매년 5를 더해 계산하여 60일이 차면 제한다. 그리고 그 다음해에 다시 5를 두어 위에서와 같이 계산한다. 소여 8을 두어 계산하고 매년

8을 더해 계산하여 32분이 차면 1일이 되어 대여로 돌린다. 그 다음해에 다시 8을 두어 위에서와 같이 계산한다. 대여는 일日이고 소여는 일의 남은 분의 수이다.

未滿日之分數也 其分每滿三十二則成一日 即歸上成六日矣 大餘五者 每歲三百六十五日 除六甲三百六十日 猶餘五日 故稱大餘五(日)也 小餘八者 每歲三百六十五日四分日之一 則一日三十二分 是一歲三百六十五日八分 故稱小餘八也 此大小餘是冬至甲子日法 未出閏月之數 每八十日除之 爲未滿六十日 故有大小餘也 此是太初元年奇日奇分也 置大餘五算 每年加五算 滿六十日則除之 後年更置五算 如上法 置小餘八算 每年加八算 滿三十二分爲一日 歸大餘 後年更置八算 如上法 大餘者 日也 小餘者 日之奇分也

⑦ 游兆執徐유조집서

색은 유조游兆는 경景(기휘하여 고친 것으로 원래 병丙이다.)이다. 《이아》에서는 '유조柔兆'라고 했다. 집서執徐는 진辰이다. 태초 3년이다.

游兆 景也 爾雅作柔兆 執徐 辰也 三年

정의 태초 3년 병진년이다.

三年 丙辰歲也

⑧ 대여 48일(大餘四十八)

신주 대여는 54+54=108인데, 60을 제하니 48이다.

⑨ 彊梧大荒落강어대황락

색은 강어彊梧는 정丁이다. 대황락大荒落은 사巳이다. 태초 4년이다.

強梧 丁也 大芒駱 巳也 四年

정의 오오梧는 '어어語'로 발음한다. 태초 4년 정사년이다.

梧音語 四年 丁巳歲也

⑩ 대여 12일(大餘十二)

신주 대여는 윤년 다음해이니 48+54+29=131이고, 120(60×2)을 제하니 11이다. 소여는 윤년 다음해니 696+847=1543인데, 하루 940을 빼서 대여에 더해 주고 나머지인 603이 된다. 따라서 대여는 소여에서 넘어온 1일이 합쳐진 12가 된다.

⑪ 徒維敦牂도유돈장

색은 도유徒維는 무戊이다. 돈장敦牂은 오午이다. 천한 원년이다.

徒維 戊也 敦牂 午也 天漢元年

정의 牂은 장[作郎反]으로 발음한다. 천한 원년 무오년이다.

牂音作郎反 天漢元年 戊午歲也

⑫ 대여 7일(大餘七)

신주 대여는 12+54=66에서 60을 제하고 나머지는 6인데, 소여가 603+348=951에서 하루 940을 빼면 나머지는 11이 되고 하루가 대여로 가서 대여는 6+1=7이 된다.

⑬ 祝犂協洽축리협흡

색은 축리祝犂는 기己이다. 《이아》에서는 '저옹著雍'이라고 했다. 협흡汁洽은 미未이다. 천한 2년이다.

祝犂 己也 爾雅作著雍 汁洽 未也 二年

[정의] 천한 2년 기미년이다.

二年 己未歲也

⑭ 商橫涒灘상횡군탄

[색은] 상횡商橫은 경庚이다. 《이아》에서는 '상장上章'이라고 했다. 적분약赤奮若은 축丑이다. 《사기》〈천관서〉와 《이아》에서 신申은 예한涒漢이고 축丑은 적분약이라고 했다. 지금 태초부터 세차歲次를 계산하면 〈천관서〉와 동일하지 않은 것이 네 가지가 있다. 아마도 뒤에 역술에서 고쳤기 때문일 것이다. 천한 3년이다.

商橫 庚也 爾雅作上章 赤奮若 丑也 天官書及爾雅申爲涒漢 丑爲赤奮若 今自太初已來計歲次與天官書不同者有四 蓋後曆術改故也 三年也

[정의] 涒은 '톤[吐魂反]'으로, 灘은 '탄[吐丹反]'으로 발음한다. 또 '군한涒漢'으로도 되어 있다. 글자 발음도 위와 동일하다. 천한 3년 경신년이다.

涒音吐魂反 灘音吐丹反 又作涒漢 字音與上同 三年 庚申歲也

⑮ 昭陽作鄂소양작악

[색은] 소양昭陽은 신辛이다. 《이아》에서는 '중광重光'이라고 했다. 작악作鄂은 유酉이다. 천한 4년이다.

昭陽 辛也 爾雅作重光 作鄂 酉也 四年

[정의] 천한 4년 신유년이다.

四年 辛酉歲也

연호	연명	개월 수	대여, 소여	대여, 소여
태시太始 원년 (서기전 96)	횡애엄무 橫艾淹茂 ①	윤년 13개월	14일, 22분	42일, 0분
2년 (서기전 95)	상장대연헌 尙章大淵獻 ②	12개월	37일, 869분	47일, 8분
3년 (서기전 94)	언봉곤돈 焉逢困敦 ③	윤년 13개월	32일, 277분	52일, 16분
4년 (서기전 93)	단몽적분약 端蒙赤奮若 ④	12개월	56일, 184분	57일, 24분
정화征和 원년 (서기전 92)	유조섭제격 游兆攝提格 ⑤	12개월	50일, 532분	3일, 0분
2년 (서기전 91)	강오단알 彊梧單閼 ⑥	윤년 13개월	44일, 880분	8일, 8분
3년 (서기전 90)	도유집서 徒維執徐 ⑦	12개월	8일, 787분	13일, 16분
4년 (서기전 89)	축리대망락 祝犁大芒落 ⑧	12개월	3일, 195분	18일, 24분
후원後元 원년 (서기전 88)	상횡돈장 商橫敦牂 ⑨	윤년 13개월	57일, 543분	24일, 0분
2년 (서기전 87)	소양협흡 昭陽汁洽 ⑩	12개월	21일, 450분	29일, 8분
시원始元 원년 (서기전 86)	횡애군탄 橫艾涒灘 ⑪	윤년 13개월	15일, 798분	34일, 16분

① 橫艾淹茂횡애엄무

색은 횡애橫艾는 임壬이다.《이아》에서는 '현익玄黓'이라고 했다. 엄무淹

茂는 술戌이다. 태시 원년이다.

橫艾 壬也 爾雅作玄黓 淹茂 戌也 太始元年

정의 태시 원년 임술년이다.

太始元年 壬戌歲也

② 尙章大淵獻상장대연헌

색은 상장尙章은 계癸이다. 《이아》에서는 '소양昭陽'이라고 했다. 곤돈困
敦은 해亥이다. 〈천관서〉에서는 자를 곤돈困敦이라 했고, 《이아》와 같다. 태
시 2년이다.

尙章 癸也 爾雅作昭陽也 困敦 亥也 天官書子爲困敦 爾雅同 二年

신주 여기와 다음해인 '언봉곤돈'에 대한 주석이 잘못되었다. 즉 '대연
헌'을 해亥라고 하고, '곤돈'을 자子라고 해야 하는데 설명이 바뀌었다.

정의 태시 2년 계해년이다.

二年 癸亥歲也

③ 焉逢困敦언봉곤돈

색은 언봉焉逢은 갑甲이다. 대연헌大淵獻은 자子이다. 〈천관서〉에서는
《이아》에서와 같이 해亥를 대연헌이라 했다. 태시 3년이다.

焉逢 甲也 大淵獻 子也 天官書亥爲大淵獻 與爾雅同 三年也

정의 敦은 '돈頓'으로 발음한다. 태시 3년 갑자년이다.

敦音頓 三年 甲子歲也

④ 端蒙赤奮若단몽적분약

색은 단몽端蒙은 을乙이고, 예한汭漢은 축丑이다. 〈천관서〉에는 '적분약

赤奮若'으로 되어 있고 《이아》와 동일하다. 태시 4년이다. 이후 태시(서기전 96~서기전 93)에서 정화(서기전 92~서기전 89) 이하부터 〈효무제본기〉 마지막까지 그 년차의 갑을甲乙은 모두 이(고갑자)를 기준으로 했으며, 이것은 저선생과 함께 이어 지은 것이다.

端蒙 乙也 汭漢 丑也 天官書作赤奮若 與爾雅同 四年 巳後自太始 征和巳下訖篇末 其年次甲乙皆準此 竝褚先生所績

[정의] 태시 4년 을축년이다.

四年 乙丑歲也

⑤ 游兆攝提格유조섭제격

[집해] 서광이 말했다. "유도游桃로 되어 있다."

徐廣曰 作游桃

[정의] 이순이 《이아》 주석에서 말했다. "만물이 양陽을 받들어 일어난다. 그러므로 섭제격攝提格이라고 한다. 격格은 기起이다." 공문상이 말했다. "세歲가 인寅에 있으면 정월은 동방에서 나오고 모든 별의 기紀가 되어 섭제에서 머문다. 그러므로 섭제라고 한다. 그리고 그것은 세월歲月의 첫머리가 되어 맹추孟陬에 일어나므로 격이라고 일렀다. 격은 정正이다."

李巡注爾雅云 萬物承陽而起 故曰攝提格 格 起也 孔文祥云 以歲在寅正月出東方 爲衆星之紀 以攝提宿 故曰攝提 以其爲歲月之首 起於孟陬 故云格〔格〕正也

⑥ 彊梧單閼강오단알

[정의] 이순이 말했다. "양기가 만물을 밀어 일으킨다는 말이므로 '단알單閼'이라고 했다." 단單은 '끝'이고, 알閼은 '멈춤'이다.

李巡云 言陽氣推萬物而起 故曰單閼 單盡閼止也

⑦ 徒維執徐도유집서

[정의] 이순이 말했다. "엎드려 숨어있는 만물들이 모두 기지개를 펴고 나온다. 그러므로 '집서執徐'라고 했다."

李巡云 伏蟄之物皆敷舒而出 故云執徐也

⑧ 祝犁大芒落축리대망락

[집해] 芒은 다른 판본에는 '황荒'으로 되어 있다.

芒 一作荒

[신주] 芒은 잘못된 글자로 보이며, 荒이라고 해야 옳다.

[정의] 요찰이 말했다. "만물이 모두 세력이 강하고 왕성해서 크게 나왔다가 빠르게 떨어진다는 말이므로 '황락荒落'이라고 했다."

姚察云 言萬物皆熾盛而大出 霍然落之 故云荒落也

⑨ 商橫敦牂상횡돈장

[정의] 손염이 《이아》에서 주석하여 말했다. "돈敦은 성盛이다. 장牂은 장壯이다. 만물이 성대하게 자라는 것을 말한다."

〔孫炎注〕爾雅云 敦 盛也 牂 壯也 言萬物盛壯也

⑩ 昭陽汁洽소양협흡

[집해] 협汁은 다른 판본에는 '협協'으로 되어 있다.

汁 一作協

[정의] 이순이 말했다. "음양이 변화 생성하여 만물이 화합한다는 말이

다. 그러므로 협흡協洽이라고 한다."

李巡云 言陰陽化生 萬物和合 故曰協治也

⑪ 橫艾涒灘횡애군탄

집해 군탄涒灘은 다른 판본에는 '예한汭漢'으로 되어 있다.

涒灘 一作芮漢

정의 손염이 《이아》에 주석하여 말했다. "군탄涒灘은 만물이 이삭이 나와 고개를 숙이는 모양이다."

孫炎注爾雅云 涒灘 萬物吐秀傾垂之貌也

2. 정서正西[①]

연호	연명	개월 수	대여, 소여	대여, 소여
시원 2년 (서기전 85)	상장작악 尙章作噩[②]	12개월	39일, 705분	39일, 24분
3년 (서기전 84)	언봉엄무 焉逢淹茂[③]	12개월	34일, 113분	45일, 0분
4년 (서기전 83)	단몽대연헌 端蒙大淵獻[④]	윤년 13개월	28일, 461분	50일, 8분
5년 (서기전 82)	유조곤돈 游兆困敦[⑤]	12개월	52일, 368분	55일, 16분
6년 (서기전 81)	강어적분약 彊梧赤奮若[⑥]	12개월	46일, 716분	0일, 24분
원봉元鳳 원년 (서기전 80)	도유섭제격 徒維攝提格	윤년 13개월	41일, 124분	6일, 0분

2년 (서기전 79)	축리단알 祝犂單閼	12개월	5일, 31분	11일, 8분
3년 (서기전 78)	상횡집서 商橫執徐	12개월	59일, 379분	16일, 16분
4년 (서기전 77)	소양대황락 昭陽大荒落	윤년 13개월	53일, 727분	21일, 24분
5년 (서기전 76)	횡애돈장 橫艾敦牂	12개월	17일, 634분	27일, 0분
6년 (서기전 75)	상장협흡 尙章汁洽	윤년 13개월	12일, 42분	32일, 8분
원평元平 원년 (서기전 74)	언봉군탄 焉逢涒灘	12개월	35일, 889분	37일, 16분
본시本始 원년 (서기전 73)	단몽작악 端蒙作噩	12개월	30일, 297분	42일, 24분
2년 (서기전 72)	유조엄무 游兆閹茂	윤년 13개월	24일, 645분	48일, 0분
3년 (서기전 71)	강어대연헌 彊梧大淵獻	12개월	48일, 552분	53일, 8분
4년 (서기전 70)	도유곤돈 徒維困敦	12개월	42일, 900분	58일, 16분
지절地節 원년 (서기전 69)	축리적분약 祝犂赤奮若	윤년 13개월	37일, 308분	3일, 24분
2년 (서기전 68)	상횡섭제격 商橫攝提格	12개월	1일, 215분	9일, 0분
3년 (서기전 67)	소양단알 昭陽單閼	윤년 13개월	55일, 563분	14일, 8분

① 正西정서

신주 무제 태초 원년부터 19년째이므로 1장章을 이루어, 정서正西 유시
酉時에 동지가 있게 된다.

② 作噩작악

집해 악噩은 다른 판본에는 '악鄂'으로 되어 있다.

噩 一作鄂

정의 이순이 말했다. "작악作鄂은 만물이 모두 떨어지고 가지가 일어나는 모양이다."

李巡云 作鄂 萬物皆落枝起之貌也

③ 淹茂엄무

집해 엄淹은 다른 판본에는 '엄閹'으로 되어 있다.

淹 一作閹

정의 이순이 말했다. "만물을 모두 덮어 가린다는 말이므로 엄무閹茂라고 한다." 엄閹은 폐蔽이고 무茂는 모冒이다.

李巡云 言萬物皆蔽冒 故曰閹茂 〔閹〕 蔽〔也〕 〔茂〕 冒也

④ 大淵獻대연헌

정의 손염이 말했다. "연헌淵獻은 심深이다. 만물을 하늘에 바쳐서 깊이 감추고 덮는 것이다."

孫炎云 淵獻 深也 獻萬物於天 深于藏蓋也

⑤ 困敦곤돈

정의 손염이 말했다. "곤돈困敦은 혼돈混沌이다. 만물이 처음 싹이 터 황천黃泉의 아래에서 혼돈하다는 말이다."

孫炎云 困敦 混沌也 言萬物初萌 混沌於黃泉之下也

⑥ 赤奮若적분약

정의 이순이 말했다. "양기가 만물을 신속하게 일으켜 그의 성품과 같지 않은 것이 없다. 그러므로 적분약赤奮若이라고 한다. 적赤은 양기의 색이다. 분奮은 빠름이다. 약若은 따름이다."

李巡云 陽氣奮迅萬物而起 無不若其性 故曰赤奮若 赤 陽色 奮 迅也 若 順也

3. 정남正南^①

연호	연명	개월 수	대여, 소여	대여, 소여
지절 4년 (서기전 66)	횡애집서 橫艾執徐	12개월	19일, 470분	19일, 16분
원강元康 원년 (서기전 65)	상장대황락 尙章大荒落	12개월	13일, 818분	24일, 24분
2년 (서기전 64)	언봉돈장 焉逢敦牂	윤년 13개월	8일, 226분	30일, 0분
3년 (서기전 63)	단몽협흡 端蒙協洽	12개월	32일, 133분	35일, 8분
4년 (서기전 62)	유조군탄 游兆涒灘	12개월	26일, 481분	40일, 16분
신작神雀 원년 (서기전 61)	강어작악 彊梧作噩	윤년 13개월	20일, 829분	45일, 24분
2년 (서기전 60)	도유엄무 徒維淹茂	12개월	44일, 736분	51일, 0분
3년 (서기전 59)	축리대연헌 祝犂大淵獻	12개월	39일, 144분	56일, 8분

4년 (서기전 58)	상횡곤돈 商橫困敦	윤년 13개월	33일, 492분	1일, 16분
오봉 五鳳 원년 (서기전 57, 〈신라 본기〉 혁거세 원년)	소양적분약 昭陽赤奮若	12개월	57일, 399분	6일, 24분
2년 (서기전 56)	횡애섭제격 橫艾攝提格	윤년 13개월	51일, 747분	12일, 0분
3년 (서기전 55)	상장단알 尙章單閼	12개월	15일, 654분	17일, 8분
4년 (서기전 54)	언봉집서 焉逢執徐	12개월	10일, 62분	22일, 16분
감로 甘露 원년 (서기전 53)	단몽대황락 端蒙大荒落	윤년 13개월	4일, 410분	27일, 24분
2년 (서기전 52)	유조돈장 游兆敦牂	12개월	28일, 317분	33일, 0분
3년 (서기전 51)	강어협흡 彊梧協洽	12개월	22일, 665분	38일, 8분
4년 (서기전 50)	도유군탄 徒維涒灘	윤년 13개월	17일, 73분	43일, 16분
황룡 黃龍 원년 (서기전 49)	축리작악 祝犁作噩	12개월	40일, 920분	48일, 24분
초원 初元 원년 (서기전 48)	상횡엄무 商橫淹茂	윤년 13개월	35일, 328분	54일, 0분

① 正南정남

신주 소제 시원 2년에서 19년째이므로, 정남正南 오시午時에 동지가 된다.

4. 정동正東 [1]

연호	연명	개월 수	대여, 소여	대여, 소여
초원 2년 (서기전 47)	소양대연헌 昭陽大淵獻	12개월	59일, 235분	59일, 8분
3년 (서기전 46)	횡애곤돈 橫艾困敦	12개월	53일, 583분	4일, 16분
4년 (서기전 45)	상장적분약 尚章赤奮若	윤년 13개월	47일, 931분	9일, 24분
5년 (서기전 44)	언봉섭제격 焉逢攝提格	12개월	11일, 838분	15일, 0분
영광永光 원년 (서기전 43)	단몽단알 端蒙單閼	12개월	6일, 246분	20일, 8분
2년 (서기전 42)	유조집서 游兆執徐	윤년 13개월	0일, 594분	25일, 16분
3년 (서기전 41)	강어대황락 彊梧大荒落	12개월	24일, 501분	30일, 24분
4년 (서기전 40)	도유돈장 徒維敦牂	12개월	18일, 849분	36일, 0분
5년 (서기전 39)	축리협흡 祝犁協洽	윤년 13개월	13일, 257분	41일, 8분
건소建昭 원년 (서기전 38)	상횡군탄 商橫涒灘	12개월	37일, 164분	46일, 16분
2년 (서기전 37)	소양작악 昭陽作噩	윤년 13개월	31일, 512분	51일, 24분
3년 (서기전 36)	횡애엄무 橫艾淹茂	12개월	55일, 419분	57일, 0분
4년 (서기전 35)	상장대연헌 尚章大淵獻	12개월	49, 767분	2일, 8분
5년 (서기전 34)	언봉곤돈 焉逢困敦	윤년 13개월	44일, 175분	7일, 16분

경녕竟寧 원년 (서기전 33)	단몽적분약 端蒙赤奮若	12개월	8일, 82분	12일, 24분
건시建始 원년 (서기전 32)	유조섭제격 游兆攝提格	12개월	2일, 430분	18일, 0분
2년 (서기전 31)	강어단알 彊梧單閼	윤년 13개월	56일, 778분	23일, 8분
3년 (서기전 30)	도유집서 徒維執徐	12개월	20일, 685분	28일, 16분
4년② (서기전 29)	축리대황락 祝犁大荒落	윤년 13개월	15일, 93분	33일, 24분

① 正東정동

신주　선제 지절 4년부터 19년째이므로, 정동正東 묘시卯時에 동지가 된다.

② 건시建始 4년

신주　이 해는 다시 정동 묘시 동지에서 19년째이므로, 이듬해 정북 자시가 동지가 된다.

이상의 기록이 〈역서〉이다. 대여는 일日이다. 소여는 월月이다. 단몽端蒙은 연명年名이다. 지지에서 축丑은 적분약이라 하고, 인寅은 섭제격이라 한다. 천간에서 병丙은 유조라고 한다. 정북은 동지가 자시子時에 합치는 것이다. 정서는 유시酉時에, 정남은 오시午時에, 정동은 묘시卯時에 합친다.①

右曆書 大餘者 日也 小餘者 月也 端(旆)蒙者 年名也 支 丑名赤奮若 寅
名攝提格 干 丙名游兆 正北 冬至加子時 正西 加酉時 正南 加午時 正
東 加卯時①

① 大餘者~加卯時 대여자~가묘시
정의 앞의 해석을 기준으로 한다. 소여小餘는 일日의 남은 분의 수이다.
오른쪽 〈역서〉 아래에 쓴 소여는 또 옳게 쓴 것이 아니고 또한 연명年名도
두루 갖추지 못했는데, 아마도 저선생(저소손)이 죽고 나서 후인들이 더해
서 그럴 것이다.
準前解 小餘是日之餘分也 自右曆書已下 小餘又非是 年名復不周備 恐褚先生
沒後人所加

색은술찬 사마정이 펼쳐서 밝히다.
역수가 일어난 것은 유래가 오래되었다. 이 때 중重과 여黎가 유사가 되어
이 기율을 받아서 완성했다. 천상을 관측하여 역을 만드니 일월이 내왕하
여 시절이 변천하고 모자母子(생生을 주고 생을 받는 대상)가 서로 의지하는 형
세가 되었다. 오행의 상극相剋이 고리를 이루어 하력夏曆, 은력殷曆, 주력
周曆이 서로 흥기하니,① 맹춘에 천자께서 오는 해를 일월성신에게 기원하
고 천문가도 궤도를 살펴 복종했다. 삼가 가르쳐 주는 방법에 따라 새해
아침을 맞으니 아름답기만 하다.
曆數之興 其來尚矣 重黎是司 容成斯紀 推步天象 消息母子 五勝輪環 三正互
起① 孟陬貞歲 疇人順軌 敬授之方 履端爲美

① 五勝輪環 三正互起오승윤환 삼정호기

신주 오행의 원리로 서로 이기고 순환하여 세 정삭正朔이 일어났다
는 말이다. 하, 은, 주 3대의 정삭이 서로 다르다는 말로, 3통三統이라고
도 한다.

사기 제27권 史記卷二十七

천관서 天官書

색은 살펴보니 천문에는 5관이 있는데, 관官이란 별의 관직이다. 별자리
에 높고 낮음이 있는 것이 마치 사람의 벼슬에 차례가 있는 것과 같다. 그
래서 천관이라고 했다.

案 天文有五官 官者 星官也 星座有尊卑 若人之官曹列位 故曰天官

정의 장형이 말했다. "문요文曜(일월성신)가 하늘에서 빛을 내는데, 그 움
직이는 것이 일곱이니 일월과 5성五星이 이것이다. 태양은 양정陽精의 으
뜸이고 달은 음정陰精의 으뜸이며, 5성은 5행의 정기이다. 뭇별들이 하늘
에 나란히 퍼져 있어 체體가 땅에서 생기고 정기가 하늘에서 이루어지며,
줄지어 옹기종기 자리하고 각각의 소속을 가지고 있다. 분야가 있어 사물
을 상징하고, 조정에 있어서는 관리를 상징하며 사람에 있어서는 일을 상
징한다. 그것이 신비하게 나타나 여기에 5열五列이 생겨나고 35개의 성관
이 생겼다. 하나는 중앙에 있는데 북두칠성이라 이른다. 사방에는 방향마
다 각각 7수宿씩 퍼져 있어 28사舍가 된다. 해와 달이 운행하는 것에서
역법으로 길흉을 알려주었다."

張衡云 文曜麗乎天 其動者有七 日月五星是也 日者 陽精之宗 月者 陰精之宗
五星 五行之精 衆星列布 體生於地 精成於天 列居錯峙 各有所屬 在野象物 在

朝象官 在人象事 其以神著有五列焉 是有三十五名 一居中央 謂之北斗 四布
於方各七 爲二十八舍 日月運行 曆示吉凶也

신주 〈천관서〉는 고대 천문학에 대한 저작이다. 그러나 단순히 천문학
만 다룬 것이 아니라 점성학占星學, 즉 점성술占星術에 관한 서적이기도 하
고, 철학서이기도 하다. 사마천은 〈태사공자서〉에서 〈천관서〉에 관하여 이
렇게 말했다.

"별의 기세를 다룬 책은 신이 내리는 길흉화복이 매우 복잡하고 이치
에 맞지 않는다. 그래서 그 문장을 미루어보고 그 상응하는 것을 살펴보
아도 별다르지 않았다. 이에 모은 자료를 비교하여 그 행해진 일을 거론
하고 별들이 운행하는 궤도를 차례로 증험했다. 이로써 5장에 〈천관서〉를
기술한다.[星氣之書 多雜禨祥 不經 推其文 考其應 不殊 比集論其行事 驗於軌度以
次 作天官書第五]"

〈천관서〉는 하늘의 일월과 성신, 운기, 풍기 등을 망라하고 그 현상을
관측하여 인간세상에서 일어나는 사건을 예측했다. 즉 하늘에서 일어나
는 변화를 땅에서 일어나는 변화와 동일시하고 있는 것으로 일종의 천인
합일天人合一, 천인감응天人感應 사상의 반영이었다. '천관'이라는 명칭도
사람의 벼슬처럼 차례가 있다는 사상에서 지어졌다. 그래서 하늘의 자궁
紫宮을 살펴 태일성太一星을 천제天帝로, 그 곁의 세 별을 삼공三公으로,
그 뒤에 굽어져 있는 네 별 중 그 끝의 큰 별은 정비正妃로, 나머지 세 별
은 후궁後宮으로 여겼으며, 이들을 둘러서 호위하는 열두 별은 변방의 제
후라고 한 것이다. 북두칠성北斗七星은 선기旋璣와 옥형玉衡이 되어 칠정

七政을 다스리게 했다. 그뿐만이 아니라 하늘의 적도를 따라 그 부근에 있는 별들을 28개의 구역으로 구분하고 그곳을 대표하는 별 28수를 두고 주변의 뭇별을 관장하게 함으로써 인간에게서 일어나는 세상사世上事를 그대로 옮겨 놓았다.

하늘의 이치와 땅의 이치가 다르지 않다는 사상에서 일월과 성신, 운기, 풍기 등의 밝기, 모양, 궤적, 거리 등을 보고 관찰한 상황으로 세상의 정치, 경제, 문화 등 사회 전반의 흥망성쇠를 점쳐 사업의 행불행行不行을 결정했다. 특히 전쟁을 치르는 데 있어서 천문의 영향력은 절대적이었다. 예를 들면 "진수軫宿는 수레가 되고 바람을 주관한다. 그 곁의 작은 별 하나가 장사長沙인데 별이 밝기를 바라지 않는다. 밝기가 진수軫宿의 네 별과 같거나, 만약 이 다섯 별이 진수 속으로 들어가게 되면 전쟁이 크게 일어난다. 진수 남쪽의 많은 별을 천고루天庫樓라고 한다. 천고루에는 오거五車가 있다. 이 거성車星이 광채를 발하여 더 많아진 것 같으면 병장기도 구비하지 못함에 이르고 수레와 말을 둘 곳조차도 없어지게 된다."와 같은 따위이다.

〈천관서〉는 하늘의 현상을 보고 땅의 미래를 점치는 역술적인 면도 존재한다. 또한 천측天測한 경험을 통해서 일정하게 일식과 월식이 일어난다는 사실을 알고 있었고, 별의 궤도 등도 알고 있었다. 하늘의 변화가 지구 환경에 미치는 영향이 지대하다는 점 또한 명확히 인지하고 있었다. 이처럼 〈천관서〉는 당시 과학 수준이 어느 정도였는지를 가늠할 수 있는 자료가 된다는 점에서 사료로서의 가치 또한 크다.

하늘의 오궁五宮

1. 중궁 천극성天極星

중궁中宮①의 천극성天極星② 중 그 하나가 밝게 빛나는데 태일太
一이 항상 자리하는 곳이다.③ 그 곁의 세 별은 삼공三公을 상징한
다.④ 어떤 이들은 (태일의) 자식에 속하는 별이라고도 한다. 그 뒤에
굽어져 있는⑤ 네 별 중 그 끝의 큰 별은 정비正妃이고⑥ 나머지 세
별은 후궁에 해당한다. 이들을 둘러서 보좌하고 호위하는 열두 별
은 주위의 제후들이다. 이 모두를 자궁紫宮이라고 한다.⑦

中宮①天極星② 其一明者 太一常居也③ 旁三星三公④ 或曰子屬 後句⑤
四星 末大星正妃⑥ 餘三星後宮之屬也 環之匡衛十二星 藩臣 皆曰紫
宮⑦

① 中宮중궁

색은 요씨가 살펴 말했다. 《춘추위》〈원명포〉에서 '궁宮은 베푸는 것
을 말하는데, 기를 베풀고 정精을 세워서 신원神垣이 된다.'고 하며, 또《춘
추위》〈문요구〉에 '중궁은 대제이고 그 정은 북극성이다. 원元을 함축하고

기를 내고 정을 흘려서 하나를 낳는다.'고 한다."

姚氏案 春秋元命包云 宮之爲言宣也 宣氣立精爲神垣 又文耀鉤曰 中宮大帝
其精北極星 含元出氣 流精生一也

신주 여기에서 많이 인용된 《춘추위》나 《효경위》 같은 책들은 유가경
전에 빗대어 도참설로 지어진 책이다. 후세에 도참, 역술, 점성, 명리학 등
에 많은 영향을 끼쳐 이른바 동양사상의 근저를 이루게 되었다. 그리하여
동양사도 그 영향에서 자유롭지 못하고 항상 같이 움직이게 되었다.

② 天極星천극성

색은 살펴보니 《이아》에서 '북극은 북신北辰'이라고 했다. 또 《춘추위》
〈합성도〉에서 "북신은 그 별이 다섯인데 자미紫微 안에 있다."고 했다. 양
천의 《물리론》에서 말한다. "북극은 하늘의 중앙이고 양기의 북쪽 끝이
다. 극남極南은 태양이 되고 극북은 태음이 된다. 일월과 오성이 태음에
가면 광채가 없고 태양에 가면 능히 빛을 비춘다. 그러므로 어둡고 밝으
며 춥고 더운 것의 한계가 된다."

案 爾雅北極謂之北辰 又春秋合誠圖云 北辰 其星五 在紫微中 楊泉物理論云
北極 天之中 陽氣之北極也 極南爲太陽 極北爲太陰 日月五星行太陰則無光
行太陽則能照 故爲昏明寒暑之限極也

③ 太一常居也태일상거야

색은 살펴보니 《춘추위》 〈합성도〉에서 "자미는 대제의 자리이고 태일신
의 정령이다."라고 했다.

案 春秋合誠圖云 紫微 大帝室 太一之精也

정의 태일은 천제의 다른 이름이다. 유백장은 "태일은 천신 중에서 가

장 존귀한 자이다."라고 했다.

泰一 天帝之別名也 劉伯莊云 泰一 天神之最尊貴者也

④ 三星三公삼성삼공

정의 삼공의 세 별은 북두 표杓(북두칠성의 자루 모양의 세 별)의 동쪽에 있다. 또 삼공의 세 별은 북두 괴魁(북두칠성의 4각형의 네 별)의 서쪽에 있어 나란히 태위太尉, 사도司徒, 사공司空의 상징이 된다. 음양을 내서 변화를 주관하고, 군주의 기밀 업무를 보좌해 주관한다. 점성술에서는 옮겨 가는 것을 불길한 징조라 여기고 일정하게 거처하면 편안하다고 여기니, 금성과 화성이 그 자리에 머물러 합치면 허물을 입게 된다.

三公三星在北斗杓東 又三公三星在北斗魁西 並爲太尉 司徒 司空之象 主變出陰陽 主佐機務 占以徙爲不吉 居常則安 金火守之並爲咎也

신주 수, 금, 화, 목, 토 오성은 지구와 같이 태양 주위를 돌기 때문에, 공전주기에 따라 지구와 같은 방향이거나 역방향일 때가 생긴다. 지구와 같은 방향으로 돌면 순행, 거꾸로 돌면 역행이다. 역행하여 어느 별자리에 잠시 머물 때를 '수守'라고 한다.

⑤ 句구

색은 句는 '구鉤'로 발음한다. 句는 굽힌다는 뜻이다.

句音鉤 句 曲也

⑥ 末大星正妃말대성정비

색은 살펴보니 《효경위》 〈원신계〉에서 "신극辰極이 가로질러 후비 네 별은 세로로 있고, 끝단의 대비는 광명光明하다."라고 했다. 또 살펴보니 《성경》이후에는 "구진句陳 중 네 별은 사보四輔라 이름하고, 그 구진 중 6성은 육궁이라고 한다. 또한 6군六軍을 주관한다."라고 했는데, 이와는 다르다.

案 援神契云 辰極橫 后妃四星從 端大妃光明 又案 星經以後句四星名爲四輔
其句陳六星爲六宮 亦主六軍 與此不同也

<u>**신주**</u> 구진은 천자의 상징인 자미성 주위에 있는 별로서 천자를 고리처럼 둘러싸 호위한다. 자미원은 임금이 있는 곳을 말하는데, 《진서》〈천문지〉에 "북극의 다섯 별과 구진의 여섯 별이 모두 자궁紫宮 속에 있다."라고 했고, "자궁원 열다섯 별 중에서 서번西蕃이 일곱이고 동번東蕃이 여덟이고 북두의 북쪽에 있는 그 첫째가 자미이니 대제의 자리로서, 천자가 거처하는 곳이다."라고 했다.

⑦ 紫宮자궁

<u>색은</u> 살펴보니 《춘추위》〈원명포〉에 "자紫는 차此를 말하고 궁宮은 중中을 말한다. 천신이 운동하고 음과 양을 열고 닫고 하는 것들이 모두 이 속에 있다는 말이다."라고 했다. 송균은 또 12군이 안팎에서 자리를 각각 정하는 것을 총칭해서 자궁이라 한다고 했다.

案 元命包曰 紫之言此也 宮之言中也 言天神運動 陰陽開閉 皆在此中也 宋均
又以爲十二軍 中外位各定 總謂之紫宮也

<u>**신주**</u> 태일신이 정령인 북극성을 중심으로 모여 있는 별들의 구역이다. 자미원, 자미궁, 자부紫府라고도 한다. 이러한 명칭은 임금의 궁궐을 자미궁, 자궁, 자달, 자극紫極 등으로 부르는 데서 이를 본뜨거나 혹은 그 반대인 경우로 붙인 것이다.

그 앞에 늘어서 북두의 어귀에 있는[1] 세 별은 북쪽으로 길쭉하
게 뻗쳐서 끝이 뾰족하다.[2] 보일 듯 말 듯하여 음덕陰德의 별이라
고도 하고,[3] 또는 천일天一이라고도 한다.[4] 자궁의 왼쪽 세 별은
천창天槍,[5] 오른쪽 다섯 별은 천방天棓이라고 하며,[6] 뒤에 여섯 별
에서 은하를 가로질러 영실營室까지 이어지는 것을 각도閣道라고
한다.[7]

前列直斗口[1]三星 隨北端兌[2] 若見若不 曰陰德[3] 或曰天一[4] 紫宮左
三星 曰天槍[5] 右五星曰天棓[6] 後六星絶漢抵營室 曰閣道[7]

① 前列直斗口전열직두구

색은 直은 유씨가 이르기를 글자대로 '직'으로 발음한다고 한다. 直은
'마주함'이며 또 '치値'로도 발음한다.

直 劉氏云如字 直 當也 又音值也

② 隨北端兌수북단예

색은 '타두단예'이다. 隋는 '타[湯果反]'로 발음한다. 유씨는 "두斗는 다
른 판본에는 '북北'으로 되어 있다."고 했다. 살펴보니《한서》〈천문지〉에
서 '북'으로 되어 있다. 端은 '단耑'으로, 兌는 '예銳'로 되어 있다. 예銳는
별의 형태가 뾰족하다는 뜻이다.

隋斗端兌 隋音湯果反 劉氏云 斗 一作北 案 漢書天文志作北 端作耑 兌作銳 銳
謂星形尖銳也

③ 曰陰德 왈음덕

[색은] 살펴보니 〈문요구〉에서 "음덕은 천하의 버리가 된다."고 했다. 송균은 덕을 몰래 행하는 것은 떳떳한 도라고 여겼다.

案 文耀鉤曰 陰德爲天下綱 宋均以爲陰行德者 道常也

[정의] 《성경》에서 말한다. "음덕의 두 별은 자미궁 안과 상서尙書(문서를 맡은 벼슬 이름)의 서쪽에 있어 덕으로 은혜를 베푸는 것을 주관한다. 그러므로 음덕으로 은혜를 베풀어 급한 곳을 두루 구제하고 위무함을 칭송한 것이다. 점성에서, 어두운 것을 마땅히 밝혀야 할 것으로 삼는다면 새로운 군주가 등극한다." 또 《성경》에서 말한다. "음덕성은 중궁의 여주인의 상징이다. 별이 동요하면 궁정에서 싸움이 일어나 귀빈이나 내첩들이 미워하게 된다."

星經云 陰德二星在紫微宮內 尙書西 主施德惠者 故贊陰德遺惠 周急賑撫 占以不明爲宜明 新君踐極也 又云 陰德星 中宮女主之象 星動搖 釁起宮掖 貴嬪內妾惡之

④ 天一 천일

[정의] 천일은 하나의 별로 대궐문의 밖을 강하게 비추는 천제의 신이다. 전쟁을 주관하고 사람들에게 길흉을 알려준다. 밝고 빛이 있으면 곧 음양이 화락하고 만물이 성장하는 것이어서 군주에게 길하나 그렇지 못하면 이와 반대이다. 태일太一은 하나의 별로 천일의 남쪽에 머무는 데 또한 천제의 신이다. 열여섯 신神에게 부역시키는 것을 주관하고 바람과 비, 장마와 가뭄, 전쟁, 기근과 돌림병 등을 알게 한다. 점성에서, 밝지 않거나 옮겨가면 재앙이 생긴다고 한다.

《성경》에서 말한다. "천일과 태일의 두 별은 왕의 즉위를 주관하여 적자赤子(나라에 대해 진정한 마음을 가진 사람)를 세워 국가의 지위를 전하도록 명령한다. 이 별은 희미하게 되는 것을 바라지 않는다. 희미하면 폐위되고 그 순서가 합당하지 않아서 종묘에서 제사를 올리지 못하게 된다."

天一一星 疆閫閾外 天帝之神 主戰鬪 知人吉凶 明而有光 則陰陽和 萬物成 人主吉 不然 反是太一一星次天一南 亦天帝之神 主使十六神 知風雨水旱兵革饑饉疾疫 占以不明及移爲災也 星經云 天一太一二星主王者卽位 令諸立赤子而傳國位者 星不欲微 微則廢立不當其次 宗廟不享食矣

⑤ 槍창

색은 발음은 '청[楚庚反]'이다.

楚庚反

⑥ 天槍 ~ 曰天棓천창 ~ 왈천방

집해 소림이 말했다. "棓의 발음은 방타棓打의 '방棓'이다."

蘇林曰 音棓打之棓

색은 棓는 '피皮'로 발음한다. 위소는 '부剖'로 발음한다고 했다. 또《시경위》에서 "창槍은 세 별이고 부棓는 다섯 별인데 두표斗杓의 좌우에 있으면서 창인槍人과 방인棓人을 주관한다."고 했다. 석씨의《성찬》에서는 "창방槍棓은 여덟 별인데 비상에 대비한다."고 했다.

棓音皮 韋昭音剖 又詩緯曰 槍三星 棓五星 在斗杓左右 主槍人棓人 石氏星讚云 槍棓八星 備非常也

신주 《사기지의》에 따르면, 방씨의《보정》에는 천창을 우측, 천방을 좌측별이라고 하여, 전해지는 과정에서 잘못된 것이라고 한다.

정의 棓는 '방[龐掌反]'으로 발음한다. 천방은 다섯 별로 여상女牀의 동북쪽에 있는데 천자의 선구先驅가 되어 군사들을 방어한다. 점성에서, 이 별들이 갖춰지지 않으면 나라에 전쟁이 일어난다고 한다.

梧 龐掌反 天棓五星在女牀東北 天子先驅 所以禦兵也 占 星不具 國兵起也

본서에서는 정의 주해에 따라 棓를 '방'으로 발음한다.

⑦ 絕漢抵營室 曰閣道절한저영실 왈각도

색은 절絕은 '건너다'이다. 저抵는 족屬이다. 또 살펴보니 《악협도》에서 "각도는 북두를 보좌한다."고 했다. 석씨는 "각도는 여섯 별인데 신이 타는 것이다."라고 했다.

絕 度也 抵 屬也 又案 樂汁圖云 閣道 北斗輔 石氏云 閣道六星 神所乘也

정의 한漢은 은하수이다. 직도直度는 절絕이다. 저抵는 지至이다. 영실은 일곱 별로 천자의 궁인데 또한 현궁玄宮이 되기도 하고 또한 청묘淸廟가 되기도 한다. 상공上公을 주관하며 또한 천자의 이궁離宮 별관別館이다. 왕의 길에는 초목을 입히고 영실에는 구상九象이 엮어지니 볼거리가 된다. 각도는 여섯 별로 왕량王良의 북쪽에 있으며, 비각도飛閣道로써 천자가 별궁으로 유람하려는 길이다. 점성에서, 하나의 별이라도 보이지 않으면 수레 다니는 길이 통하지 못하고, 동요하면 궁정 안에서 병사가 일어난다고 한다.

漢 天河也 直度曰絕 抵 至也 營室七星 天子之宮 亦爲玄宮 亦爲淸廟 主上公 亦天子離宮別館也 王者道被草木 營室歷九象而可觀 閣道六星在王良北 飛閣之道 天子欲遊別宮之道 占 一星不見則輦路不通 動搖則宮掖之內起兵也

북두칠성①은 이른바 "선기와 옥형②으로서 칠정을 가지런히 한다."고 한다.③ 북두의 표杓는 동쪽의 각수角宿로 이어지고,④ 형衡은 남두南斗를 마주하며,⑤ 괴魁는 삼수參宿의 머리를 베개로 삼는다.⑥

北斗七星① 所謂旋璣玉衡②以齊七政③ 杓攜龍角④ 衡殷南斗⑤ 魁枕參首⑥

① 北斗七星북두칠성

색은 살펴보니《춘추위》〈운두추〉에서 말한다. "북두칠성에서 첫째별은 천추天樞, 둘째별은 선旋, 셋째별은 기璣, 넷째별은 권權, 다섯째별은 형衡, 여섯째별은 개양開陽, 일곱째별은 요광搖光이다. 첫째별에서 넷째별까지를 괴魁라고 하고, 다섯째별에서 일곱째별까지 표標라고 하는데, 이를 합해서 두斗라고 한다."

〈문요구〉에서 말한다. "두란 하늘의 목구멍과 혀이다. 옥형은 표杓에 속하고 괴魁는 선기가 된다." 서정의《장력》에서 말한다. "북두칠성은 별 사이의 거리가 9,000리이다. 그 나타나지 않는 두 숨은 별은 서로의 거리가 8,000리이다."

案 春秋運斗樞云 斗 第一天樞 第二旋 第三璣 第四權 第五衡 第六開陽 第七搖光 第一至第四爲魁 第五至第七爲標 合而爲斗 文耀鉤云 斗者 天之喉舌 玉衡屬杓 魁爲琁璣 徐整長曆云 北斗七星 星間相去九千里 其二陰星不見者 相去八千里也

② 旋璣玉衡선기옥형

[색은] 살펴보니 《상서》에서 선旋은 '선璿'으로 되어 있다. 마융은 "선璿은
아름다운 옥이다. 기機는 혼천의를 회전시킬 수 있으므로 '기'라고 한다.
형衡은 그 안이 가로로 된 통筒이다. 선으로 기를 만들고 옥으로 형을 만
드는데 대개 하늘의 형상을 귀하게 여겼다."고 했다. 정현은 《상서대전》에
주석하며 이르기를 "혼천의 속인 통에 선기를 만들고 혼천의 바깥인 규
規에 옥형을 만들었다."고 했다.

案 尚書 旋作璿 馬融云 璿 美玉也 機 渾天儀 可轉旋 故曰機 衡 其中橫筒 以璿
爲機 以玉爲衡 蓋貴天象也 鄭玄注大傳云 渾儀中筒爲旋機 外規爲玉衡也

③ 以齊七政이제칠정

[색은] 살펴보니 《상서대전》에서 말했다. "칠정이란 봄, 여름, 가을, 겨울,
천문, 지리, 인도人道를 말하는 것으로, 다스리는 수단이다. 인도로 다스
리면 만사가 순조롭게 이루어진다." 또 마융은 《상서》를 주석해 이르기를
"칠정이란 북두칠성이 각각 주관하는 바가 있는 것이다. 첫째는 해를 바
로잡고, 둘째는 달의 법을 주관한다. 셋째는 명화命火이니 형혹熒惑(화성)
을 이른다. 넷째는 살토煞土이니 진성塡星(토성)을 이른다. 다섯째는 벌수
伐水이니 진성辰星(수성)을 이른다. 여섯째는 위목危木이니 세성歲星(목성)
을 이른다. 일곱째는 표금剽金이니 태백太白(금성)을 이른다. 일월과 오성
(화, 수, 목, 금, 토)은 각각 다른 것이므로 칠정이라고 한다."

案 尚書大傳云 七政 謂春秋冬夏天文地理人道 所以爲政也 人道政而萬事順成
又馬融注尚書云 七政者 北斗七星 各有所主 第一曰正日 第二曰主月法 第三
曰命火 謂熒惑也 第四曰煞土 謂塡星也 第五曰伐水 謂辰星也 第六曰危木 謂
歲星也 第七曰剽金 謂太白也 日月五星各異 故曰七政也

④ 杓攜龍角표휴용각

집해 맹강이 말했다. "표杓는 북두의 손잡이 모양의 세 별이다. 용각龍角은 동방별이다. 휴攜는 '잇는 것'이다."

孟康曰 杓 北斗杓也 龍角 東方宿也 攜 連也

정의 살펴보니 각성은 천관天關이 된다. 그 사이는 천문天門이고 그 안은 천정天庭인데, 황도(태양의 궤도)가 지나가는 곳이고 일월과 오성이 운행하는 곳이다. 왼쪽의 각角은 다스림을 맡아 형벌을 주관하고 그 남쪽은 태양도太陽道가 된다. 오른쪽의 각角은 장군이 되어 군사를 주관하며 그 북쪽은 태음도太陰道가 된다. 대개 하늘의 삼문三門으로 그 별들이 밝고 크면 천하가 태평하고 어진이가 자리에 있게 되며, 그렇지 못하면 이와 반대가 된다.

案 角星爲天關 其間天門 其內天庭 黃道所經 七耀所行 左角爲理 主刑 其南爲太陽道 右角爲將 主兵 其北爲太陰道也 蓋天之三門 故其星明大則天下太平 賢人在位 不然 反是也

⑤ 衡殷南斗형은남두

집해 진작이 말했다. "형衡은 북두의 중앙이다. 은殷은 '가운데'이다."

晉灼曰 衡 斗之中央 殷 中也

색은 살펴보니 진작이 말했다. "은殷은 가운데이다." 송균이 말했다. "은殷은 '마주하는 것'이다."

案 晉灼云 殷 中也 宋均云 殷 當也

⑥ 魁枕參首괴침삼수

정의 枕은 '즘[之禁反]'으로 발음한다. 형衡은 두성 형衡이다. 괴魁는 두성의 첫째별이다. 북방의 두성을 말하는데, 두성의 형衡은 곧바로 북쪽의 '괴'에 해당하고 삼성參星의 머리에서 베개가 된다. 북두의 표杓는 용각龍角으로 이어진다. 남두의 여섯 별은 천묘天廟가 되어 승상이나 태재의 지위로 현량의 추천을 주관하고 작위와 녹봉을 수여하며 또 군사를 주관하니, 한편 천기天機라고 한다. 남쪽 두 별은 괴魁와 천량天梁이다. 중앙의 한 별은 천상天相이다. 북쪽의 두 별은 천부정天府庭이다.

점성에서, 두성이 성대하게 밝으면 왕노가 화평하고 작위와 녹봉이 행해진다. 그렇지 않으면 이와 반대가 된다. 삼수參宿는 베는 것을 주관하고 또 하늘의 감옥이 되어 죽이고 벌주는 것을 주관한다. 그 가운데 세 별이 가로로 늘어선 것은 세 명의 장군인데 동북쪽을 좌견左肩이라고 하고 좌장左將이 관장한다. 서북쪽을 우견이라고 하고 우장이 관장한다. 동남쪽을 좌족左足이라고 하고 후장後將이 주관한다. 서남쪽을 우족右足이라고 하며 편장偏將이 주관한다. 그러므로 헌원씨(황제)가 점을 치니 삼성은 일곱 장수와 응한다고 했다.

중앙의 세 개의 작은 별을 벌수伐宿라고 하는데 하늘의 도위都尉이다. 융적戎狄의 나라를 주관하며 밝기를 바라지 않는다. 만약 밝은 것이 삼성과 같으면 대신들이 난을 꾀하여 전쟁이 일어나고 이적夷狄들이 안에서 싸우게 된다. 칠장七將이 모두 밝으면 천하의 군사들이 위용을 떨치는 것을 주관한다. 삼성의 꺼끄러기 빛살이 길어지면 왕도가 결여되며, 삼성이 빛을 잃으면 군사들이 무너져 흩어지고, 삼성의 꺼끄러기 빛살이 동요하면 변방의 제후들이 위급해진다. 삼성의 좌족이 옥정玉井 안으로 들어가고 금성과 화성이 머물게 되면, 모두 군사를 일으키게 된다.

枕 之禁反 衡 斗衡也 魁 斗第一星也 言北方斗 斗衡直當北之魁 枕於參星之首 北斗之杓連於龍角 南斗六星爲天廟 丞相大宰之位 主薦賢良 授爵祿 又主兵

一曰天機 南二星 魁 天梁 中央一星 天相 北二星 天府庭也 占 斗星盛明 王道

和平 爵祿行 不然 反是 參主斬刈 又爲天獄 主殺罰 其中三星橫列者 三將軍 東

北曰左肩 主左將 西北曰右肩 主右將 東南曰左足 主後將 西南曰右足 主偏將

故軒轅氏占參應七將也 中央三小星曰伐 天之都尉也 主戎狄之國 不欲明 若明

與參等 大臣謀亂 兵起 夷狄內戰 七將皆明 主天下兵振 芒角張 王道缺 參失色

軍散敗 參芒角動搖 邊候有急 參左足入玉井中 及金火守 皆爲起兵

신주 삼수와 벌수는 이른바 '오리온자리'의 삼태성三太星과 그 아래 늘

어진 세 별을 가리킨다.

해질녘에 건建(正을 가리킨다는 뜻이며, 여기서는 인寅의 방향을 말함)은 표

杓(일곱 번째 별)인데[1] 표의 분야는 화산華山으로부터 서남쪽이다.[2]

한밤중에 건은 형衡(세 번째 별)인데[3] 형의 분야는 중주中州로 하수

河水와 제수濟水 사이에 해당한다.[4] 새벽에 건은 괴魁(첫 번째 별)인

데 괴의 분야는 발해와 태산으로부터 그 동북쪽이다.[5] 두성은 천

제의 수레가 되어 중앙을 운행하면서[6] 사방을 통제한다. 그리하

여 음양을 나누고, 네 계절을 세우며, 오행을 조절하고, 절기를 바

꾸며, 여러 벼리를 결정하니, 모두 북두성으로 연결된다.

用昏建者杓[1] 杓 自華以西南[2] 夜半建者衡[3] 衡 殷中州河濟之間[4] 平

旦建者魁[5] 魁 海岱以東北也[5] 斗爲帝車 運于中央[6] 臨制四鄉 分陰陽

建四時 均五行 移節度 定諸紀 皆繫於斗

① 用昏建者杓 용혼건자표

[색은] 해질녘에 가운데를 가리키는 것이 표杓라고 했다.《설문》에 "표는 두성의 자루"라고 한다. '표[匹遙反]'로 발음하니, 곧 초요招搖(두성의 일곱 번째 별과 숨은 별)이다.

用昏建中者杓 說文云 杓 斗柄 音匹遙反 即招搖

② 杓 自華以西南 표 자화이서남

[집해] 맹강이 말했다. "《전》에서 북두의 제 7성은 태백을 본받아 주관한다. 표는 북두의 꼬리라고 한다." 꼬리는 음陰이 되고 또 어둑함을 부린다. 어둑한 것은 음의 자리이고 서쪽에 있으므로 서남쪽을 주관한다."

孟康曰 傳曰 斗第七星法太白主 杓 斗之尾也 尾爲陰 又其用昏 昏陰位 在西方 故主西南

[정의] 표는 동북쪽의 제 7성이다. 화華는 화산華山이다. 북두가 어두우면 북두자루를 이용하는데 별이 인寅을 가리키게 하는 것을 말한다. 표의 분야는 화산 서남쪽 땅이다.

杓 東北第七星也 華 華山也 言北斗昏建用斗杓 星指寅也 杓 華山西南之地也

③ 夜半建者衡 야반건자형

[집해] 서광이 말했다. "제 5성이다." 맹강이 말했다. "가령 표가 어두울 때 인寅을 가리키면 형衡은 한밤중에 또한 인寅을 가리킨다."

徐廣曰 第五星 孟康曰 假令杓昏建寅 衡夜半亦建寅

[색은] 맹강이 말했다. "가령 표가 어두울 때 인寅을 가리키면 형衡은 한밤중에 또한 인寅을 가리킨다."

孟康曰 假令杓昏建寅 衡夜半亦建寅也

④ 衡 殷中州河濟之間형 은중주하제지간

[정의] 형衡은 북두의 형(세 번째 별)이다. 북두가 한밤중에 두성의 형을 써서 인寅을 가리킨다는 말이다. 은殷은 당當이다. 북두의 형衡은 황하와 제수濟水 사이의 땅이다.

衡 北斗衡也 言北斗夜半建用斗衡指寅 殷 當也 斗衡黃河濟水之間地也

[신주] 중주中州는 고대의 예주豫州이다. 그 당시 구주九州로 나누었는데, 그 중앙이 예주였다. 그래서 이곳을 중주라고 표현한 것이다.

⑤ 魁 海岱以東北也괴 해대이동북야

[집해] 맹강이 말했다. "《서전》에 이르기를 '북두의 제 1성은 태양을 본받았고 제나라를 주관한다.'고 한다. 괴魁는 북두의 머리이고, 머리는 양陽이다. 또 그 쓰임이 명양明陽과 명덕明德에 있고 동쪽에 있다. 그러므로 동북의 제나라의 분야를 주관한다."

孟康曰 傳曰斗第一星法於日 主齊也 魁 斗之首 首 陽也 又其用在明陽與明德 在東方 故主東北齊分

[정의] 북두는 아침에 두성의 괴魁를 써서 인寅을 가리킨다는 말이다. 해대海岱는 대군代郡이다. 괴魁가 해대의 동북 땅을 주관한다는 말이다. 삼시三時에 따라 가리키니, 앞에 삼건三建이 있는 것이다.

言北斗旦建用斗魁指寅也 海岱 代郡也 言魁星主海岱之東北地也 隨三時所指 有前三建也

[신주] 위 본문과 주석들이 어려운 것 같지만, 북극성을 따라 시계 방향으로 회전하는 북두칠성을 생각하면 쉽다. 즉 초저녁에는 동쪽에 나오니, 끝별인 표성이 동쪽 인寅 방향을 가리키고, 한밤중에는 세 번째 별인 형성이 인 방향을 가리키며, 새벽녘엔 첫째별인 괴성이 인 방향을 가리킨다

는 말이다.

⑥ 斗爲帝車 運于中央두위제거 운우중앙

색은 요씨가 살펴보니 송균은 "이것은 대제가 수레를 타고 순수巡狩하므로 기강이 서지 않는 곳이 없음을 말한 것이다."라고 했다.

姚氏案 宋均曰 言是大帝乘車巡狩 故無所不紀也

> 북두의 괴성이 이고 있는 '광匡'자 비슷한 여섯 별①을 문창궁②이라고 한다. 첫째는 상장이고, 둘째는 차장, 셋째는 귀상, 넷째는 사명, 다섯째는 사중, 여섯째는 사록인데,③ 두 괴성 안에 있는 네 별은 귀인의 감옥이라고 한다.④
>
> 斗魁戴匡六星①曰 文昌宮② 一曰上將 二曰次將 三曰貴相 四曰司命 五曰司中 六曰司祿③ 在斗魁中 貴人之牢④

① 戴匡六星대광육성

집해 진작이 말했다. "匡자와 비슷한 형태이기 때문에 대광戴匡이라고 했다."

晉灼曰 似匡 故曰戴匡也

신주 괴성의 형태인 '匸'에 들어 있는 6성이 '王'자 형태를 띠고 있어 '광匡'으로 표현한 것이다. 또 《한서》〈지리지〉에는 광筐이라고 쓰여 있는데, '상자'라는 뜻이 된다.

② 文昌宮문창궁

색은 〈문요구〉에서 말한다. "문창궁은 천부天府가 된다." 《효경위》〈원신계〉에서 말한다. "문文이란 정精이 모이는 것이고 창昌이란 천기天紀(하늘의 법도)를 드러내는 것이다. 보필하며 함께 거처해 하늘의 상징을 이루므로 '문창'이라고 했다."

文耀鉤曰 文昌宮爲天府 孝經援神契云 文者精所聚 昌者揚天紀 輔拂並居 以成天象 故曰文昌

③ 一曰上將 ~六曰司祿일왈상장 ~ 육왈사록

색은 《춘추위》〈원명포〉에서 말한다. "상장은 무武의 위엄을 세우고, 차장은 좌우를 바르게 하며, 귀상은 문文의 질서를 다스리고, 사록은 상과 공으로 선비를 진출시키며, 사명은 늙은이와 아이의 일을 주관하고 사재는 재앙과 허물을 주관한다."

春秋元命包曰 上將建威武 次將正左右 貴相理文緒 司祿賞功進士 司命主老幼 司災主災咎也

신주 《사기지의》에 따르면, 《한서》〈천문지〉에는 다섯째를 사록, 여섯째를 사재司災라 했으며, 《진서》〈천문지〉 이하로는 모두 넷째를 사록, 다섯째를 사명, 여섯째를 사구司寇라고 했다.

④ 在斗魁中 貴人之牢재두괴중 귀인지뢰

집해 맹강이 말했다. "《전》에서 '천리天理의 네 별은 북두의 괴성 속에 있다. 귀인 감옥의 이름은 천리이다.'라고 한다."

孟康曰 傳曰 天理四星在斗魁中 貴人牢名曰天理

색은 괴성 안이 귀인의 감옥이다. 《악협도》에서 "천리는 귀인의 감옥을 다스린다."라고 한다. 송균이 말했다. "감옥을 다스리는 것이다."

在魁中 貴人牢 樂汁圖云 天理理貴人牢 宋均曰 以理牢獄也

[정의] 점성에서, 밝음이 그 안의 별에 이르면 이는 귀인이 하옥되는 것이다.

占 明 及其中有星 此貴人下獄也

괴성의 아래에 여섯 별이 쌍쌍으로 서로 나란히 있는 것을 삼태三
能[1]라고 부른다. 삼태가 가지런히 빛나면 군주와 신하가 화목하지
만, 가지런하지 않으면 어그러지게 된다. 또 보성輔星이[2] 밝고 가
깝게 보이면[3] 보좌하는 신하들은 (군주와) 친해지고 강해지며, 멀
고[4] 작게 보이면 소원해지고 미약해진다.

魁下六星 兩兩相比者 名曰三能[1] 三能色齊 君臣和 不齊 爲乖戾 輔
星[2] 明近[3] 輔臣親彊 斥[4]小疏弱

---

① 三能삼태

[집해] 소림이 말했다. "能는 '태台'로 발음한다."

蘇林曰 能音台

[색은] 괴魁 아래 여섯 개의 별이 쌍쌍이 서로 나란히 있는 것을 삼태성三
台星이라고 한다. 살펴보니 《한서》 〈동방삭전〉에서 "그가 태계泰階의 육부
六符를 펼치기를 바랐다."고 했다. 맹강은 "태계는 삼태三台이다. 태성台星
은 모두 여섯 개의 별이다. 육부六符는 여섯 별의 부절이다."라고 했다.
응소가 황제의 《태계육부경》을 인용하여 말했다. "태계는 천자의 삼계三

階이다. 상계上階에서, 위의 별은 남자 주인이 되고 아래의 별은 여주인이 된다. 중계中階에서, 위의 별은 제후나 삼공三公이 되고 아래의 별은 경이나 대부가 된다. 하계下階에서, 위의 별은 사士가 되고 아래의 별은 서인이 된다. 삼계가 공평하면 음양이 화합하여 풍우가 제때에 있고, 공평하지 못하면 벼농사가 풍년이 되지 못하고 겨울에 우레가 치고 여름에 서리가 내린다. 하늘이 사나운 명령을 내려 군사를 일으키기를 좋아하고, 궁 안에서 대사臺榭를 중수하고 원유苑囿를 넓혀 상계上階가 갈라지게 만든다."

魁下六星 兩兩相比 曰三台 案 漢書東方朔 願陳泰階六符 孟康曰 泰階 三台也 台星凡六星 六符 六星之符驗也 應劭引黃帝泰階六符經曰 泰階者 天子之三階 上階 上星爲男主 下星爲女主 中階 上星爲諸侯三公 下星爲卿大夫 下階 上星爲士 下星爲庶人 三階平 則陰陽和 風雨時 不平 則稼穡不成 冬雷夏霜 天行暴令 好興甲兵 修宮榭 廣苑囿 則上階爲之坼也

신주 사榭는 정자라는 뜻이다. 높게 세운 누각을 대사臺榭라고 한다.

② **輔星**보성

집해 맹강이 말했다. "북두의 여섯째 별 근방에 있다."

孟康曰 在北斗第六星旁

③ **明近**명근

정의 대신의 상징이다. 점성은 그것이 작으면서도 밝기를 바라니 만약 크면서 밝다면 신하가 군주의 정사를 빼앗고, 작으면서 밝지 않다면 신하가 직분을 맡지 못한다. 밝고 큰 것이 북두와 합하면 국가에 폭동이 일어난다. 어둡고 북두와 멀어졌는데도 신하가 죽지 않는다면 군주가 정사를 빼앗긴다. 만약 가까운 신하들이 상賞을 멋대로 하여 어진 이를 배척하고 아첨하는 자를 등용하면 보성輔星에 빛살이 생긴다. 가까운 신하들이 국가의 인부印符를 멋대로 하여 장차 사직을 도모하면 보성에 날개가 돋는다. 그렇지 않으면 죽는다.

大臣之象也 占 欲其小而明 若大而明 則臣奪君政 小而不明 則臣不任職 明大與斗合 國兵暴起 暗而遠斗 臣不死則奪 若近臣專賞 排賢用佞 則輔生角 近臣擅國符印 將謀社稷 則輔生翼 不然 則死也

④ 斥척

집해 소림이 말했다. "척斥은 '먼' 것이다."

蘇林曰 斥 遠也

북두의 표성杓星 끝에 두 별이 있는데 안쪽에 있는 것은 창이 되어 초요招搖[1]라 하고, 바깥쪽에 있는 것은 방패가 되어 천봉天鋒이라고 한다.[2] 또 갈고리처럼 굽어져 두른 15성[3]이 있는데 표성杓星에 속해 있어[4] 이를 신분이 낮은 사람의 감옥이라고[5] 한다. 그 감옥 안에 별들이 가득하면 죄수가 많아지고, 비어 있으면 열려서 출옥하게 된다. 천일, 천창, 천방, 천모, 천순의 별들이 동요하고 빛살이 커지면[6] 전쟁이 일어난다.

杓端有兩星 一內爲矛 招搖[1] 一外爲盾 天鋒[2] 有句圜十五星[3] 屬[4]杓曰 賤人之牢[5] 其牢中星實則囚多 虛則開出 天一槍棓矛盾動搖 角大[6]兵起

① 招搖초요

집해 맹강이 말했다. "북두에 가까운 것은 초요인데 초요는 천모(하늘의 창)가 된다." 진작이 말했다. "경하梗河의 세 별은 천모와 천봉이고 초요는 하나의 별일 뿐이다."

孟康曰 近北斗者招搖 招搖爲天矛 晉灼曰 更河三星 天矛鋒 招搖一星耳

색은 살펴보니《시경위》〈기역추〉에서 "경하 안의 초요는 호胡의 군사이다."라고 했다. 송균이 말했다. "초요성은 경하 안에 있다." 또《악협도》에서 "경하는 천모이다."라고 했다. 송균이 경하의 명칭을 천모라 했으니, 경하는 별 이름이다.

案 詩記曆樞云 更河中招搖爲胡兵 宋均云 招搖星在更河內 又樂汁圖云 更河天矛 宋均以爲更河名天矛 則更河是星名也

신주 《진서》〈천문지上〉에 "북쪽에 있는 세 별은 경하이니 천모이고, 하나는 천봉인데, 호병胡兵을 주관한다."라고 했다. 서양 천문학에서는 목동자리(The Cowherd, 목부좌牧夫座)에 속하는 별이다.

② 一外爲盾 天鋒일외위순 천봉

집해 진작이 말했다. "외外는 북두에서 먼 곳이다. 초요의 남쪽에 있고 일명 현과玄戈이다."

晉灼曰 外 遠北斗也 在招搖南 一名玄戈

정의 《성경》에서 말한다. "경하성은 창이나 칼의 별이다. 만약 별이 보이지 않거나 혹은 진퇴가 일정하지 않다면, 창들이 어지럽게 일어나 장차 변방의 우환거리가 된다."

星經云 梗河星爲戟劍之星 若星不見或進退不定 鋒鏑亂起 將爲邊境之患也

③ 有句圜十五星유구환십오성

[색은] 句는 '구鉤'로, 圜은 '원員'으로 발음한다. 그 형상이 이어진 고리와 같은즉 관삭성貫索星이다.

句音鉤 圜音員 其形如連環 即貫索星也

④ 屬촉

[정의] 屬은 '촉燭'으로 발음한다.

屬音燭

⑤ 賤人之牢천인지뢰

[색은] 살펴보니 《시경위》 〈기역추〉에서 "천한 사람들의 감옥이며 하늘의 감옥이라고도 한다."고 했다. 또 《악협도》에서 "연영連營은 천한 사람의 감옥이다."라고 했다. 송균은 연영을 관삭貫索이라고 여겼다.

案 詩記曆樞云 賤人牢 一曰天獄 又樂汁圖云 連營 賤人牢 宋均以爲連營 貫索也

[정의] 관삭貫索은 아홉 별이 칠공七公 앞에 있는데 첫째가 연삭連索으로 법률을 주관한다. 사납고 억압하는 것을 금지했기 때문에 천한 사람의 감옥이라고 했다. 감옥 입구의 한 별이 문이 되어 그것이 열리기를 바란다. 점성에서, 별이 다 보이면 옥사가 번거롭고, 보이지 않으면 형벌의 업무가 간략하다. 동요하면 도끼가 사용되고 중앙이 비면 연호를 개정한다. 입구가 열렸으면 사면령이 있다. 군주가 근심하면 입구가 닫힌 듯이 하는데 별이 감옥 안으로 들어가면 스스로 목을 매어 죽는 자가 있다.

항상 밤에 살피는데 한 별도 보이지 않으면 작은 기쁨이 있다. 두 별이 보이지 않으면 녹봉을 하사한다. 세 별이 보이지 않으면 군주가 덕을 베풀고 명령하여 또 사면하는데, 멀리는 17일이고 가까이는 16일 만에 한다.

만약 객성客星이 출현하면 그것이 큰지 작은지를 살피는데, 크면 대사면이 있고 작아도 또한 소사면이 있다.

貫索九星在七公前 一曰連索 主法律 禁暴彊 故爲賤人牢也 牢口一星爲門 欲其開也 占 星悉見 則獄事繁 不見 則刑務簡 動搖 則斧鉞用 中虛 則改元 口開則有赦 人主憂 若閉口 及星入牢中 有自繫死者 常夜候之 一星不見 有小喜 二星不見 則賜祿 三星不見 則人主德令且赦 遠十七日 近十六日 若有客星出 視其小大 大 有大赦 小 亦如之也

⑥ 角大각대

[집해] 이기가 말했다. "각角은 별의 꺼끄러기 빛살이다."

李奇曰 角 芒角

2. 동궁 창룡蒼龍

> 동궁東宮은 창룡蒼龍을 상징한다.① 방수房宿와 심수心宿가 있으며② 심수는 명당明堂이다.③ 큰 별은 천왕이고 앞과 뒤의 별들은 아들에 속한다.④ 이 별들은 천왕과 일직선이 되는 것을 바라지 않는다. 일직선으로 되면 천왕이 정치에 실패한다. 방수는 천부가 되는데, 천사天駟⑤라고도 한다.
>
> 東宮蒼龍① 房心② 心爲明堂③ 大星天王 前後星子屬④ 不欲直 直則天王失計 房爲府 曰天駟⑤

① 東宮蒼龍동궁창룡

[색은] 살펴보니 〈문요구〉에서 "동궁은 창제이고 그의 정령은 용이다."라고 했다.

案 文耀鉤云 東宮蒼帝 其精爲龍也

② 房心방심

[색은] 살펴보니 《이아》에서 "대진大辰은 방, 심, 미의 별이다."라고 했다. 이순은 "대진은 창룡의 별이며, 몸체가 가장 밝다."고 했다.

案 爾雅云 大辰 房心尾也 李巡曰 大辰 蒼龍宿 體最明也

③ 心爲明堂심위명당

[색은] 《춘추위》〈설제사〉에서 "방과 심은 명당이 되니 천왕이 정사를 펴는 궁전이다."라고 했다. 《상서위》〈운기수〉에서 "방은 사표四表의 길이다."라고 했다. 송균이 말했다. "네 별 사이에 세 길이 있는데 해와 달과 오성이 이곳으로 출입한다."

春秋說題辭云 房 心爲明堂 天王布政之宮 尚書運期授曰 房 四表之道 宋均云 四星間有三道 日月五星所從出入也

[신주] 명당은 제왕이 근무하는 공간을 뜻한다. 명당은 위로는 천상天象과 통하고 아래로는 만물을 통솔하는 자리로서 '천인합일天人合一'의 신성한 땅이다.

④ 大星天王 前後星子屬대성천왕 전후성자속

[색은] 《홍범오행전》에서 말한다. "심수의 큰 별은 천왕이다. 앞의 별은 태자이고 뒤의 별은 서자이다."

鴻範五行傳曰 心之大星 天王也 前星 太子 後星 庶子

⑤ 天駟천사

색은 방수는 천부天府가 되는데 천사天駟라고도 한다. 《이아》에서는 "천사는 방수이다."라고 했다. 《시경위》〈기역추〉에서 "방수는 천마天馬인데 수레를 주관한다."고 했다. 송균이 말했다. "방수가 이미 심수에 가까워 명당이 되고 또 별도로 천부天府와 천사天駟가 된다."

房爲天府 曰天駟 爾雅云 天駟 房 詩記曆樞云 房爲天馬 主車駕 宋均云 房既近心 爲明堂 又別爲天府及天駟也

신주 천부天府는 천자의 창고를 의미한다. 천사天駟의 사駟는 네 마리 말이 끄는 수레이다.

그 북쪽에는 (좌참과) 우참성右驂星[1]이 있다. 곁에 두 별이 있는데, 금성衿星이라고 하고,[2] 북쪽의 한 별은 할성舝星[3]이라고 한다. 동북쪽으로 굽어 있는 12개의 별은 기旗[4]라고 한다. 그 중에 네 별을 천시天市[5]라고 하고, 가운데 여섯 별을 시루市樓라고 한다. 천시 안에 별들이 많이 빛나면 풍년이고 적게 빛나면 흉년이다.[6] 방수房宿의 남쪽에 많은 별은 기관騎官이다.

其陰 右驂[1] 旁有兩星曰衿[2] 北一星曰舝[3] 東北曲十二星 曰旗[4] 旗中四星天市[5] 中六星曰市樓 市中星衆者實 其虛則耗[6] 房南衆星 曰騎官

① 右驂우참

정의 방성房星은 군주의 지위이고 또한 좌참左驂도 주관하고 또한 양마
良馬도 주관하므로 사駟가 된다. 왕은 항상 제사를 하는데 이곳이 마조馬
祖다.

房星 君之位 亦主左驂 亦主良馬 故爲駟 王者恆祠之 是馬祖也

신주 이십팔수의 넷째 별자리인 방수가 말의 수호신이다. 그래서 마조
馬祖라고 한다. 한편《사기지의》에서 여시는 좌우참이라고 한다.

② 旁有兩星曰衿방유양성왈금

색은 방성은 두 별이 있는데 금衿이라고 하며, 다른 데에는 '겸[其炎反]'
으로 발음한다고 했다. 〈원명포〉에서 "구鉤와 금衿의 두 별은 신부神府가
열려 펼쳐지는 것을 방지하고, 자물쇠를 주관하여 비상에 대비한다."고 했다.

房有兩星曰衿 一音其炎反 元命包云 鉤衿兩星 以閑防 神府闔舒 爲主鉤距 以
備非常也

정의 점성에서, 밝아져서 방성房星에 가까우면 천하가 마음을 함께한
다. 구鉤와 금鈐과 방房과 심心의 사이에 객성客星이 출현하고 먼 곳까지
탁 트여 있으면 모두 땅이 움직이는 상서로운 징조다.

占 明而近房 天下同心 鉤鈐房心之間有客星出及疏坼者 皆地動之祥也

신주 본문에서 글자 '鉤'가 탈락되었다고 여겨 번역에 반영했다.《사기
지의》에서 지적한 바이다.

③ 轄할

집해 서광이 말했다. "轄은 '할轄'로 발음한다."

徐廣曰 音轄

정의 《설문》에서 "할轄은 수레의 굴대에 지르는 빗장인데 두 개가 서로 등을 꿰고 있다."라고 했다. 《성경》에서 "관문의 자물쇠와 열쇠를 상징하는 하나의 별로, 방수의 동북쪽에 있는데, 열쇠와 자물쇠를 관장한다."라고 했다. 점성에서, 그곳에 머물고 있지 않으면 나루나 교량을 통하지 못하고 궁문이 막아지지 않는다. 그곳에 머물러 있으면 곧 이와 반대이다.

說文云 轄 車軸耑鍵也 兩相穿背也 星經云 鍵閉一星 在房東北 掌管籥也 占 不居其所 則津梁不通 宮門不禁 居 則反是也

④ 旗기

정의 양쪽의 기旗는 좌기左旗가 9성인데 하고河鼓(견우성의 다른 이름)의 왼쪽에 있고 우기右旗는 9성인데 하고河鼓의 오른쪽에 있으니, 모두가 하늘의 북과 깃발로서 정표로 삼은 것이다. 점성에서, 그 별이 밝고 크며 빛에 광채가 있으면 장차 군사가 길하고 그렇지 않으면 군사의 근심이 있게 된다. 그곳에 머물지 않으면 나루나 교량이 불통하고, 흔들리면 전쟁이 일어난다.

兩旗者 左旗九星 在河鼓左也 右旗九星 在河鼓右也 皆天之鼓旗 所以爲旌表 占 欲其明大光潤 將軍吉 不然 爲兵憂 及不居其所 則津梁不通 動搖 則兵起也

⑤ 天市천시

정의 천시天市는 23개의 별이다. 방수와 심수의 동북쪽에 있으며 국가의 시장과 교역하는 장소를 주관하는데, 일명 천기天旗라고도 한다. 밝으면 시장관리의 재촉으로 상인들이 이득이 없고, 홀연히 밝지 않으면 이와 반대이다. 시중에 별들이 많으면 한 해가 풍성하고 드물면 한 해가 공허하다. 형혹성(화성)이 침범하면 불충한 신하를 도륙하게 된다. 혜성이 나타나면 시장이 옮겨져 도시에서 교역하게 된다. 객성이 침입하면 전쟁이 크게 일어나고, 나가면 귀인貴人의 상사喪事가 있다.

天市二十三星 在房心東北 主國市聚交易之所 一曰天旗 明則市吏急 商人無利 忽然不明 反是 市中星衆則歲實 稀則歲虛 熒惑犯 戮不忠之臣 彗星出 當徙市 易都 客星入 兵大起 出之 有貴喪也

⑥ 秏모

정의 모秏는 가난해서 없는 것이다.

秏 貧無也

왼쪽에 있는 것이 이성李星으로 각수角宿는 법관이고, 오른쪽에 있는 것은 장성將星으로 각수는 장군이다.[1] 대각大角은 천왕의 제 정帝廷(조정)이다.[2] 그 양쪽 곁에 각각 세 별이 있는데, 정鼎의 세 발처럼 굽어 있어 섭제攝提[3]라고 한다. 섭제는 직선으로 북두의 표성杓星이 (인의 방향을) 가리키는 곳에 마주하고 있으면서 계절의 절기를 가리킨다. 그래서 '섭제격'이라고 한다.

左角 李 右角 將[1] 大角者 天王帝廷[2] 其兩旁各有三星 鼎足句之 曰攝 提[3] 攝提者 直斗杓所指 以建時節 故曰 攝提格

---

① 左角 李 右角 將좌각 리 우각 장

색은 이李는 곧 이理인데, 이理는 법관이다. 그러므로 〈원명포〉에서 "좌

각은 물物을 다스려 일으키고 우각은 장수로 움직인다."고 했다. 또 석씨는 "좌각左角은 하늘 밭이고 우각右角은 하늘 문이다."고 했다.

李即理 理 法官也 故元命包云 左角理物以起 右角將帥而動 又石氏云 左角爲
天田 右角爲天門也

② 大角者 天王帝廷대각자 천왕제정

[색은] 대각은 천왕제의 조정이다. 살펴보니《효경위》〈원신계〉에서 "대각은 좌후坐候가 된다."고 했다. 송균이 말했다. "좌坐는 제왕의 자리이다."

大角 天王帝廷 案 援神契云 大角爲坐候 宋均云 坐 帝坐也

[정의] 대각의 한 별은 양쪽의 섭제 사이에 있으니 군주의 상징이다. 점성에서, 그 별이 밝고 성대하며 누렇게 빛나면 천하가 크게 화합한다.

大角一星 在兩攝提間 人君之象也 占 其明盛黃潤 則天下大同也

③ 攝提섭제

[집해] 진작이 말했다. "솥의 굽은 발과 같다."

晉灼曰 如鼎之句曲

[색은] 살펴보니〈원명포〉에서 "섭제는 제휴하는 것을 말한다. 북두를 이끌고 각수를 끌어서 아래와 접촉하게 한다는 말이다."고 했다.

案 元命包云 攝提之爲言提攜也 言提斗攜角以接於下也

[정의] 섭제의 여섯 별은 대각大角을 끼고 있으니, 대신의 상징이다. 항상 북두의 표杓가 가리키는 곳에 마주하여 여덟 가지의 절도를 실마리로 삼아 만사를 살핀다. 점성에서, 빛이 부드럽고 따뜻하나 밝지 않고 크면 군주가 두려워하고, 객성이 들어오면 성인이 제약을 받는다.

攝提六星 夾大角 大臣之象 恆直斗杓所指 紀八節 察萬事者也 占 色溫溫不明

而大者 人君恐 客星入之 聖人受制也

항수亢宿는 바깥 묘정으로^① 질병을 주관한다. 그 남쪽과 북쪽의
두 큰 별을 남문이라고^② 한다. 저수氐宿는 (각수와 항수의 아래에 매어
있어) 천근天根이라고 하는데^③ 역질을 주관한다.^④

亢爲疏廟^① 主疾 其南北兩大星 曰南門^② 氐爲天根^③ 主疫^④

---

① 亢爲疏廟항위소묘

색은 〈원명포〉에서 "항수의 네 별은 묘정이 된다."고 했다. 또 〈문요구〉
에서 소묘疏廟가 된다고 했고, 송균은 소疏를 외外로 여겼다. 묘廟를 어떤
이는 조朝라고 했다.

元命包曰 亢四星爲廟廷 又文耀鉤 爲疏廟 宋均以爲疏 外也 廟 或爲朝也

정의 정사를 듣는 곳이다. 그 점성에서, 밝고 크면 보좌하는 신하가 충
성하고 천하가 편안하다. 그렇지 않으면 이와 반대이다.

聽政之所也 其占 明大 則輔臣忠 天下寧 不然 則反是也

② 南門남문

정의 남문의 두 별은 고루庫樓 남쪽에 있는데 하늘의 바깥문이다. 점성
에서, 밝으면 저와 강족이 조공을 바치고 어두우면 여러 이족이 반란을
일으킨다. 객성이 머물면 밖의 군사가 장차 이른다.

南門二星 在庫樓南 天之外門 占 明則氐 羌貢 暗則諸夷叛 客星守之 外兵且至也

③ 氐爲天根저위천근

[색은] 《이아》에서 "천근天根은 저수이다."라고 했다. 손염은 각수와 항수가 저성氐星 아래에서 매어 있는 것이 마치 나무에 뿌리가 있는 것과 같다고 여겼다.

爾雅云 天根氐也 孫炎以爲角亢下繫於氐 若木之有根也

[정의] 《성경》에서 "저氐의 네 별은 길에서 자는데 거처하는 곳에서 정사를 듣는다. 점성에서, 밝고 크면 신하가 법도를 받들게 된다."고 했다. 《춘추위》〈합성도〉에서 "저氐는 잠자는 궁이다."라고 했다.

星經云 氐四星爲路寢 聽朝所居 其占 明大 則臣下奉度 合誠圖云 氐爲宿宮也

④ 主疫주역

[색은] 송균이 말했다. "역疫은 질병이다. 3월에 느릅나무 꼬투리가 떨어지므로 질병을 주관한다. 그러나 이때에 사물이 비록 자라나도 태양이 규奎에서 묵어 독기를 행하므로 역질이 있다."

宋均云 疫 病也 三月楡莢落 故主疾疫也 然此時物雖生 而日宿在奎 行毒氣 故有疫也

[정의] 저, 방, 심의 세 별은 화火가 되고 12지지에서 묘卯에 있으며, 송나라 분야이다.

氐房心三宿爲火 於辰在卯 宋之分野

미수尾宿는 아홉별의 자성子星이 있는데[1] 군주와 신하를 말한다. 서로 물리쳐 멀리 떨어져 있게 되면 화목하지 못하다. 기수箕宿는 까부는 세객이 되어[2] 구설口舌[3]이라고 한다. 화성이 각수를 침범하여 머무르면[4] 전쟁이 있다. 그래서 (화성이) 방수와 심수를 범하는 것을 왕들은 싫어한다.[5]

尾爲儿子[1] 曰君臣 斥絶 不和 箕爲敖客[6] 曰冂舌[3] 火犯守角[4] 則有戰房心 王者惡之也[5]

① 尾爲九子미위구자

색은 송균이 말했다. "후궁의 마당에 속하므로 겸해서 아들을 얻는다. 아들이 반드시 9명인 것은 미수의 아홉별을 취했기 때문이다."〈원명포〉에서 말한다. "미수의 9성과 기수의 4성이 후궁의 마당이다."

宋均云 屬後宮場 故得兼子 子必九者 取尾有九星也 元命包云 尾九星 箕四星 爲後宮之場也

정의 미수와 기수이다. 미수는 석목析木(동북동, 1월)의 나루가 되고 12지지에서 인寅에 있으며, 연나라 분야이다. 미수의 9성은 후궁이 되고 또한 아홉 아들도 된다. 심수에 가까운 첫째별이 후后가 되고 다음 세 별이 비妃가 되며 다음 세 별이 빈嬪이 되고 끝의 두 별은 첩이 된다. 점성에서, 고르게 밝으며 크고 작은 별이 서로 계승하면 후궁이 차례로 아들을 많이 낳고 그렇지 않으면 아들이 없다. 금성과 화성이 머물면 후궁에서 군사가 일어나고, 만약 명암이 일정하지 않으면 비妃와 적실嫡室이 어긋나고 첩과 잉첩이 질서를 잃는다.

尾 箕 尾爲析木之津 於辰在寅 燕之分野 尾九星爲後宮 亦爲九子 星近心第一
星爲后 次三星妃 次三星嬪 末二星妾 占 均明 大小相承 則後宮敍而多子 不然
則不 金火守之 後宮兵起 若明暗不常 妃嫡乖亂 妾勝失序

신주 위 본문의 '군신君臣'은 잘못된 말이며, 위의 주석들처럼 후비를 상
징하니 '군희群姬'가 맞을 것이다. 《사기지의》에서는 왕효겸의 의견을 다
음과 같이 싣고 있다. "미수는 후궁을 주관하는데, 어찌 군신이 거듭 미
수에 해당하겠는가? 아마 '군신'은 '군희'를 잘못 쓴 것이다. 물리쳐 끊어
지면, 즉 여러 후궁들이 불화한다는 것이다. 《한서》〈천문지〉에서는 '오객
敖客' 아래 '후비지부后妃之府' 네 자가 있다."

② 箕爲敖客기위오객

색은 송균이 말했다. "오敖는 조롱하는 것이다. 기箕(키)는 키질하는 것
으로 조롱의 상징이다. 기箕는 또 사물을 받아 버릴 것은 버리고 가져올
것은 가져오는 것으로 객客의 상징이다."

宋均云 敖 調弄也 箕以簸揚 調弄象也 箕又受物 有去去來來 客之象也

정의 敖는 '오傲'로 발음한다. 기箕는 8풍八風을 주관하고 또한 후비后妃
의 부府이다. 기수가 옮겨서 은하로 들어가면 나라 사람들은 서로를 잡아
먹게 된다. 그리고 금성과 화성이 머물면 천하가 어지러워진다. 달이 그 구
역에 머물러 있으면 바람이 일어난다.

敖音傲 箕主八風 亦后妃之府也 移徙入河 國人相食 金 火入守 天下亂 月宿其
野 爲風起

③ 口舌구설

색은 《시경》에서 "남쪽에는 기箕의 별이 있어, 혓바닥을 늘어뜨리는 듯

하다."라고 했다. 또《시경위》에서 "기箕는 하늘의 입이 되는데 기氣가 나가는 것을 주관한다."고 했으니, 이는 기수에 혀가 있어서 참소하는 말을 상징한다. 《시경》에서 "입을 크게 벌린 것이 남기성 같은 모양을 이루었네."라고 했으니, 시비 거는 세객이 있어 돌아다니며 면담하기를 청한 것을 이른다.

詩云 維南有箕 載翕其舌 又詩緯云 箕爲天口 主出氣 是箕有舌 象讒言 詩曰 哆兮侈兮 成是南箕 謂有敖客行謁請之也

④ 火犯守角화범수각

[색은] 살펴보니 위소가 말했다. "화성은 형혹성이다."

案 韋昭曰 火 熒惑也

⑤ 房心 王者惡之也방심 왕자오지야

[정의] 형혹성이 기수와 미수와 저수를 침범해 머물러서 저절로 꺼끄러기 같은 빛살이 생기면 전쟁의 일이 있게 된다. 만약 형혹성이 방수와 심수에 머물러 저절로 꺼끄러기 같은 빛살이 생기면 왕이 이를 싫어한다.

熒惑犯守箕 尾 氐星 自生芒角 則有戰陣之事 若熒惑守房 心 及房 心自生芒角 則王者惡之也

3. 남궁 주조朱鳥

남궁南宮은 주작朱雀[1]을 상징하는데, 권權과 형형衡[2]이 있다. 형형衡은 태미太微라고 하는데 삼광三光인 해와 달과 오성의 궁정宮庭이다.[3] (태일太一을) 호위하는 12별은 번신이다.[4] 서쪽은 장군이고, 동쪽은 재상이고, 남쪽의 네 별은 법관이다. 중앙은 단문端門이고, 단문의 좌우는 액문掖門이다. 문안의 6성은 제후이다.[5] 그 안의 5성은 오제좌五帝坐이다.[6] 뒤에 15별이 빽빽하게 모여 있는데[7] 이는 낭위郎位[8]이다. 곁의 큰 별 하나는 장위성將位星이다.[9]

南宮朱鳥[1] 權[2] 衡 太微 三光之廷[3] 匡衛十二星 藩臣[4] 西 將 東 相 南四星 執法 中 端門 門左右 掖門 門內六星 諸侯[5] 其內五星 五帝坐[6] 後聚一十五星 蔚然[7] 曰郎位[8] 傍一大星 將位也[9]

① 南宮朱鳥남궁주조

정의 유수柳宿의 8성은 주작의 부리이고, 하늘의 부엌이며 음식을 올리는 것과 좋은 맛을 주관한다.

柳八星爲朱鳥味 天之廚宰 主尙食 和滋味

② 權衡권형

집해 맹강이 말했다. "헌원이 권權이 되고 태미가 형형衡이 된다."

孟康曰 軒轅爲權 太微爲衡

색은 살펴보니 〈문요구〉에서 "남궁은 적제이고 그 정령은 주작이다."라고 했다. 맹강이 말했다. "헌원이 권權이 되고 태미가 형형衡이 된다."

案 文耀鉤云 南宮赤帝 其精爲朱鳥 孟康曰 軒轅爲權 太微爲衡也

정의 권權의 네 별은 헌원의 꼬리 서쪽에 있어 봉화를 주관하고 급한 변고에 대비한다. 점성에서, 밝으면 안정되고 밝지 않으면 급한 변고를 경계하라는 것이다. 동요하면 꺼끄러기 빛살이 생기는 것이 또한 이와 같다. 형衡은 태미의 뜰이다.

權四星在軒轅尾西 主烽火 備警急 占以明爲安靜 不明 則警急 動搖芒角亦如之 衡 太微之庭也

③ 太微 三光之廷태미 삼광지정

색은 송균이 말했다. "태미는 천제의 남궁이다. 삼광은 일월과 오성이다."

宋均曰 太微 天帝南宮也 三光 日 月 五星也

④ 匡衛十二星 藩臣광위십이성 번신

색은 12별은 번신이다. 《춘추위》〈합성도〉에서 "태미는 법식을 주관하고 12별을 진열시켜 군사가 위급해지는 것에 대비한다."고 했다.

十二星 蕃臣 春秋合誠圖曰 太微主法式 陳星十二 以備武急也

정의 태미궁원의 10별은 익翼과 진軫의 땅에 있는데, 천자의 궁정이고 오제五帝의 자리이며 12제후의 부府이다. 그 바깥의 번신은 구경九卿이다. 남번 안의 두 별 사이가 단문端門이 된다. 다음 동쪽의 제1의 별은 좌법관으로 정위廷尉를 상징한다. 제2의 별은 상상上相이 되고, 제3의 별은 차상次相이 되고, 제4의 별은 차장次將이 되고, 제5의 별은 상장上將이 된다. 단문端門 서쪽의 제1의 별은 우법관이 되고 어사대부를 상징한다. 제2의 별은 상장이 되고, 제3의 별은 차장이 되고, 제4의 별은 차상이 되고, 제5의 별은 상상이 된다.

그 동쪽 담의 북쪽에 좌법관과 상상 두 별 사이의 이름은 좌액문左掖門이다. 좌액문과 상상 두 별 사이의 이름은 동화문東華門이다. 상상과 차상 및 상장과 차장 사이의 이름은 태양문太陽門이다. 그 서쪽 담의 우법관과 상장 사이의 이름은 우액문右掖門이다. 우액문과 상장 사이의 이름은 서화문西華門이다. 차장과 차상 사이의 이름은 중화문中華門이다. 중화문과 차상 두 별 사이의 이름은 태음문太陰門이다. 각각 그 이름에 의지하는 것이 직무이다. 점성에서, 자궁원紫宮垣과 동일하다.

太微宮垣十星 在翼軫地 天子之宮庭 五帝之坐 十二諸侯之府也 其外藩 九卿也 南藩中二星間爲端門 次東第一星爲左執法 廷尉之象 第二星爲上相 第三星爲次相 第四星爲次將 第五星爲上將 端門西第一星爲右執法 御史大夫之象也 第二星爲上將 第三星爲次將 第四星爲次相 第五星爲上相 其東垣北左執法 上相兩星間名曰左掖門 上相兩星間名曰東華門 上相次相上將次將間名曰太陽門 其西垣右執法上將間名曰右掖門 上將間名曰西華門 次將次相間名曰中華門 次相兩星間名曰太陰門 各依其名 是其職也 占與紫宮垣同也

⑤ 西將～六星諸侯서장～육성제후

[정의] 안의 다섯 명의 제후가 오성인데 제정帝庭에 줄지어 있다. 그 별들은 모두 빛나고 윤택하기를 바란다. 만약 건조하면 각각 그 거처하는 곳은 재변을 받아 크게는 처형에 이르고 작게는 유랑하게 된다. 만약 동요하면 명령을 멋대로 하여 군주를 간섭하게 된다. 그 분수를 살펴서 점을 치면 의혹이 없다. 또 이르기를 제후의 오성은 동정東井이나 북하北河에 있으면서 간악한 자는 배척하고 공로가 있는 자는 천거하는 것을 주관하여 걱정이 되지 않도록 경계한다고 했다. 또 이르기를 음양을 다스리고 득실을 살핀다고 했다.

첫째는 제사帝師이고, 둘째는 제우帝友이고, 셋째는 삼공三公이고, 넷째는 박사博士이고, 다섯째는 태사太史이다. 이상의 다섯 가지는 천자를 위해 의심할 만한 사인을 정해 의논하는 것이다. 점성에서, 밝고 크고 윤택하며 크고 작은 것들이 등급을 갖추면 국가에 복이 있다. 그렇지 못하면 상하가 서로 시기하고 충신이 등용되지 못한다.

內五諸侯五星 列在帝庭 其星並欲光明潤澤 若枯燥 則各於其處受其災變 大至誅戮 小至流亡 若動搖 則擅命以干主者 審其分以占之 則無惑也 又云諸侯五星在東井北河 主刺擧 戒不虞 又曰理陰陽察得失 一曰帝師 二曰帝友 三曰三公 四曰博士 五曰太史 此五者 爲天子定疑議也 占 明大潤澤 大小齊等 則國之福 不然 則上下相猜 忠臣不用

신주 《사기지의》에서는 6성이 아니라 5성이 옳다고 하고, 《사기》와 《한서》가 모두 잘못된 것이라고 지적했다.

⑥ 其內五星 五帝坐기내오성 오제좌

색은 《시경위》〈함신무〉에서 말한다. "오정 성좌는 그 동쪽이 창제좌이고 신의 이름은 영위앙靈威仰이며 정령은 청룡의 종류라는 것이 이것이다."
詩含神霧云 五精星坐 其東蒼帝坐 神名靈威仰 精爲靑龍之類是也

정의 황제좌 한 개의 별은 태미궁 안에 있어 추뉴樞紐(사물의 관건이나 중심)의 신을 품는다. 4성이 황제좌를 끼고 있다. 창제는 동쪽의 영위앙신靈威仰神이고, 적제는 남쪽의 적표노신赤熛怒神이고, 백제는 서쪽의 백소구신白昭矩神이고, 흑제는 북쪽의 협광기신叶光紀神이다. 오제를 나란히 두어 신령들의 계책을 모은다. 점성에서, 오제좌가 밝고 빛이 나면 천자가 천지의 마음을 얻는다. 그렇지 않으면 지위를 잃는다. 금성과 화성이 와서 머무르면 태미성으로 들어온다. 만약 궤도를 따라 들어오면 나가는 곳을 살핀다. 그래서 머무르게 되면 천자에게 주벌을 당한다고 여겼다. 거꾸로 들어와 궤도를 따르지 않는다면 적에게 침범을 당한다고 여겼으니, 이름하기를 중좌(오제좌를 침범하는 것)와 성형(복과 재앙의 형태가 나타나는 것)이라고 했다.

黃帝坐一星 在太微宮中 含樞紐之神 四星夾黃帝坐 蒼帝東方靈威仰之神 赤帝南方赤熛怒之神 白帝西方白昭矩之神 黑帝北方叶光紀之神 五帝並設 神靈集謀者也 占 五座明而光 則天子得天地之心 不然 則失位 金火來守 入太微 若順入軌道 司其出之 所守 則爲天子所誅也 其逆入 若不軌道 以所犯 名之中坐成形

신주 《상서》〈천문지〉에는 '백소구지신白招矩之神'으로 되어 있다.

⑦ 熛然울연

집해 서광이 말했다. "다른 데에는 '애오哀烏'로 되어 있다."

徐廣曰 一云哀烏

⑧ 郎位낭위

색은 서광이 말한 다른 데에는 '애오哀烏'로 되어 있다는 것을 살펴보니 《한서》에서 '애오'로 되어 있는데 곧 '애오'와 '위연(별이 나란히 있는 모양)'은 모두 별의 모양이다. 그 별은 낭위郎位가 된다.

徐廣云 一云哀烏 案 漢書 作哀烏 則哀烏熛然 皆星之貌狀 其星爲郎位

정의 낭위郎位는 15별이고 태미 안에 제帝의 자리 동북쪽에 있다. 주周의 원사元士이고 한漢의 광록대부, 중산대부, 간의대부이며 이 세 부서는 낭중으로 지금의 상서랑尚書郎이다. 점성에서, 크고 작은 것들이 골고루 빛나길 바라는데, 빛의 윤기가 일정하면 길하다.

郎位十五星 在太微中帝坐東北 周之元士 漢之光祿 中散 諫議 此三署郎中 是
今之尚書郎 占 欲其大小均耀 光潤有常 吉也

⑨ 傍一大星將位也방일대성장위야

[색은] 살펴보니 송균이 말했다. "여러 낭위의 장수가 이것이다."

案 宋均云 爲羣郎之將帥是也

[정의] 將은 '장[子象反]'으로 발음한다. 낭장은 하나의 별로 낭위의 동북
쪽에 있어 무력을 갖추는 것이며 지금의 좌우중랑장이다. 점성에서, 크고
밝으면 각수角宿가 장차 방자해져서 감당하지 못한다.

將 子象反 郎將一星 在郎位東北 所以爲武備 今之左右中郎將 占 大而明 角 將
恣不可當也

달과 오성이 (서쪽에서) 들어와 궤도를 따라 도는데① 그들이 나갈
때 머문 곳을 살펴서 천자가 처벌한다.② 만일 (동쪽에서) 거꾸로 들
어왔는데 궤도를 따르지 않으면 천자는 주벌한다. 천자의 별자리
를 침범하는 형상이 나타나면,③ 많은 신하들이 음모를 일으켜 위
를 범하는 현상이 된다. 금성과 화성이 침범하면 더욱 심각하다.④
태미정太微庭의 번신에 해당되는 별이 서쪽으로 다섯 개 늘어져
있는데,⑤ 소미少微라고 하며 사대부를 상징한다.⑥ 권성權星은 헌
원軒轅이다. 헌원은 황룡의 형상이며⑦ 앞의 큰 별은 여주인을 상
징한다. 곁의 작은 별은 시종侍從과 후궁들이다. 달과 오성이 침범
하여 (권성에) 머물면, 형형衡의 점성과 같게 된다.⑧

月五星順入 軌道^① 司其出 所守 天子所誅也^② 其逆入 若不軌道 以所
犯命之 中坐 成形^③ 皆群下從謀也 金火尤甚^④ 廷藩西有隨星五^⑤ 曰少
微士大夫^⑥ 權 軒轅 軒轅 黃龍體^⑦ 前大星 女主象 旁小星 御者後宮屬
月五星守犯者 如衡占^⑧

① 月五星順入 軌道월오성순입 궤도

[색은] 위소가 말했다. "궤도를 따라 거역하지 않는다는 것을 이른다. 순
입順入은 서쪽을 따라 들어오는 것이다."

韋昭云 謂循軌道不邪逆也 順入 從西入之也

[정의] 달과 오성이 궤도를 따라 차례로 들어와 태미정太微庭으로 들어
감을 말한다.

謂月五星順入軌道 入太微庭也

② 司其出所守 天子所誅也사기출소수 천자소주야

[색은] 송균이 말했다. "태양과 달과 오성이 늘어서 있는 별들에 점거당
하고 있는 바를 관리에게 살피게 한 것은 마치 관리들이 떠나라고 청했는
데도 점거하여 10일 동안 떠나지 않으면 이에 천자가 토벌해서 처단하라
고 명령하는 것과 같은 것이다."

宋均云 司察日 月 五星所守列宿 若請官屬不去十日者 於是天子命使誅討之也

③ 其逆入～中坐成形기역입～중좌성형

[집해] 진작이 말했다. "중좌中坐는 제좌帝坐를 침범한 것이며, 성형成形
은 재앙과 복의 형상이 나타난 것이다."

晉灼曰 中坐 犯帝坐也 成形 禍福之形見也

색은 그것이 역행해서 들어와 궤도를 따르지 않았다는 것이다. 송균이 말했다. "역행으로 들어온 것은 동쪽을 따라 들어온 것이다. 궤도를 따르지 않았다는 것은 편안한 거리를 거치지 않고 들어온 것이다. 그 명령을 범한 것을 또한 범한 지위에 따른 것이라고 이르고, 천자가 명해서 그 사람을 처벌한다."

其逆入 不軌道 宋均云 逆入 從東人 不軌道 不由康衢而入者也 以其所犯命之者 亦謂隨所犯之位 天子命誅其人也

정의 명命은 명名이다. 달과 오성이 거꾸로 들어와 궤도에 의하지 않고 태미 안의 제좌帝坐를 범한 것을 살펴서 제좌에서 반드시 그의 형벌을 성취시키는데, 모두 많은 아랫사람이 서로 따르며 윗사람을 꾀했다고 한 것이다.

命 名也 謂月五星逆入 不依軌道 司察其所犯太微中帝坐 帝坐必成其刑戮 皆是羣下相從而謀上也

④ 金火尤甚금화우심

색은 살펴보니 화火는 사물을 녹이는 것을 주관하고 금金은 군사가 된다. 그러므로 더욱 위급하다. 그렇다면 목성, 수성, 토성은 작은 변화이다.

案 火主銷物而金爲兵 故尤急 然則木 水 土爲小變也

정의 만약 금성과 화성이 거꾸로 들어와 궤도를 따르지 않고 제좌를 범하면 달이나 수성, 토성, 목성이 들어오는 것보다 더욱 심각하다.

若金火逆入 不軌道 犯帝坐 尤甚於月及水 土 木也

⑤ 廷藩西有隋星五정번서유타성오

隋는 '퇘[他果反]'로 발음한다.

隋音他果反

송균이 말했다. "남북이 타隋가 된다. 또 '퇘[他果反]'로 발음한다. 타는 아래로 늘어진 것이다."

宋均云 南北爲隋 又他果反 隋爲垂下

⑥ 少微士大夫소미사대부

《춘추위》〈합성도〉에서 "소미는 처사의 자리이다."라고 했다. 또 〈천관점〉에서 "소미는 일명 처사성이다."라고 했다.

春秋合誠圖云 少微 處士位 又天官占云 少微 一名處士星也

정廷은 태미정太微廷이다. 번藩은 위衛이다. 소미의 네 별은 태미의 서쪽에 남북으로 벌려 있다. 제1성은 처사處士이다. 제2성은 의사議士, 제3성은 박사博士, 제4성은 대부大夫다. 점성에서, 밝고 크며 누렇게 빛나면 어진 선비가 천거되고 밝지 않으면 이와 반대다. 달과 오성이 침범하여 머물면 처사들은 시름하고 재상은 안일한 것이다.

廷 太微廷 藩 衞也 少微四星 在太微西 南北列 第一星 處士也 第二星 議士也 第三星 博士也 第四星 大夫也 占以明大黃潤 則賢士舉 不明 反是 月五星犯守 處士憂 宰相易也

⑦ 權軒轅 ～ 黃龍體권헌원～황룡체

맹강이 말했다. "형상이 솟아오르는 용과 같다."

孟康曰 形如騰龍

《효경위》〈원신계〉에서 "헌원은 12개의 별로 후궁이 거처하는 곳에 있다."라고 했다. 석씨의 《성찬》에서 헌원은 용의 몸이며 후비를 주관한다고 했다.

援神契曰 軒轅十二星 后宮所居 石氏星讚以軒轅龍體 主后妃也

정의 헌원의 17성은 칠성七星의 북쪽에 있으며 황룡의 몸체로, 우레와
비의 신을 주관하고 후궁을 상징한다. 음양이 교감하여 격동하면 우레와
번개가 되고, 화락하면 비가 된다. 노하면 바람이 되고 어지러워지면 안개
가 되며, 엉기면 서리가 되고 흩어지면 이슬이 된다. 모으면 구름이 되고
세우면 무지개가 되며, 떠나면 뒤따르는 햇무리와 달무리가 되고 나누어
지면 감싸는 햇무리와 달무리가 된다. 24번의 변화는 모두 헌원씨가 주관
했다.

　그 큰 별은 여주인이다. 다음 북쪽의 별 하나는 부인夫人이다. 다음 북
쪽의 별 하나는 비妃이다. 그 다음 여러 별은 모두 차비次妃들이다. 여주
인 남쪽의 작은 별은 여어女御이다. 왼쪽의 별 하나는 소민小民이고 후종
后宗이다. 오른쪽의 별 하나는 대민大民이고 태후종太后宗이다.

　점성에서, 그것들이 조금 누렇고 밝기를 바라는 것은 길하기 때문이다.
크게 밝으면 후궁들이 서로 다투게 된다. 이사하면 나라 사람들이 동서로
흩어진다. 모서리에서 빛나 크게 펴지고 떨치면 후비의 가족이 무너진다.
수성, 화성, 금성이 헌원에 머물면 여주인이 싫어한다.

軒轅十七星 在七星北 黃龍之體 主雷雨之神 後宮之象也 陰陽交感 激爲雷電
和爲雨 怒爲風 亂爲霧 凝爲霜 散爲露 聚爲雲氣 立爲虹蜺 離爲背璚 分爲抱珥
二十四變 皆軒轅主之 其大星 女主也 次北一星 夫人也 次北一星 妃也 其次諸
星皆次妃之屬 女主南一小星 女御也 左一星 少民 后宗也 右一星 大民 太后宗
也 占 欲其小黃而明 吉 大明 則爲後宮爭競 移徙 則國人流迸 東西角大張而振
后族敗 水 火 金守軒轅 女主惡也

⑧ 前大星~如衡占전대성~여형점

색은 송균이 말했다. "책무는 후비의 무리가 즐거워하는데 달려있으니, 참소와 해침이 일어나면 이러한 징조를 부르는 것이다." 살펴보니 또한 당연히 천자의 명으로 처벌하는 것이다.

宋均云 責在后黨嬉 讒賊興 招此祥 案 亦當天子命誅也

동정東井은 물의 일을 다스린다.① 그 서쪽의 굽은 별이 월성鉞星이다.② 월성의 북쪽은 북하北河이고, 남쪽은 남하南河이다.③ 남하와 북하와 천궐天闕 사이는 관문과 다리가 된다.④ 여귀輿鬼는 제사지내는 일을 주관하는데, 중앙의 흰 별이 질성이다.⑤ 화성이 남하와 북하에 머물면 전쟁이 일어나고 곡식이 익지 않는다. 그러므로 덕은 형衡에서 이루어지고, 관찰하는 것은 황潢에서 이루어진다.⑥ 손상되는 것은 월성에 나타나고,⑦ 재앙은 정수井宿에 나타나며,⑧ 처단하는 것은 질성에 나타난다.⑨

東井爲水事① 其西曲星曰鉞② 鉞北北河南南河③ 兩河天闕間爲關梁④
輿鬼鬼祠事 中白者爲質⑤ 火守南北河兵起 穀不登 故德成衡觀成潢⑥
傷成鉞⑦ 禍成井⑧ 誅成質⑨

---

① 東井爲水事동정위수사

색은 〈원명포〉에서 "동정 8성은 물의 균형을 주관한다."고 했다.

元命包云 東井八星 主水衡也

② 其西曲星曰鉞기서곡성왈월

[정의] 동정에는 8성이 있는데, 월鉞은 한 별이고 여귀輿鬼는 네 별이다. 한 별은 질성이고 순수鶉首(남서남, 6월)가 되어 12지지는 미未에 있는데, 모두 진秦나라 분야이다. 한 개의 큰 별이 황도黃道를 경유하면 하늘의 정후亭候가 되어 물의 균형 잡는 일을 주관해서 법령으로 다스리는 것이 공평해진다. 왕이 법을 공평하게 사용하면 정수井宿가 밝고 끝이 벌어진다. 월鉞의 별 하나는 정수井宿의 앞에 붙어 살피는 일을 주관하여 사치를 부리고 음란하면 처단한다.

점성에서, 그것이 밝기를 바라지 않는다. 밝은 것이 정수와 가지런하거나 혹은 흔들리면 천자가 대신에게 도끼를 사용한다. 달이 정수에서 머물면 바람과 비의 이변이 있다.

東井八星 鉞一星 輿鬼四星 一星爲質 爲鶉首 於辰在未 皆秦之分野 一大星 黃道之所經 爲天之亭候 主水衡事 法令所取平也 王者用法平 則井星明而端列 鉞一星附井之前 主伺奢淫而斬之 占 不欲其明 明與井齊 或搖動 則天子用鉞 於大臣 月宿井 有風雨之變也

③ 鉞北北河南南河월북북하남남하

[정의] 남하는 세 별이고 북하도 세 별인데, 동정의 남북을 끼고 나누어 경계로 삼는다. 남하는 남계南戒이다. 첫째는 양문陽門이라 하고 또한 월문越門이라고도 한다. 북하는 북계北戒이다. 첫째는 음문陰門이라 하고 또한 호문胡門이라고도 한다. 양계의 사이는 삼광三光의 정해진 길이다.

점성에서, 남성이 보이지 않으면 남쪽 길이 통하지 않고 북성도 또한 이와 같다. 흔들리며 화성이 머무는 데에 이르면 중국에 전쟁이 일어난다. 또 이르기를 흔들리면 호胡와 월越이 변을 일으키고 혹은 가까운 신하와 연결된다고 한다.

南河三星 北河三星 分夾東井南北 置而爲戒 南河南戒 一曰陽門 亦曰越門 北
河北戒 一曰陰門 亦爲胡門 兩戒間 三光之常道也 占以南星不見 則南道不通
北亦如之 動搖及火守 中國兵起也 又云動則胡越爲變 或連近臣以結之

④ 天闕間爲關梁천궐간위관량

[색은] 송균이 말했다. "양하의 6성은 거역과 사악함을 안다. 관문과 다
리의 한계이니 사악과 거짓을 안다는 말이다."

宋均云 兩河六星 知逆邪 言關梁之限 知邪僞也

[정의] 궐구 두 별은 남하의 남쪽에 있는데 천자의 쌍궐이고, 제후의 양
관兩觀이며 또한 대궐 문에 공문을 내거는 부府를 상징한다. 금성과 화성
이 머물면 군사를 주관해서 궐 아래에서 싸운다.

闕丘二星 在南河南 天子之雙闕 諸侯之兩觀 亦象魏縣書之府 金 火守之 主兵
戰闕下也

⑤ 輿鬼～中白者爲質여귀～중백자위질

[집해] 진작이 말했다. "여귀輿鬼의 5성에서 그 안에 흰 별이 질성質星이
다."

晉灼曰 輿鬼五星 其中白者爲質

[정의] 여귀輿鬼 4성은 제사의 일을 주관하는 하늘의 눈이다. 밝게 보는
것을 주관해 간사한 계책을 살핀다. 동북성은 말을 늘리는 일을 주관하
고, 동남성은 군사를 늘리는 일을 주관한다. 서남성은 포백布帛을 쌓는 일
을 주관하고, 서북성은 금과 옥을 쌓는 일을 주관하는데 그 변화를 따라
점을 친다. 가운데 별 하나는 적시積屍가 되는데 일명 질質이라고 해서 상

사喪死와 제사를 주관한다.

　점성에서, 귀성鬼星이 밝고 크면 곡식이 풍성하고 밝지 아니하면 백성이 흩어진다. 질성은 가라앉아 밝지 않기를 바란다. 밝으면 전쟁이 일어나서 대신은 처벌당하고 아랫사람이 죽는다.

輿鬼四星 主祠事 天目也 主視明察姦謀 東北星主積馬 東南星主積兵 西南星主積布帛 西北星主積金玉 隨其變占之 中一星爲積屍 一名質 主喪死祠祀 占鬼星明大 穀成 不明 百姓散 質欲其沒不明 明則兵起 大臣誅 下人死之

⑥ 德成衡觀成潢덕성형관성황

집해　진작이 말했다. "일월과 오성이 궤도에 있지 않은 것이다. 형衡은 태미정이다. 관觀은 점占이다. 황潢은 오제의 수레이다."

晉灼曰 日月 五星不軌道也 衡 太微廷也 觀 占也 潢 五帝車舍

⑦ 傷成鉞상성월

집해　진작이 말했다. "해치고 손상시키는 점은 먼저 월성에 형상이 이루어진다."

晉灼曰 賊傷之占 先成形於鉞

색은　살펴보니 덕은 형衡에서 이룬다. 형(저울)은 물건을 공평하게 할 수 있다. 그러므로 덕의 공평함이 있다는 것은 먼저 형에서 형태가 이루어지기 때문이다. 관觀은 황潢에서 이루어진다. 제帝의 수레를 만들어 왕이 유람하면서 살피는 것을 말한다. 역시 먼저 황에서 형태가 이루어지기 때문이다. 상傷은 월鉞에서 이루어진다. 상傷은 무너지는 것이다. 왕이 덕을 무너뜨리는 것을 말한다. 역시 먼저 월鉞에서 형태가 이루어지기 때문이다. 무너지고 어지러워지면 도끼로 처단함이 있는 것을 말한다. 그러나 살펴보니 〈문요구〉에서 곧 "덕德은 황潢에서 이루고 패敗는 월鉞에서 이루어진다."라고 일렀는데 그 뜻이 다르다. 또 이 아래 문장의 '화성정禍成井', '주성질誅成質'은 모두 동정東井의 아래를 뜻하는 것이라서 모두 이곳에 나열해 놓았다.

案 德成衡 衡則能平物 故有德公平者 先成形於衡 觀成潢 爲帝車舍 言王者遊觀 亦先成形於潢也 傷成鉞者 傷 敗也 言王者敗德 亦先成形於鉞 以言有敗亂 則有鉞誅之 然案文耀鉤則云 德成潢 敗成鉞 其意異也 又此下文 禍成井 誅成質 皆是東井下義 總列於此也

⑧ 禍成井화성정

집해 진작이 말했다. "동정은 물의 일을 주관하는데 화성이 한 별에 들어와 그 곁에 있으면 천자가 장차 화火로 무너지므로 재앙이라고 한 것이다."

晉灼曰 東井主水事 火入一星居其旁 天子且以火敗 故曰禍也

⑨ 誅成質주성질

집해 진작이 말했다. "형혹성이 여귀와 천질로 들어가면 점성에서는 대신에게 처벌이 있다."

晉灼曰 熒惑入輿鬼 天質 占曰 大臣有誅

유수柳宿는 주조의 부리에 해당한다. 나무와 풀을 관장한다.① 칠
성七星은 주조의 목에 해당한다. 원궁員宮(원래 본문은 員官)이 되고
급한 일을 주관한다.② 장수張宿는 모이주머니다. 주방에 해당하는
데 손님의 접대를 주관한다.③ 익수翼宿는 날개와 깃촉이다. 먼 곳
의 손님을 주관한다.④

진수軫宿는 수레가 되고 바람을 주관한다.⑤ 그 곁의 작은 별 하나
가 장사長沙⑥인데 별이 밝기를 바라지 않는다. 밝기가 (진수의) 네
별과 같은데 만약 다섯 별이 진수軫宿 속으로 들어가게 되면 전쟁
이 크게 일어난다.⑦ 진수 남쪽의 많은 별을 천고天庫와 천루天樓⑧
라고 한다. 천고에는 오거五車가 있다. 이 거성車星에는 각角이 있
어서 사방을 비추는데, 그 빛이 더 많아지는데도 병장기를 구비하
지 못하면 수레와 말을 둘 곳조차도 없게 된다.

柳爲鳥注 主木草① 七星 頸 爲員官 主急事② 張 素 爲廚 主觴客③ 翼爲
羽翮 主遠客④ 軫爲車 主風⑤ 其旁有一小星 曰長沙⑥ 星星不欲明 明與
四星等 若五星入軫中 兵大起⑦ 軫南衆星 曰天庫樓⑧ 庫有五車 車星角
若益衆 及不具 無處車馬

① 柳爲鳥注 主草木유위조주 주초목

색은 살펴보니《한서》〈천문지〉에서 '주注'는 '훼喙(부리)'로 되어 있다.
《이아》에서 "새의 부리를 유柳라고 이른다."고 했다. 손염은 "훼는 주조의
입이고 유柳는 그 별이 모여 있는 것이다."라고 했다. 주注(물을 대는 것)가
유성이 되므로, 초목을 주관한다.

案 漢書天文志 注作喙 爾雅云 鳥喙謂之柳 孫炎云 喙 朱鳥之口 柳其星聚也 以注爲柳星 故主草木

정의 喙는 '주[丁救反]'로 발음한다. 剕喙는 다른 데에는 '주注' 자로 되어 있다. 유수는 8성, 성수는 7성, 장수는 6성인데, 순화鶉火(남쪽, 하지가 있는 5월)가 되고 12지지는 오午에 있으며, 모두 주나라 분야이다. 유柳는 주조의 부리가 되는데 하늘의 부엌이며 음식을 올리는 것과 좋은 맛을 주관한다. 점성에서, 순하고 밝으면 길하다. 금성과 화성이 머물면 국가에 군사가 크게 일어난다.

喙 丁救反 一作注 柳八星 星七星 張六星 爲鶉火 於辰在午 皆周之分野 柳爲朱鳥喙 天之廚宰 主尚食 和滋味 占以順明爲吉 金 火守之 國兵大起

② 七星頸～主急事 칠성경～주급사

색은 일곱 별은 목인데 원궁員宮이 되고 급한 일을 주관한다. 살펴보니 송균이 말했다. "경頸은 주조의 목이다. 원궁은 목구멍이다. 물物이 목구멍에 막혀 있으면 마침내 오래 머무르지 못하므로 급한 일을 주관한다."

七星 頸 爲員宮 主急事 案 宋均云 頸 朱鳥頸也 員宮 喉也 物在喉嚨 終不久留 故主急事也

정의 7성의 목은 일명 천도天都(하늘의 도읍)라고 하고 의상이나 수놓은 문양을 주관하기도 하며 급한 일을 주관하기도 한다. 밝은 빛을 내면 길하고 어두운 빛을 내면 흉하다. 금성과 화성이 머물면 국가에 군사가 크게 일어난다.

七星爲頸 一名天都 主衣裳文繡 主急事 以明爲吉 暗爲凶 金火守之 國兵大起

신주 원래 본문은 '원관員官'이나 색은 에서 '원궁員宮'이라고 했으므로 그에 따라 해석했다. 《사기지의》에 따르면, 《한서》 이후로 〈천문지〉에서 모두 '宮'으로 썼다고 한다.

③ 張 素 爲廚 主觴客 장 소 위주 주상객

[색은] 소素는 모이주머니이다. 《이아》에서 "조장소라고 한다."고 했다. 곽박은 "소는 새가 먹이를 받는 곳이다."라고 했다.

素 嗉也 爾雅云 鳥張嗉 郭璞云 嗉 鳥受食之處也

[신주] 지금의 《이아》에는 '조장소鳥張嗉'가 '조왈소鳥曰嗉'로 되어 있다.

[정의] 장수는 6성인데, 6은 소嗉가 되어 하늘의 부엌에서 음식을 맛보고 손님을 접대하는 것을 주관한다. 점성에서, 밝으면 길하고 어두우면 흉하다. 금성과 화성이 머물면 국가에 군사가 크게 일어난다.

張六星 六爲嗉 主天廚食飲賞賚觴客 占以明爲吉 暗爲凶 金火守之 國兵大起

④ 翼爲羽翮 主遠客 익위우핵 주원객

[정의] 익수는 22개의 별이다. 진수軫宿는 4개, 장사長沙는 1개, 할성轄星은 2개의 별인데, 합친 진수 일곱 별이 모두 순미鶉尾(남동남, 4월)가 되며 12지지는 사巳에 있어 초나라 분야이다. 익수는 22개의 별로 하늘의 악부樂府가 되고 또 이민족을 주관하고 또한 먼 손님을 주관한다. 점성에서, 밝고 크면 예악이 일어나고 사방의 이민족들이 복종한다. 옮기면 천자가 군사를 일으켜 난을 일으킨 자들을 벌한다.

翼二十二星 軫四星 長沙一星 轄二星 合軫七星皆爲鶉尾 於辰在巳 楚之分野 翼二十二星爲天樂府 又主夷狄 亦主遠客 占 明大 禮樂興 四夷服 徙則天子擧兵 以罰亂者

⑤ 軫爲車 主風 진위거 주풍

색은 송균이 말했다. "진수 4성이 중앙을 차지하고 또 두 별이 좌우로 굴대처럼 있어 수레의 형상이 된다. 진軫은 손巽과 방위가 같고 바람이 되는데 수레가 움직여 신속하게 달려가는 것과 유사하다."

宋均云 軫四星居中 又有二星爲左右轄 車之象也 軫與巽同位 爲風 車動行疾 似之也

정의 진수 4성은 총재冢宰와 보신輔臣을 주관하고 또 수레와 기병을 주관하며 또한 바람도 주관한다. 점성에서, 밝고 크면 수레와 기병이 사용된다. 태백성이 머물면 천하의 학교가 흩어지고 글을 익힌 선비들이 실직하며 전쟁이 크게 일어난다. 형혹성이 머물면 남쪽에 천자의 명을 따르지 않는 나라가 있게 되어 마땅히 군사를 일으켜 정벌한다. 진성辰星(수성)이 머물면 서주徐州와 사수泗水에 살육이 있다.

軫四星 主冢宰輔臣 又主車騎 亦主風 占 明大 則車騎用 太白守之 天下學校散 文儒失業 兵戈大興 熒惑守之 南方有不用命之國 當發兵伐之 辰星守之 徐 泗 有戮之者

⑥ 長沙장사

정의 장사 한 별은 진수 속에 있고 수명을 주관한다. 점성에서, 밝으면 장수를 주관하고 자손이 창성한다.

長沙一星在軫中 主壽命 占 明 主長壽 子孫昌也

⑦ 若五星入軫中 兵大起약오성입진중 병대기

색은 송균이 말했다. "다섯 별은 사신을 보내는 것을 주관한다. 사신이 거동하면 군사와 수레가 또한 움직인다."

宋均云 五星主行使 使動 兵車亦動也

⑧ 天庫樓천고루

정의 천고는 한 별이고 태백을 주관하며 진나라 분야이다. 오거성 안에
있다.

天庫一星 主太白 秦也 在五車中

4. 서궁 함지咸池

> 서궁西宮[①]은 함지咸池[②]이고 천오황天五潢이라고 한다. 오황五潢
> 은 오제의 수레가 머무르는 곳이다.[③] 화성이 들어오면 가뭄이 들
> 고 금성이 들어오면 전쟁이 있으며 수성이 들어오면 수재水災가 있
> 다.[④] 중앙에 3주柱가 있는데 주柱가 구비되지 않으면 전쟁이 일어
> 난다.
> 규수奎宿는 봉시封豕(큰 멧돼지)라고도 하는데 구독溝瀆(도랑)을 관
> 장한다.[⑤] 누수婁宿는 취중聚衆이고[⑥] 위수胃宿는 천창天倉이다.[⑦]
> 그 남쪽 뭇별들은 괴적廥積이라고 한다.[⑧]
> 西宮[①]咸池[②] 曰天五潢 五潢 五帝車舍[③] 火入 旱 金 兵 水 水[④] 中有三
> 柱 柱 不具 兵起 奎曰封豕 爲溝瀆[⑤] 婁爲聚衆[⑥] 胃爲天倉[⑦] 其南衆星
> 曰廥積[⑧]

① 西宮서궁

색은 〈문요구〉에서 말한다. "서궁은 백제이고 그 정령은 백호이다."

文耀鉤云 西宮白帝 其精白虎

신주 북극성보다 40도 이남에 있는 일련의 별들이다. 규奎, 누婁, 위胃, 묘昴, 필畢, 자觜, 삼參을 포함한 한 무리의 별들로 백호성白虎星이라고도 한다.

② 咸池함지

정의 함지는 세 별인데 오거五車 안 천황天潢의 남쪽에 있으며 어조魚鳥 가 의탁하는 곳이다. 금성이 침범해 머물면 전쟁이 일어나고 화성이 머물 면 재난이 있다.

咸池三星 在五車中 天潢南 魚鳥之所託也 金犯守之 兵起 火守之 有災也

③ 五潢 五帝車舍오황 오제거사

색은 살펴보니 〈원명포〉에서 말한다. "함지咸池는 오곡을 주관하는데 그 별 다섯 개는 각각의 직분이 있다. 함지는 곡식이 물에서 태어나 이삭 을 품고 열매를 머금어 가을에 숙이는 것을 주관한다는 말이므로 일명 '오제거사'라고 하며, 수레에 곡식을 싣고 판매하는 것이다."

案 元命包云 咸池主五穀 有星五者各有所職 咸池 言穀生於水 含秀含實 主秋 垂 故一名五帝車舍 以車載穀而販也

정의 오거五車는 다섯 별이고 삼주三柱는 아홉 별로, 필수畢宿의 동북 쪽에 있으며 천자의 오병거사五兵車舍이다. 서북쪽의 큰 별은 천고天庫라 고 하는데 태백(금성)을 주관하며 진秦나라 분야이다. 다음 동북쪽은 천 옥天獄이며 진성(수성)을 주관하고 연나라와 조趙나라 분야이다. 다음 동 쪽은 천창天倉이며 세성(목성)을 주관하고 위衛나라와 노나라 분야이다. 다음 동남쪽은 사공司空이며 진鎭(토성)을 주관하고 초나라 분야이다. 다음으로 서남쪽은 경卿이며 형혹(화성)을 주관하고 위魏나라 분야이다.

　점성에서, 오거가 고르게 밝으며 주柱가 모두 나타나면 창고가 가득 차고 나타나지 않으면 그 나라에 식량이 떨어지고 전쟁이 일어난다. 오거와 삼주에 변화가 있으면 각각 그 분야의 나라가 점을 친다. 삼주가 들어와 1개월을 머물다 나가면 쌀의 가격이 세 배나 뛰고 2년 동안 기다려야 한다. 3개월을 머물다 나가면 쌀의 가격이 열 배가 뛰고 3년을 기다려야 한다. 삼주가 나가고 천창天倉과 함께 서로 가까이하지 않으면 군대가 출동하고 쌀은 귀해지고 곡식은 천리를 운반해야 한다. 삼주가 역행하면 더욱 심해진다. 화성이 들어오면 천하에 가뭄이 들고 금성이 들어오면 전쟁이 있고 수성이 들어오면 수재가 있다.

五車五星 三柱九星 在畢東北 天子五兵車舍也 西北大星曰天庫 主太白 秦也 次東北曰天獄 主辰 燕趙也 次東曰天倉 主歲 衞魯也 次東南曰司空 主鎮 楚也 次西南曰卿 主熒惑 魏也 占 五車均明 柱皆見 則倉庫實 不見 其國絶食 兵見起 五車三柱有變 各以其國占之 三柱入出一月 米貴三倍 期二年 出三月 貴十倍 期三年 柱出不與天倉相近 軍出 米貴 轉粟千里 柱倒出 尤甚 火入天下旱 金入兵 水入水也

④ 火入 旱 金 兵 水 水화입 한 금 병 수 수

│색은│ 화성과 금성과 수성이 오황五潢으로 들어오면 각각 이러한 재해가 이른다고 말했다. 살펴보니 송균이 말했다. "목성과 토성을 말하지 않은 것은 목성과 토성은 덕이 있는 별로 이에 해가 되지 않기 때문이다."

謂火金水 入五潢 則各致此災也 案 宋均云 不言木土者 木土德星 於此不爲害 故也

⑤ 奎曰封豕 爲溝瀆규왈봉시 위구독

정의 奎는 '규[苦圭反]'로 발음한다. 규수는 16별로 이루어졌다. 누婁는 세 별이며 강루降婁(서북서, 9월)가 되고 12지지로는 술戌이며 노나라 분야 이다. 규수는 하늘의 창고로써 천시天豕라 하고, 또한 봉시封豕라고도 하 며 도랑을 주관한다. 서남쪽의 큰 별을 이른바 천시목天豕目이라고 한다. 점성에서, 밝으면 길하다. 별들이 둥글게 되기를 바라지 않는데, 둥글어지 면 전쟁이 일어나게 된다. 어두우면 신하가 명을 범하는 허물이 있다. 또 한 열고 닫는 것에 일정함이 없기를 바라지 않는데, (만약 그러면) 흰 옷을 입고(상喪을 당한다는 말) 산골짜기에서 운명을 당하는 것에 해당한다. 오성 五星이 규수를 범하면 군주가 덕을 잃고 권세 있는 신하가 명을 멋대로 해도 금지할 수 없게 된다. 왕이 조상에 대한 제사를 지내는데 청결하지 못하면 규성이 흔들린다. 만약 불꽃처럼 광채가 있으면 가까운 신하가 주 상을 배반하는 것에 응하며 또한 서민들에게는 기근의 재액이 있다.

태백성이 규奎에 머물면 호胡와 맥貊족에 우환이 있는데 정벌할 만하 다. 형혹성이 머물면 수재의 우환이 있는데 3년 동안 이어진다. 전성塡星 이나 세성歲星이 머물면 중국은 이롭고 외국에는 불리해서 군사를 일으 키고 백성을 동원해 무도한 자들을 처단할 만하다.

奎 苦圭反 十六星 婁三星爲降婁 於辰在戌 魯之分野 奎 天之府庫 一曰天豕 亦 曰封豕 主溝瀆 西南大星 所謂天豕目 占以明爲吉 星不欲團圓 團圓則兵起 暗 則臣干命之咎 亦不欲開闔無常 當有白衣稱命於山谷者 五星犯奎 人主爽德 權 臣擅命 不可禁者 王者宗祀不潔 則奎動搖 若燄燄有光 則近臣謀上之應 亦庶 人饑饉之厄 太白守奎 胡貊之憂 可以伐之 熒惑星守之 則有水之憂 連以三年 塡星歲星守之 中國之利 外國不利 可以興師動衆 斬斷無道

⑥ 婁爲聚衆누위취중

[정의] 누婁의 세 별은 동산과 목장으로 희생을 길러서 제사에 제공하니, 또한 취중聚衆이라고 한다. 점성에서, 흔들리면 많은 군사가 모인다. 금성과 화성이 머물면 전쟁이 일어난다.

婁三星爲苑牧 養犧牲以共祭祀 亦曰聚衆 占 動搖 則衆兵聚 金火守之 兵起也

⑦ 胃爲天倉위위천창

[정의] 위수는 세 별이고 묘수는 7성이며, 필수는 8성으로 대량大梁(서쪽, 추분이 있는 8월)이 되는데, 12지지로는 유酉에 있으며 조趙나라 분야이다. 위수는 창고를 주관하는데, 오곡의 창고이다. 점성에서, 밝으면 천하가 화평하고 오곡이 잘 익는다. 그렇지 않으면 이와 반대다.

胃三星 昴七星 畢八星 爲大梁 於辰在酉 趙之分野 胃主倉廩 五穀之府也 占 明則天下和平 五穀豐稔 不然 反是也

⑧ 其南衆星曰廥積기남중성왈괴적

[집해] 여순이 말했다. "짐승의 여물이 쌓여 있는 것이 괴廥이다."
如淳曰 芻藁積爲廥也

[정의] 추고는 6성이며, 천원天苑의 서쪽에 있고 볏집을 쌓는 것을 주관한다. 나타나지 않으면 소와 말이 갑자기 죽고 화성이 머물면 재앙이 일어난다.

芻藁六星 在天苑西 主積藁草者 不見 則牛馬暴死 火守 災起也

묘수昴宿는 모두髦頭라고 하는데,[1] 호胡의 별이고 백의白衣(죽음)가 모인다. 필수畢宿는 한거罕車(사냥용 수레)라고 하는데[2] 변방의 군사가 되어 주살로 사냥하는 것을 주관한다. 그 큰 별 옆의 작은 별을 부이附耳[3]라고 한다. 부이가 흔들려서 다른 곳으로 옮기면 참소하는 난신들이 측근에 있다. 묘수와 필수 사이는 천가天街(하늘 거리)이다.[4] 그 북쪽은 음국陰國이고, 그 남쪽은 양국陽國이다.[5]

昴曰髦頭[1] 胡星也 爲白衣會 畢曰罕車[2] 爲邊兵 主弋獵 其大星旁小星 爲附耳[3] 附耳搖動 有讒亂臣在側 昴畢間爲天街[4] 其陰 陰國 陽 陽國[5]

① 昴曰髦頭묘왈모두

정의 묘昴는 일곱 별로 모두髦頭(제왕이 출궁할 때 앞에서 달리는 무사들이 쓰던 관모)가 되며 호胡 별이다. 또한 옥사에 관한 일을 한다. 별이 밝으면 천하의 옥사가 공평하고 어두우면 형벌이 넘쳐난다. 여섯 별이 큰 별과 동등하게 밝으면 장차 홍수가 나고 전쟁이 크게 일어난다. 도약하는 것처럼 요동치면 호족의 군사가 크게 일어난다. 한 개의 별이 보이지 않으면 모두 전쟁의 우환이 있다.

昴七星爲髦頭 胡星 亦爲獄事 明 天下獄訟平 暗爲刑罰濫 六星明與大星等 大水且至 其兵大起 搖動若跳躍者 胡兵大起 一星不見 皆兵之憂也

② 畢曰罕車필왈한거

색은 《이아》에서, 탁수濁宿를 필수라고 한다. 손염이 말했다. "토끼 잡는 그물을 필畢이라고 여겼고 혹은 흐리다고 해서 별 이름을 탁수로 불렀다고 이른다."

爾雅云 濁謂之畢 孫炎 以爲掩兔之畢 或呼爲濁 因名星云

[정의] 필畢은 8성이고 한거라고 한 것은 변방의 군사로 주살로 사냥을 주관하기 때문이다. 그의 큰 별을 천고天高 또는 변장邊將이라고 하고 사방 이족夷族에 대한 경계를 주관한다. 별이 밝고 크면 천하가 편안하고 먼 곳의 이족이 조공을 바치지만, 빛을 잃으면 변방이 어지러워진다. 필수가 움직이면 전쟁이 일어나고 달이 필수에 묵으면 비가 많이 온다. 모장은 "필은 토끼 잡는 그물이다."라고 했다.

畢八星 曰罕車 爲邊兵 主弋獵 其大星曰天高 一曰邊將 主四夷之尉也 星明大天下安 遠夷入貢 失色 邊亂 畢動 兵起 月宿則多雨 毛萇云 畢所以掩兔也

③ 附耳부이

[정의] 부이附耳는 한 개의 별로 필수 큰 별 아래에 속하고, 천고天高의 동남쪽 모퉁이에 차례 하여 군주를 위해 잘잘못을 듣고 허물을 살피는 것을 주관한다. 별빛이 밝으면 중국이 미약해지고 변방의 도적들이 놀란다. 이동하면 참소와 아첨이 행해지고 필수로 들어가면 국가에 전쟁이 일어난다.

附耳一星 屬畢大星之下 次天高東南隅 主爲人主聽得失 伺愆過 星明 則中國微 邊寇警 移動 則讒佞行 入畢 國起兵

④ 昴畢間爲天街묘필간위천가

[색은] 〈원명포〉에서 필수를 천계天階라고 했다. 《이아》에서 "대량大梁(서쪽, 추분이 있는 8월)이 묘昴이다."라고 했다. 손염은 "묘수와 필수 사이는 태양과 달과 오성五星이 출입하는 중요한 길이니, 나루나 다리와 같은 것이다."라고 했다.

元命包云 畢爲天階 爾雅云 大梁 昴 孫炎云 昴畢之間 日月五星出入要道 若津
梁也

정의 천가天街는 두 별이고 필수와 묘수 사이에서 국가의 강역을 주관
한다. 천가 남쪽은 화하의 국가이고 천가 북쪽은 이적의 국가이다. 토성
이나 금성이 머물면 호병이 쳐들어온다.

天街二星 在畢 昴間 主國界也 街南爲華夏之國 街北爲夷狄之國 土金守 胡兵
入也

⑤ 其陰~陽國기음~양국

집해 맹강이 말했다. "음陰은 서남쪽의 땅을 상징하는데 하수와 태산
이북의 국가이고 양陽은 하수와 태산 이남의 국가이다."

孟康曰 陰 西南 象坤維 河山已北國 陽 河山已南國

삼수參宿는 백호白虎라고 한다.[1] 이 세 개의 별은 일직선이라서 형
석衡石[2]이라고도 한다. 그 아래에 세 별이 있는데, 예리하게 빛나
므로 벌罰이라고 하는데[3] 정벌이나 참살을 주관한다. 그 바깥쪽
네 별은 좌우의 어깨와 좌우의 넓적다리에 해당한다. 작은 세 별
은 귀퉁이에 위치하고 있어 자휴觜觿라고 하며, 백호의 머리에 해
당한다. 군대의 숙박을 주관한다.[4]

參爲白虎[1] 三星直者 是爲衡石[2] 下有三星 兌 曰罰[3] 爲斬艾事 其外四
星 左右肩股也 小三星隅置 曰觜觿 爲虎首 主葆旅事[4]

---

① 參爲白虎삼위백호

[정의] 자수觜宿는 3성이고 삼수도 3성인데 밖의 네 별은 실침實沈(서서남, 7월)이다. 12지로는 신申에 있으며 위魏나라의 분야이고 백호의 형상이다. 參은 '심[色林反]'으로 발음한다. 아래의 글자도 같다.

觜三星 參三星 外四星爲實沈 於辰在申 魏之分野 爲白虎形也 參 色林反 下同

[신주] 실침實沈은 제곡 고신씨의 아들이기도 하며, 그 형 알백關伯과 사이가 좋지 않아서 서로 싸워서 요임금이 대하大夏로 옮겼을 때 삼성參星을 주관하는 삼신이 되었다. 알백은 상구商丘로 옮겨 신성辰星을 주관했다. 춘추시대 진晉나라 평공平公이 정나라 자산子産에게 "실침과 대태臺駘가 빌미가 되었다."라는 말을 하였는데, 이는 병의 근원이 되었다는 뜻이다. 실침이 맡은 삼성은 진성晉星으로 진나라에 해당하는 별이고, 대태는 금천씨의 후예로 물을 잘 다스려 분도汾逃 지역을 관장했는데, 이는 진나라 땅인 분천汾川을 의미한다. 실침과 대태가 빌미가 되었다는 말은 이 두 가지에 변고가 있어서 병이 났다는 것을 암시하는 것이다.

② 衡石형석

[집해] 맹강이 말했다. "삼수 세 별은 백호의 별 안에서 동서로 일직선이며 저울대와 같다."

孟康曰 參三星者 白虎宿中 東西直 似稱衡

③ 兌曰罰예왈벌

[집해] 맹강이 말했다. "삼수 사이에 있다. 위는 작고 아래는 크므로 '날카롭다.'라고 한다." 진작이 말했다. "세 별이 조금 비스듬히 줄지어 뾰족한 형상이 없다."

孟康曰 在參間 上小下大 故曰銳 晉灼曰 三星少斜列 無銳形

벌罰은 또한 '벌伐'로 되어 있다. 《춘추위》〈운두추〉에서 "삼수와 벌수는 참살斬殺하는 일을 주관한다."고 했다.

罰 亦作伐 春秋運斗樞云 參伐事主斬艾也

오늘날 별자리에서 오리온자리를 말한다. 삼수는 오리온자리 가운데 '삼태성三太星'을 말하여, 중국천문학에서 말하는 삼태성三台星과는 다르다. 우리 동방에서 중요하게 여기는 별자리로, 이른바 '삼신신앙'과도 연결된다. 세 별이 일직선이 아니며, 일직선에서 약간 벗어나 있다. 삼수 아래쪽에 삼수를 향하여 세로로 뻗은 세 별이 이른바 '벌수'이다. 역시 일직선에서 약간 벗어나 있다. 서양에서 오리온자리의 삼태성은 오리온의 허리가 되고 벌수는 오리온의 남근이 된다. 밖의 사각형 네 별은 어깨와 넓적다리가 되어 동양천문학에서 보는 것과 같다는 것이 신기할 따름이다. 우리 동방에서 이 7성은 북쪽의 북두칠성과 더불어 남쪽에서 생명을 주관하는 별자리로 여겼으며, 아울러 오리온자리를 지키는 낭성狼星(시리우스)도 신앙의 대상이었다.

④ 主葆旅事주보여사

여순이 말했다. "관중의 풍속에 뽕나무나 느릅나무의 싹이 나는 것을 보葆라고 한다." 진작이 말했다. "보葆는 캐는 것이다. 벼가 들에서 자라는 것을 여旅라고 하는데 지금 굶주린 백성이 여旅를 캔다."

如淳曰 關中俗謂桑榆孼生爲葆 晉灼曰 葆 菜也 禾野生曰旅 今之飢民采旅也

요씨가 살펴보니 송균이 말했다. "보葆는 '지킴'이다. 여旅는 '군대'와 같다. 벌수는 삼수를 도와 징벌하여 흉한 것을 베어 없앤다는 말이다."

姚氏案 宋均云葆 守也 旅猶軍旅也 言佐參伐以斬艾除凶也

觜는 '자[子思反]'로, 觿는 '휴[胡規反]'로 葆는 '보保'로 발음한다. 자휴觜觿는 호랑이 머리가 되며 거두어들이고 캐는 일을 주관한다. 보려 葆旅는 들에서 나는 먹을 수 있는 것들이다. 점성에서, 금성과 수성이 와 서 머물면 국가는 정사가 바뀌고 재앙이 일어난다.

觜 子思反 觿 胡規反 葆音保 觜觿爲虎首 主收斂 葆旅 野生之可食者 占 金 水來守 國易正 災起也

그 남쪽에 네 별이 있는데 천측天廁[1]이라고 한다. 천측 아래 한 별 은 천시天矢[2]이다. 천시가 누런색이면 길하지만 푸르거나 희거나 검으면 흉하다. 그 서쪽으로 구부러져 이어지는[3] 아홉 별이 있는 데 세 곳에 나뉘어 배열되어 있다. 첫째는 천기天旗이고,[4] 둘째는 천원天苑[5]이며, 셋째는 구유九斿[6]이다.

其南有四星 曰天廁[1] 廁下一星 曰天矢[2] 矢黃則吉 靑白黑凶 其西有 句[3]曲九星 三處羅 一曰 天旗[4] 二曰天苑[5] 三曰九游[6]

---

① 天廁천측

천측天廁(하늘의 뒷간)은 네 별이고 병수屛宿 동쪽에 있다. 혼돈을 주관한다. 점성에서, 황색이면 길하고 청색이나 백색이면 모두 흉하다. 나 타나지 않으면 사람들이 병을 앓아 눕는다.

天廁四星 在屛東 主溷也 占 色黃吉 靑與白皆凶 不見 則人寢疾

② 天矢천시

정의　천시天矢는 하나의 별이고 천측天廁 남쪽에 있다. 점성에서, 천측과 동일하다.

天矢一星 在廁南 占與天廁同也

③ 句구

정의　句는 '구鉤'로 발음한다.

句音鉤

④ 天旗천기

정의　삼기參旗는 아홉별이고 삼수 서쪽에 있으며 천기天旗이다. 멀고 가까운 곳을 지휘해 명을 따르게 한다. 왕이 정벌함에 이치가 당연하면 천기의 곡직曲直이 이치를 따르게 되고, 그렇지 않으면 군사가 밖에서 동요해 걱정거리가 된다. 만약 밝으면서 희미하면 변방에 도적이 일어나고 그렇지 않으면 아무 일이 없다.

參旗九星 在參西 天旗也 指麾遠近以從命者 王者斬伐當理 則天旗曲直順理 不然 則兵動於外 可以憂之 若明而稀 則邊寇動 不然則不

⑤ 天苑천원

정의　천원天苑(하늘 정원)은 16성이고 고리 모양과 같다. 필수 남쪽에 있는데, 천자가 새와 짐승을 기르는 곳이다. 희미하고 어두우면 죽는 자가 많다.

天苑十六星 如環狀 在畢南 天子養禽獸所 稀暗 則多死也

⑥ 九游구유

서광이 말했다. "'류流'로 발음한다."

徐廣曰 音流

구유九游는 아홉 별이고 옥정玉井의 서남쪽에 있는데 천자의 군대 깃발로 군사들의 진퇴를 유도하고 또한 주州와 여러 나라를 영도한다. 아울러 요동하는 것을 바라지 않는다. 요동하면 구주가 분산되고 백성이 일거리를 잃으며 믿고 명령을 내려도 하나로 통하지 않아 중국의 근심거리가 된다. 금성과 화성이 머물면 난이 일어난다.

九游九星 在玉井西南 天子之兵旗 所以導軍進退 亦領州列邦 並不欲搖動 搖動則九州分散 人民失業 信命一不通 於中國憂 以金火守之 亂起也

그 동쪽에는 큰 별이 있는데 낭성狼星(시리우스)①이라고 한다. 낭성의 모서리가 변색이 되면 도적들이 많아진다. 아래에 4성(주석에는 9성)을 호성弧星②이라고 하는데 낭성狼星과 마주하고 있다. 낭성과 가까운 거리에 큰 별이 있는데③ 남극노인南極老人④이라고 한다. 남극노인이 나타나면 안녕과 질서가 유지되고 나타나지 않으면 전쟁이 일어난다. (그러므로 천자는) 항상 추분秋分 때에 남쪽 교외에서 관측한다. 부이附耳가 필수畢宿 속으로 들어가면 전쟁이 일어난다.

其東有大星曰狼① 狼角變色 多盜賊 下有四星曰弧② 直狼 狼比地有大星③ 曰南極老人④ 老人見 治安 不見 兵起 常以秋分時候之于南郊 附耳入畢中 兵起

① 狼랑

정의 낭狼은 하나의 별로, 삼수 동남쪽에 있다. 낭성은 야장野將이 되어 침략을 주관한다. 점성에서, 제 자리에 있지 않으면 사람들이 서로를 잡아먹는다. 누런 흰 빛으로 밝으면 길하고, 붉고 섬광이 있으면 전쟁이 일어나며 금성과 목성과 화성이 머물면 또한 이와 같다.

狼一星 參東南 狼爲野將 主侵掠 占 非其處 則人相食 色黃白而明 吉 赤角 兵起 金木火守 亦如之

② 弧호

정의 호弧는 9성인데, 낭성 동남쪽에 있고 하늘의 활이다. 반역자를 정벌하고 소원疎遠한 자를 품으며 또 도적들을 대비해 간사한 것을 알아내는 것을 주관한다. 호시가 낭성을 향해 이동하면 도적이 많고, 밝고 크며 빛이 변하면 또한 이와 같다. 호시가 낭성을 마주하지 않으면 또 도적이 많다. 꽉 차게 당기고 있으면, 천하에 전쟁이 끝난다.

弧九星 在狼東南 天之弓也 以伐叛懷遠 又主備賊盜之知姦邪者 弧矢向狼動移多盜 明大變色 亦如之 矢不直狼 又多盜 引滿 則天下盡兵也

③ 狼比地有大星낭비지유대성

집해 진작이 말했다. "비지는 가까운 땅이다."

晉灼曰 比地 近地也

신주 《사기지의》에 따르면,《한서》와《진서》를 인용하여, 위의 '낭狼'자는 잘못 들어간 글자라고 했다. 그러나 문맥상 이상할 것이 없고, 남극 노인성과 가까운 거리에 위치하고 있어 약옥승의 지적은 타당성이 떨어진다.

④ 南極老人남극노인

정의 노인성은 하나의 별인데 호弧의 남쪽에 있어서 일명 남극성이라
고도 하며 군주로 여겼다. 점성에서, 수명과 나이에 응한다. 항상 추분 새
벽에는 병丙에서 나타나고, 춘분 저녁에는 정丁에서 보이는데, 나타나면
국가의 명이 길어지므로 수창壽昌이라고 이르며 천하가 안녕하다. 나타나
지 않으면 군주가 근심한다.

老人一星 在弧南 一曰南極 爲人主 占壽命延長之應 常以秋分之曙見於景 春
分之夕見於丁 見 國長命 故謂之壽昌 天下安寧 不見 人主憂也

신주 위 주석에 '서견어경曙見於景'은 '서견어병曙見於丙'으로 고쳐 읽어
야 한다. 당唐나라를 세운 고조高祖 이연李淵의 부친 이병李昞이 세조世祖
로 추존되었는데, 고대에는 昞과 丙이 통용되었기에 당나라 사람인 장수
절張守節이 병丙을 휘해서 경景으로 고쳤을 것이다.

5. 북궁 현무玄武

> 북궁北宮은 현무玄武이고① 허수虛宿와 위수危宿가② 있다. 위수는
> 궁중의 건물들을,③ 허수는 곡읍하는 일을 맡는다.④
> 北宮玄武① 虛危② 危爲蓋屋③ 虛爲哭泣之事④

① 北宮玄武북궁현무

색은 〈문요구〉에서 말한다. "북궁은 흑제이고 그의 정령은 현무다."

文耀鉤云 北宮黑帝 其精玄武

정의 남두는 6성이고 견우도 6성이며 나란히 북궁현무의 별이다.

南斗六星 牽牛六星 並北宮玄武之宿

② 虛危허위

색은 《이아》에서 현효는 허수虛宿라고 한다. 또 이르기를, 북륙北陸은 허수라고 한다. 해석한 자는 육陸은 도道라고 했다. 손염이 말했다. "육陸은 중中이다. 북방의 별자리 가운데다."

爾雅云 玄枵 虛也 又云 北陸 虛也 解者以陸爲道 孫炎曰 陸 中也 北方之宿中也

정의 허수는 두 별이고 위수는 세 별로 현효玄枵(북북동, 11월)가 되고 12 지지로는 자子에 있다. 제나라 분야이다. 허수는 장례와 곡읍의 일을 주관한다. 또 읍邑에서 묘당廟堂에 거처하여 제사나 축수의 일을 한다. 또한 하늘의 우두머리 신하로 천하를 공평하게 다스리는 것을 주관하고 만물을 덮어 감춘다. 점성에서, 움직이면 사상死喪이나 우는 일에 응한다. 화성이 머물면 천자가 군사를 거느리고, 수성이 머물면 사람들에게 기근이 들며, 금성이 머물면 신하가 군사를 일으킨다.

위수는 종묘의 제사를 위하고 천시天市의 집짓기를 주관한다. 점성에서, 움직이면 토목 공사가 있고, 화성이 머물면 천하에 병란이 있으며, 수성이 머물면 아랫사람이 윗사람을 도모한다.

虛二星 危三星 爲衣枵 於辰在子 齊之分野 虛主死喪哭泣事 又爲邑居廟堂祭祀禱祝之事 亦天之冢宰 主平理天下 覆藏萬物 占 動則有死喪哭泣之應 火守則天子將兵 水守 則人饑饉 金守 臣下兵起 危爲宗廟祀事 主天市架屋 占 動則有土功 火守 天下兵 水守 下謀上也

③ 危爲蓋屋위위개옥

색은 송균이 말했다. "위수의 위에 한 별이 높고 곁에 두 별은 아래로 떨어져 지붕을 덮은 것과 같다."

宋均云 危上一星高 旁兩星隋下 似乎蓋屋也

정의 개옥蓋屋 두 별은 위수의 남쪽에 있어 천자가 거처하는 궁실의 건물들을 주관한다. 점성에서, 금성과 화성이 들어와 머물면 나라에 전쟁이 일어나고 패혜孛彗(꼬리별)가 머물면 더욱 심해진다. 위수는 집을 짓는데, 개옥蓋屋이 스스로 별이 있다고 하니, 아마 문장이 잘못된 것 같다.

蓋屋二星 在危南 主天子所居宮室之官也 占 金火守入 國兵起 孛彗尤甚 危爲架屋 蓋屋自有星 恐文誤也

④ 虛爲哭泣之事허위곡읍지사

색은 허수는 곡읍의 일을 맡는다. 요씨가 〈형주점〉을 살펴보니, "별 두 개가 있는데 남쪽별은 우는 일을 주관한다. 허수 안에 6성은 밝지 않기를 바라는데. 밝으면 큰 장례가 있다."고 한다.

虛爲哭泣事 姚氏案荊州占 以爲其宿二星 南星主哭泣 虛中六星 不欲明 明則有大喪也

그 남쪽에 여러 별이 있는데 이를 우림천군羽林天軍[①]이라고 한다. 천군의 서쪽 별을 누벽壘壁, 혹은 월성鉞星이라고 한다.[②] 곁에 큰 별 하나가 있는데, 북락北落[③]이다. 북락이 희미해지면 군은 멸망한다. 천군의 별들이 움직이고 솟아올라 더욱 희미해지며, 오성이 북락을 침범하여 천군으로 들어가기에 이르면, 군사들이 봉기하기에 이른다.

화성과 금성과 수성이 들어오면 더욱 심각해진다. 화성은 군대의 우환이고 수성은 수재의 우환이다. 목성이나 토성이 들어오면 군대가 길하다.[④] 위수 동쪽 6성이 양측에 서로 나란히 있는 것을 사공司空이라고 한다.[⑤]

其南有衆星 曰羽林天軍[①] 軍西爲壘 或曰鉞[②] 旁有一大星爲北落 北落若微亡 軍星動角益希 及五星犯北落[③] 入軍軍起 火金水尤甚 火軍憂水水患 木土軍吉[④] 危東六星 兩兩相比 曰司空[⑤]

① 羽林天君우림천군

정의 우림은 마흔 다섯 별인데 세 개씩 모이고 흩어져서 누벽壘壁의 남쪽에 있으며 천군天軍이다. 또한 하늘을 숙위하는 병장기를 내놓는다. 나타나지 않으면 천하가 어지럽다. 금성, 화성, 수성이 들어오면 군대가 일어난다.

羽林四十五星 三三而聚散在壘壁南 天軍也 亦天宿衞之兵革出 不見 則天下亂 金火水入 軍起也

② 軍西爲壘 或曰鉞군서위루 혹왈월

정의 누벽진壘壁陳은 12별인데 횡렬로 영실의 남쪽에 있어 천군天軍의 담장과 고루에 해당한다. 점성에서, 오성이 들어오면 모든 군사가 일어나고 장군이 죽는다.

壘壁陳十二星 橫列在營室南 天軍之垣壘 占 五星入 皆兵起 將軍死也

신주 《사기지의》에서 말한다. "《진서》〈천문지〉에서 '누벽은 12성이 벌려있고 우림의 북쪽에 있다.'고 했다. 즉 '서西' 자는 '북北' 자를 잘못 쓴 것이다. 월鉞을 누벽의 별명이라 하는데, 《한서》〈천문지〉에서는 '술戌'이라고 한다. 해설하는 자가 누구는 벽성이라 하고 누구는 월성이라고 하는데, 《한서》〈천문지〉에 근거하면 '술수戌守(수자리, 보초로 지킴)'의 뜻이다. 그런데 도리어 '월鉞(도끼)' 자라 하여 잘못 썼으니, 모두 망령된 것이다."

③ 北落북락

정의 북락사문北落師門은 한 별이고 우림의 서남쪽에 있다. 천군天軍의 문에 해당한다. 장안성의 북락문北落門이 이를 상징한다. 비상非常을 주관하여 군사를 점친다. 점성에서, 밝으면 군대가 편안하고, 희미하면 전쟁이 일어난다. 금성과 화성이 머물면 전쟁이 있고 호로가 국경을 범한다. 토성과 목성이 들어오면 길하다.

北落師門一星 在羽林西南 天軍之門也 長安城北落門 以象此也 主非常 以候兵 占 明則軍安 微弱 則兵起 金火守 有兵 爲虜犯塞 土木則吉

④ 軍吉군길

집해 《한서음의》에서 말한다. "목성과 토성이 북락에 들어오면 길하다."

漢書音義曰 木星土星入北落 則吉也

⑤ 危東六星 ~ 曰司空위동육성 ~ 왈사공

정의 比는 '비鼻'로 발음한다. 비比는 '가깝다'이다. 위수 동쪽에 쌍쌍이 서로 가까이 있는 것은 사명司命 등의 별이다. 사공司空은 오직 하나의 별일 뿐이다. 또 위수 동쪽에 있지 않다. 아마 '명命'자가 잘못되어 '공空'자가 되었을 것이다. 사명 두 별은 허수 북쪽에 있고 상례와 장례를 주관한다. 사록司祿 두 별은 사명 북쪽에 있어 소송을 주관한다. 위수 두 별은 사록 북쪽에 있어 위태함과 멸망을 주관한다. 사비司非 두 별은 위수 북쪽에 있어 허물을 주관한다. 모두 사司의 직분을 둔 것이다. 점성에서, 크게 보이면 군주에게 근심이 되고 정상적이면 길하다.

比音鼻 比 近也 危東兩兩相比者 是司命等星也 司空唯一星耳 又不在危東 恐命字誤爲空也 司命二星 在虛北 主喪送 司祿二星 在司命北 主官司 危二星 在司祿北 主危亡 司非二星 在危北 主愆過 皆實司之職 占 大 爲君憂 常則吉也

영실營室(실수室宿)[1]은 청묘淸廟이다. 이궁 각도閣道[2]라고도 한다. 은하 속에 네 별이 천사天駟[3]이다. 곁의 한 별은 왕량王良[4]이다. 왕량이 말을 채찍질하여 말을 몰면[5] 수레와 기병들이 들판에 가득해진다. 곁에 8성이 은하를 가로지르는데 이를 천황天潢[6]이라고 한다. 천황의 곁은 강성江星[7]인데, 강성이 움직이면 사람들이 물을 건너게 된다.[8]

營室[1]爲淸廟 曰離宮 閣道[2] 漢中四星 曰天駟[3] 旁一星 曰王良[4] 王良策馬[5] 車騎滿野 旁有八星 絶漢 曰天潢[6] 天潢旁 江星[7] 江星動 人涉水[8]

---

① 營室영실

색은 〈원명포〉에서 말한다. "영실은 열 개의 별인데 흙을 이겨 질그릇을 만들 듯 모양을 정교하게 하여, 비로소 기강을 세우고 만물을 포용해서 집을 짓는다." 또 《이아》에서 "영실은 정수定宿라고 한다."라고 했다. 곽박

은 "정定은 정正이다. 천하에 궁실을 지어 모두 영실 안에서 바르게 하는
것이다."라고 했다.

元命包云 營室十星 埏陶精類 始立紀綱 包物爲室 又爾雅云 營室謂之定 郭璞
云 定 正也 天下作宮室 皆以營室中爲正也

② 閣道각도

[색은] 살펴보니 〈형주점〉에서 "각도는 왕량좌의 기수旗宿인데 6개의 별
이 있다고 한다."라고 했다.

案 荊州占云 閣道 王良旗也 有六星

③ 天駟천사

[색은] 살펴보니 〈원명포〉에서 "은하 가운데 네 별을 기騎라 하고 한 별을
천사라고 한다."라고 했다.

案 元命包云 漢中四星曰騎 一曰天駟也

④ 王良왕량

[색은] 《춘추위》〈합성도〉에서 말한다. "왕량은 천마를 주관한다."

春秋合誠圖云 王良 主天馬也

[정의] 왕량은 다섯 별인데 규수의 북하北河 가운데 있어 천자를 받들어
모시는 관직이다. 그가 움직여서 말을 채찍질하면서 몰면 말을 탄 병사들
이 들판에 가득하고, 객성이 머물면 나루와 다리가 통하지 못하고 금성과
화성이 들어와 머물면 모든 군사들이 근심한다.

王良五星 在奎北河中 天子奉御官也 其動策馬 則兵騎滿野 客星守之 津橋不
通 金火守入 皆兵之憂

⑤ 王良策馬왕량책마

정의 책성策星은 한 별로서 왕량의 앞에 있는데, 천자의 노복들을 주관한다. 점성에서, 책성이 동요해 왕량의 앞에 있다가 간혹 거마성 뒤로 옮겨가면 별도로 책마策馬가 되는데 책마策馬는 군사를 움직이게 한다. 살펴보니 예장군에 주등周騰이 있는데, 자字는 숙달叔達이고 남창현 사람이며 시어사가 되었다. 환제桓帝가 남교에서 해가 뜰 때 응해서 나가려는데 주등이 하늘을 우러러보며 말하기를, "대저 왕은 별을 상징하는데 지금 궁중의 별과 책마성策馬星이 모두 움직이지 않으니 주상께서는 내일 반드시 나가지 못할 것입니다."라고 했다. 사경四更에 이르러 황태자가 죽어 마침내 중지하고 말았다.

策一星 在王良前 主天子僕也 占以動搖移在王良前 或居馬後 別爲策馬 策馬而兵動也 案 豫章周騰字叔達 南昌人 爲侍御史 桓帝當南郊 平明應出 騰仰觀 曰 夫王者象星 今宮中星及策馬星悉不動 上明日必不出 至四更 皇太子卒 遂止也

⑥ 天潢천황

색은 〈원명포〉에서 "황潢은 강과 도랑을 주관하고 신神을 건너게 해서 사방을 통하게 한다."고 했다. 송균이 말했다. "천황天潢은 하늘의 나루이다. 나루는 물이 모이는 곳이므로 물의 양을 계산해 헤아리는 것을 주관한다."

元命包曰 潢主河渠 所以度神 通四方 宋均云 天潢 天津也 津 湊也 故主計度也

⑦ 江星강성

정의 천강天江은 네 별이고 미수尾宿의 북쪽에 있는데, 태음太陰을 주관한다. 밝은 것을 바라지 않는다. 밝고 동요하면 물이 사납게 흘러나온다. 그 별이 밝으면서 크게 보이면 수재를 막지 못한다.

天江四星 在尾北 主太陰也 不欲明 明而動 水暴出 其星明大 水不禁也

⑧ 人涉水인섭수

신주 본문에서 북방 7수 중에 유독 벽수壁宿가 빠져 있다. 《사기지의》
에서 말한다. "이 아래로 마땅히 동벽수 하나를 나열해야 한다. 대개 28수
의 별을 엮어 《사기》와 《한서》에서 다른 별지리는 갖추어 실어 빠뜨린 게
없는데, 홀로 어찌 동벽수를 빠뜨린단 말인가? 《사기정의》에서는 《진서》
〈천문지〉를 따라 15글자를 보충하여 '동벽 두 별은 문장을 주관하니, 천
하 도서의 비밀 창고다.'라고 한다."

저성杵星과 구성臼星의 네 별은 위수 남쪽에 있다.① 포과성匏瓜
星②이 근처에 있는데 청흑성靑黑星(객성)이 (거기에 들어가) 머물면 생
선이나 소금이 귀해진다.

남두南斗③는 묘당이 되고 그 북쪽은 건성建星④이 위치하는데, 건
성은 기旗이다. 견우牽牛는 희생을 맡는다.⑤ 그 북쪽은 하고河鼓⑥
인데 하고의 큰 별이 상장이고 좌우의 별이 좌우장이다.⑦ 무녀婺
女⑧는 그 북쪽의 별로 직녀성⑨이다. 직녀는 천제의 손녀이다.⑩

杵臼四星 在危南① 匏瓜② 有靑黑星守之 魚鹽貴 南斗③爲廟 其北建
星④ 建星者 旗也 牽牛爲犧牲⑤ 其北河鼓⑥ 河鼓大星 上將 左右 左右
將⑦ 婺女⑧ 其北織女⑨ 織女 天女孫也⑩

① 杵臼四星 在危南저구사성 재위남

정의 저성(절구공이 상징)과 구성(절구 상징)은 세 별이고 장인성丈人星 곁에 있어서 군량미를 주관한다. 점성에서, 저성이 똑바로 곧게 구성으로 떨어지면 길하고, 구성과 서로 맞지 않으면 군량미가 끊어진다. 구성은 남쪽에 있어 '절구질'을 주관한다. 점성에서, 뒤집혀 있으면 크게 굶주림이 들고 우러러보고 있으면 크게 풍년이 든다.

杵臼三星 在丈人星旁 主軍糧 占 正下直臼 吉 與臼不相當 軍糧絕也 臼星在南 主舂 其占 覆則歲大饑 仰則大熟也

② 匏瓜포과

색은 살펴보니 〈형주점〉에서 "포과는 일명 천계天雞인데 하고의 동쪽에 있다. 포과가 밝으면 한 해가 곡식이 잘 익는다."고 했다.

案 荊州占云 匏瓜 一名天雞 在河鼓東 匏瓜明 歲則大熟也

정의 匏는 '보[白包反]'로 발음한다. 포과는 다섯 별로 이주離珠의 북쪽에 있는데 천자의 과수원이다. 점성에서, 밝고 크며 빛이 윤택하면 곡식이 잘 익고 그렇지 않으면 껍질이 있는 열매들은 실하지 못하다. 객성이 머물면 생선이나 소금이 귀하다.

匏音白包反 匏瓜五星 在離珠北 天子果園 占 明大光潤 歲熟 不 則包果之實不登 客守 魚鹽貴也

③ 南斗남두

정의 남두는 여섯 별로 남쪽에 있다.

南斗六星 在南也

④ 建星건성

정의 건建은 여섯 별로 북두의 북쪽에 있으며 황도黃道에 임해서 천도天都의 관문이다. 두斗와 건建 사이가 칠요七耀의 길이며, 또한 기旗와 수레를 주관한다. 점성에서, 흔들리면 사람들이 수고롭고, 그렇지 않으면 아무렇지 않다. 달무리가 지고 교룡이 나타나면 소와 말에게 역병이 있다. 달이나 오성이 침범해 머물면 대신들이 서로 모의하고 관문과 다리가 통하지 못하고 홍수가 미친다.

建六星 在斗北 臨黃道 天之都關也 斗建之間 七耀之道 亦主旗輅 占 動搖 則人勞 不然 則不 月暈 蛟龍見 牛馬疫 月五星犯守 大臣相謀爲 關梁不通及大水也

⑤ 牽牛爲犧牲견우위희생

정의 견우는 희생이며 또한 관문과 교량이 된다. 그 북쪽 두 개의 별 중 하나는 즉로卽路이고 하나는 취화聚火이다. 또 위의 한 별은 도로를 주관한다. 다음 두 별은 관문과 교량을 주관한다. 다음 세 별은 남월南越을 주관한다. 점성에서, 밝고 크면 관문과 교량이 통하고 밝지 않으면 통하지 못하며, 천하의 소가 역병으로 죽는다. 옮겨서 은하수 안으로 들어가면, 천하는 곧 어지러워진다.

牽牛爲犧牲 亦爲關梁 其北二星 一曰卽路 一曰聚火 又上一星 主道路 次二星 主關梁 次三星 主南越 占 明大 關梁通 不明 不通 天下牛疫死 移入漢中 天下乃亂

⑥ 河鼓하고

색은 《이아》에서 "하고는 견우를 이른다."고 했다. 손염이 말했다. "하고의 기旗 열두 별은 견우의 북쪽에 있다. 어떤 이는 하고라는 이름은 견우라고도 한다."

爾雅云 河鼓謂之牽牛 孫炎曰 河鼓之旗十二星 在牽牛北 或名河鼓爲牽牛也

⑦ 河鼓大星～左右將하고대성～좌우장

정의 하고는 세 별로 견우성의 북쪽에 있고 군대의 북을 주관한다. 대개 천자의 세 장군이며 중앙의 큰 별은 대장군, 그 남쪽 왼쪽별은 좌장군, 그 북쪽 오른쪽별은 우장군으로 관문과 교량을 갖추고 난을 막는다. 점성에서, 밝고 크며 빛이 나고 윤택하면 장군이 길하고 동요하고 어긋나면 군사가 일어나 혼란해진다. 곧으면 장군에게 공로가 있고 굽으면 장군이 계책을 잃는다. 옛날부터 전해오는 견우와 직녀가 7월 7일 칠석에 서로 만난다는 것이 이 별이다.

河鼓三星 在牽牛北 主軍鼓 蓋天子三將軍 中央大星大將軍 其南左星左將軍 其北右星右將軍 所以備關梁而拒難也 占 明大光潤 將軍吉 動搖差戾 亂兵起 直 將有功 曲 則將失計也 自昔傳牽牛織女七月七日相見 此星也

⑧ 婺女무녀

색은 무녀는 《광아》에서 "수녀須女를 무녀라고 한다."고 한 것이 이것이다. 다른 데에는 '무무'로 되어 있다.

務女 廣雅云 須女謂之務女是也 一作婺

정의 수녀는 네 별이고 또한 무녀라고도 하며 하늘의 소부少府이다. 남두와 견우와 수녀는 모두 (12次에서) 성기星紀(북북동, 12월)가 된다. 12지지로는 축丑에 있고 월越나라 분야이며 두우斗牛는 오吳나라 분야이다. 수녀는 천한 첩의 칭호이고 부인 중 직분이 낮은 자이며, 직물을 만들고 혼인을 주관한다. 점성에서, 수성이 머물면 만물이 성취되지 못하고 화성이

머물면 직물의 가격이 비싸고 사람이 많이 죽는다. 토성이 머물면 여자가
초상이 나고 금성이 머물면 전쟁이 일어난다.

須女四星 亦婺女 天少府也 南斗牽牛須女皆爲星紀 於辰在丑 越之分野 而斗
牛爲吳之分野也 須女 賤妾之稱 婦職之卑者 主布帛裁製嫁娶 占 水守之 萬物
不成 火守 布帛貴 人多死 土守 有女喪 金守 兵起也

⑨ 織女직녀

[정의] 직녀는 세 별로 은하의 북쪽 천기天紀의 동쪽에 있는 천제의 손녀
이다. 과일, 채소, 실, 비단, 진귀한 보배를 주관한다. 점성에서, 왕이 신명
神明에게 지극히 효도하면 세 별이 모두 밝다. 그렇지 않으면 어둡고 희미
해 천하의 여공女工들이 없어진다. 밝으면 잘 다스려진다. 큰 별이 노여워
하고 꺼끄러기 빛살이 나면 직물의 가격이 치솟아 귀해지고, 나타나지 않
으면 전쟁이 일어난다.

　《진서》〈천문지〉에서 말한다. "진 태사령 진탁陳卓이 감씨, 석씨, 무함
씨 세 역술가를 거느리고《성도》를 저술하였는데 대강 283관에 1,464성
을 기준으로 삼았다. 지금 대략 그 밝혀 놓은 것들이 천관을 갖추었다고
이를 것이다."

織女三星 在河北天紀東 天女也 主果蓏絲帛珍寶 占 王者至孝於神明 則三
星俱明 不然 則暗而微 天下女工廢 明則理 大星怒而角 布帛涌貴 不見則兵
起 晉書天文志云 晉太史令陳卓總甘石巫咸三家所著星圖 大凡二百八十三官
一千四百六十四星 以爲定紀 今略其昭昭者 以備天官云

⑩ 天女孫也천녀손야

[집해] 서광이 말했다. "손孫은 다른 판본에는 '명名'으로 되어 있다."

徐廣曰 孫 一作名

색은 직녀는 천손이다. 살펴보니 〈형주점〉에서 "직녀는 일명 천녀이고 천자의 딸이다."라고 했다.

織女 天孫也 案 荊州占云 織女 一名天女 天子女也

신주 《사기지의》에서 말한다. "서광이 말한 '명名'이 옳다. 《성경》 및 《진서》와 《수서》의 〈천문지〉에서도 '천녀天女'라 했으니, 이곳에서 '손孫' 자라고 잘못 썼다. 그래서 이곳의 잘못으로 인하여, 후세에 마침내 '천손天孫'이란 호칭이 있게 되었다."

하늘의 오성五星

1. 동방 목성

태양과 달의 운행을 관찰하여① 세성歲星(목성)의 순행과 역행을 가늠한다.② 동방은 목木이다. 봄을 주관하며, 날은 갑甲과 을乙에 해당한다. 그래서 의를 잃는 자에게는 벌을 주는 징조가 세성에 나타난다. 세성이 일찍 나오거나 늦게 나오는 영축贏縮③으로 그 별자리에 해당하는 국가의 명운을 맡는다.④ 세성이 머물러 있는 나라는 정벌할 수 없지만, 다른 사람을 벌줄 수는 있다.

세성이 머물 곳을 재촉하여 일찍 나타나는 것⑤을 영贏이라 하고, 늦게 나타나는 것을 축縮이라고 한다. 영贏이 일어나면 그 국가에 병란이 일어나 복구되지 않는다. 축縮이 일어나면 그 국가에 우환이 있어 장군⑥은 죽고 국가도 기울어 무너진다. 그 구역에 오성이 모두 따라 나와 한 곳에 모여 머무르면⑦ 그 아래의 나라가 천하에 의義를 펴기에 이른다.

察日月之行① 以揆歲星順逆② 曰東方木 主春 日甲乙 義失者 罰出歲星 歲星贏縮③ 以其舍命國④ 所在國不可伐 可以罰人 其趨舍⑤ 而前曰贏 退舍曰 縮 贏 其國有兵不復 縮 其國有憂 將⑥亡 國傾敗 其所在 五星皆 從而聚⑦ 於一舍 其下之國可以義致天下

① 察日月之行찰일월지행

[정의] 진작이 말했다. "태세가 사중四仲에 있으면 1년에 3수宿를 지나간다. 태세가 사맹四孟과 사계四季에 있으면 1년에 2수宿를 지나간다. 2×8=16이고 3×4=12이며 28수를 가서 12년에 하늘을 한 바퀴 돈다."

晉灼云 太歲在四仲 則歲行三宿 太歲在四孟四季 則歲行二宿 二八十六 三四十二 而行二十八宿 十二歲而周天

[신주] 봄, 여름, 가을, 겨울의 첫 달을 맹孟이라 하고, 둘째 달은 중仲이라고 하며 셋째 달은 계季라고 한다. 이를테면 4중이란 중춘 2월, 중하 5월, 중추 8월, 중동 11월이다. 8월 추석을 중추절이라고 하는 원리다. 여기서 4중은 춘분, 하지, 추분, 동지가 있는 2, 5, 8, 11월을 말하기도 하지만, 또 그 지지인 인寅, 오午, 유酉, 자子를 가리킨다. 즉 사방 28수를 배당하여 인, 오, 유, 자년에는 3수를 배당하고 나머지 년은 2수를 배당하여, 12년에 28수를 거친다는 뜻이다. 이리하여 목성이 12년에 천구를 한 번 돈다고 하여 세성이라 부르는 것이다. 하지만 실제로는 그에 미치지 못하여, 결국 목성을 기준으로 한 역법과 용어를 버리고 10간과 12지를 사용하게 되었다.

② 以揆歲星順逆이규세성순역

[색은] 요씨가 살펴보니 〈천관점〉에서 "세성은 응성, 경성, 기성이다."라고 했다. 《물리론》에서 "12성차 중 해마다 1차一次를 가는 것은 목성인 즉, 12년에 별이 하늘을 일주함을 말한다."고 했다.

姚氏案 天官占云 歲星 一曰應星 一曰經星 一曰紀星 物理論云 歲行一次 謂之歲星 則十二歲而星一周天也

[정의] 〈천관점〉에서 말한다. "세성은 동방에 해당하는 목木의 정령이고 창제의 상징이다. 그 빛이 밝고 안쪽이 누런색이면 천하가 편안하다. 대저

세성은 봄에는 움직이려고 하지 않으나 움직이게 되면 농사를 망친다. 세성이 차거나 줄어들면 분야에 해당하는 국가는 정벌할 수는 없지만 다른 사람을 벌줄 수는 있다. 세성이 성좌를 잃으면 백성이 질병이 많고 궤도에 나타나면 기쁘게 된다. 그 분야에 자리한 국가의 군주는 복이 있어 가히 동요시키지 못한다. 군주가 노여워하면 광채가 없고 인도人道를 잃는다. 세성이 순행하면 인덕仁德이 더해진다. 세성은 농관農官으로 오곡을 주관한다."

〈천문지〉에서 말한다. "봄날의 10간 중 갑甲과 을乙은 네 계절 중 봄에 해당한다. 오상五常에서는 인仁이고 오사五事에서는 모貌이다. 군주가 인仁이 이지러지고 모貌를 잃으며 시령時令을 거역하고 목木의 기운을 손상하면 징벌이 세성에 나타난다."

天官〔占〕云 歲星者 東方木之精 蒼帝之象也 其色明而內黃 天下安寧 夫歲星欲 春不動 動則農廢 歲星盈縮 所在之國不可伐 可以罰人 失次 則民多病 見 則喜 其所居國 人主有福 不可以搖動 人主怒 無光 仁道失 歲星順行 仁德加也 歲星 農官 主五穀 天文志云 春日 甲乙 四時 春也 五常 仁 五事 貌也 人主仁虧 貌失 逆時令 傷木氣 則罰見歲星

신주 《사기지의》에 따르면, 《한서》에도 여기 주석처럼 목성은 仁을 상징하고 금성은 義를 상징한다고 한다. 그리하여 《사기》 기록에 의문을 나타내고 있다.

③ 歲星贏縮세성영축

색은 살펴보니 〈천문지〉에서 "무릇 오성이 일찍 나오는 것을 영贏이라고 하는데, 영은 손님이 된다. 늦게 나오는 것을 축縮이라고 하는데 축은 주인이 된다. 오성이 영축하면 반드시 하늘의 징조가 있는데 표枃에 나타난다."고 했다.

案 天文志曰 凡五星早出爲嬴 嬴爲客 晚出爲縮 縮爲主人 五星嬴縮 必有天應 見杓也

신주 태양을 돌고 있는 행성은 지구와 시간차로 인해 어떤 때는 순행하고, 어떤 때는 역행하는 것처럼 보인다. 천동설인 고대 동양 천문학에서, 관측할 때 지구가 멈춰 있고 일월성신이 지구의 주위를 운행한다고 여겼다. 이 때문에 현대의 천측과는 차이가 있다.

④ 舍命國사명국

정의 사舍는 머물러 자는 곳이다. 명命은 명名이다.

舍 所止宿也 命 名也

신주 여기 동양천문학에서, 사舍는 곧 28수가 머무는 별자리를 말한다. 360도를 28로 나누면 약 12.86도가 나온다. 하지만 각 별자리마다 크기의 차이가 있으니 대충 10~20도 사이의 간격을 말한다고 보면 좋을 것이다. 따라서 이어지는 번역에서 사舍를 28수가 머무는 '별자리'라고 할 것이다.

⑤ 趨舍취사

색은 趨는 '취聚'로 발음하며 재촉함을 말한다.

趨音聚 謂促

⑥ 將장

정의 將은 '장[子匠反]'으로 발음한다.

將音子匠反

⑦ 五星皆從而聚오성개종이취

[색은] 살펴보니 한나라 고조 원년에 오성이 모두 동정東井에 모였다고 한 것이 이것이다. 〈천문지〉에 의하면 그해에 목성이 동정에 있었으므로 4성이 따라 모였다고 했다.

案 漢高帝元年 五星皆聚于東井 是也 據天文志 其年歲星在東井 故四星從而 聚之也

섭제격攝提格의 해에는① 세음이 왼쪽으로 운행해서 인寅의 방향에 있고 세성은 오른쪽으로 회전해서 축丑의 위치에 자리한다. 정월에 북두, 견우와 함께 새벽에 동방에서 나온다. 이를 감덕監德② 이라고 하는데, 색이 짙푸르고 광채가 있다. 그 다음에 순서를 잃으면 징조가 유수柳宿에 나타난다. 그 해에 세성이 일찍 나오면 수재가 있고 늦게 나오면 가뭄이 든다.

以攝提格歲① 歲陰左行在寅 歲星右轉居丑 正月 與斗牽牛晨出東方 名 曰監德② 色蒼蒼有光 其失次 有應見柳 歲早水 晚旱

---

① 攝提格歲섭제격세

[색은] 태세가 인寅에 있고 목성이 정월의 새벽에 동방에서 나온다. 살펴 보니 《이아》에서 "태세가 인寅에 있는 것은 섭제격이다."라고 했다. 이순 은 "만물이 양을 받들어 일어나므로 섭제격이다. 격格은 '일어나는 것'이 다."라고 했다.

太歲在寅 歲星正月晨出東方 案 爾雅 歲在寅爲攝提格 李巡云 言萬物承陽起
故曰攝提格 格 起也

신주 고대에 목성의 주기 12년을 나누어 12차次라고 하였다. 목성의 공
전주기가 12년이라 세성이라 한다. 또한 세성과 반대로 움직이는 가상의
명칭으로 태세太歲 혹은 태음太陰이라 하여 이를 12지支라고 하였다. 따
라서 이를 현대의 황도 12궁宮 별자리와 율려 등에 대응시키면 아래와 같
다. 이를 알아두면 목성에 대한 이해가 쉽다. 이미 〈율서〉와 〈역서〉에서 살
펴보았지만, 거기에서 사마천이 기록한 것과는 약간 다르다.

12宮	12次	12支	12地支	12月	율려律呂	분지점
물고기자리(雙魚坐)	취자娵訾	곤돈困敦	亥	10	응종應鍾	
물병자리(寶瓶坐)	현효玄枵	대연헌大淵獻	子	11	황종黃鍾	동지
염소자리(磨羯坐)	성기星紀	적분약赤奮若	丑	12	대려大呂	
궁수자리(人馬坐)	석목析木	섭제격攝提格	寅	1	태주太蔟	
전갈자리(天蝎坐)	대화大火	단알單閼	卯	2	협종夾鍾	춘분
천칭자리(天秤坐)	수성壽星	집서執徐	辰	3	고선姑洗	
처녀자리(雙女坐)	순미鶉尾	대황락大荒落	巳	4	중려中呂	
사자자리(獅子坐)	순화鶉火	돈장敦牂	午	5	유빈蕤賓	하지
게자리(巨蟹坐)	순수鶉首	협흡協洽	未	6	임종林鍾	
쌍둥이자리(陽坐)	실침實沈	군탄涒灘	申	7	이칙夷則	
황소자리(金牛坐)	대량大梁	작악作噩	酉	8	남려南呂	추분
양자리(白羊坐)	항루降婁	엄무閹茂	戌	9	무역無射	

② 監德감덕

[색은] 세성이 정월의 새벽에 동쪽에 보일 때의 이름이다. 이하로 석씨의 《성경》에서 나왔는데 이에 이르기를 "별이 북두와 견우에 있으면 운행의 순서를 잃어 표杓에 나타난다."고 했다. 《한서》〈천문지〉는 즉 감씨와 《태초성력》에 따라 전재하였으나 소재한 별자리가 같지 않다.

歲星正月晨見東方之名 已下出石氏星經文 乃云 星在斗牽牛 失次見杓也 漢書天文志則載甘氏及太初星曆 所在之宿不同也

세성이 출현해서 동쪽으로 12도를 운행하다가 100일에서 멈추고 그 뒤에는 역행한다. 역행해서 8도를 운행하다가 100일에서 다시 동쪽으로 운행한다. 그래서 한 해에 30도와 16분의 7도를 운행한다. 대략 하루에 12분의 1도를 운행하니 12년 만에 하늘을 일주하게 되는 것이다. 항상 새벽에 동쪽에서 나와 저녁에 서쪽으로 진다.①

歲星出 東行十二度 百日而止 反逆行 逆行八度 百日 復東行 歲行三十度十六分度之七 率日行十二分度之一 十二歲而周天 出常東方 以晨入於西方 用昏①

---

① 歲星出～入於西方 用昏세성출～입어서방 용혼

[신주] 《사기지의》에서는 위 단락 전체가 세상의 일반적인 것을 설명하기 때문에 '以攝提格歲 ~ 晚旱' 단락 앞에 와야 한다고 했다.

단알單閼의 해에는[①] 세음이 묘卯의 방향에 있고 목성이 자子에 자리한다. 2월에 무녀, 허수, 위수와 함께 새벽에 출현한다. 이를 강입降入[②]이라고 하는데, 크게 광채가 있다. 목성이 운행의 순서를 잃으면 그 징조가 장수張宿의 분야에 나타난다. (강입이라고 하는데) 그해에는 홍수가 난다.

집서執徐의 해에는[③] 세음이 진辰에 있고 목성이 해亥에 자리한다. 3월에 영실, 동벽과 함께 새벽에 나온다. 이를 청장靑章이라고 하는데, 매우 짙푸른 빛이 드러난다. 운행의 순서를 잃으면 징조가 진수軫宿의 분야에 나타난다. (청장이라고 하는데) 그해에는 빠르면 가뭄이 들고 늦으면 홍수가 있다.

單閼歲[①] 歲陰在卯 星居子 以二月與婺女虛危晨出 曰降入[②] 大有光 其失次 有應見張 (名曰降入) 其歲大水 執徐歲[③] 歲陰在辰 星居亥 以三月(居)與營室東壁晨出 曰靑章 靑靑甚章 其失次 有應見軫 (曰靑章) 歲早旱晚水

---

① 單閼歲단알세

색은 卯에 있다. 목성은 2월 새벽에 동방에서 나온다. 《이아》에서, 묘卯는 단알이라고 한다. 이순이 말했다. "양기가 만물을 밀어 일어나므로 단알이라고 한다. 단單은 '끝'이다. 알閼은 '그치다'이다."

在卯也 歲星二月晨出東方 爾雅云 卯爲單閼 李巡云 陽氣推萬物而起 故曰單閼 單 盡也 閼 止也

② 降入강입

색은 곧 세성이 2월 새벽에 동방에 나온다고 해서 이름한 것이다. 그 나머지는 나란히 이를 준거로 삼았다.

即歲星二月晨見東方之名 其餘並準此

③ 執徐歲 집서세

색은 《이아》에서 진辰은 집서라고 했다. 이순이 말했다. "엎드려 숨었던 만물들이 모두 기지개를 펴고 나오므로 집서라고 한다. 집執은 '움츠려 숨다'이고 서徐는 '펴다'이다."

爾雅 辰爲執徐 李巡云 伏蟄之物皆敦舒而出 故曰執徐 執 蟄 徐 舒也

대황락大荒落의 해에는① 세음이 사巳에 있고 목성이 술戌에 자리한다. 4월에 규수, 누수 (위수, 묘수) 등이 함께 새벽에 나온다. 이를 병종跰踵②이라고 하는데, 곱고 윤이 나는 붉은색이며 광채가 있다. 운행의 순서를 잃으면 징조가 항수亢宿의 분야에 나타난다.

돈장敦牂의 해에는③ 세음이 오午에 있고 목성이 유酉에 거처한다. 5월에 위수, 묘수, 필수와 함께 새벽에 나오는데 개명開明④이라고 한다. 반짝반짝하며 광채가 있다.⑤ 이때는 군사 행동을 멈추어야 하니, 제왕과 제후의 시정施政에는 이롭지만 용병에는 이롭지 못하기 때문이다. 운행의 순서를 잃으면 징조가 방수에 나타나는데, 빠르면 가뭄이 있고 늦으면 홍수가 있다.

大荒駱歲① 歲陰在巳 星居戌 以四月與奎婁(胃昴)晨出 曰跰踵② 熊熊赤色 有光 其失次 有應見亢 敦牂歲③ 歲陰在午 星居酉 以五月與胃昴畢 晨出曰開明④ 炎炎有光⑤ 偃兵 唯利公王 不利治兵 其失次 有應見房 歲早旱 晚水

① 大荒駱歲 대황락세

색은 《이아》에서, 사巳에 있으면 대황락이라고 한다. 요씨가 말했다. "만물이 모두 번성하고 크게 나와 갑자기 우뚝 솟으므로 황락이라 한다."

爾雅云 在巳爲大荒駱 姚氏云 言萬物皆熾盛而大出 霍然落落 故曰荒駱也

② 跰踵 병종

집해 서광이 말했다. "일설에 노종이라고도 한다."

徐廣曰 一曰路

색은 〈천문지〉에서 노종이라고 했다. 《자고》에서, 종峰은 지금은 '종踵'으로 쓴다고 한다.

天文志作路峰 字詁云 峰 今作踵也

정의 跰은 '변[白邊反]', 踵은 '종[之勇反]'으로 발음한다.

跰 白邊反 踵 之勇反

③ 敦牂歲 돈장세

색은 《이아》에서 말한다. "오午에 있으면 돈장이라고 한다." 손염이 말했다. "돈은 성盛이고 장은 장壯이다. 만물이 성대하고 씩씩함을 말한다." 위소가 말했다. "敦은 '돈頓'으로 발음한다."

爾雅云 在午爲敦牂 孫炎云 敦 盛 牂 壯也 言萬物盛壯 韋昭云 敦音頓也

④ 開明 개명

집해 서광이 말했다. "일설에 천진이라고도 한다."

徐廣曰 一曰天津

색은 〈천문지〉에 계명으로 되어 있다.

天文志 作啟明

⑤ 炎炎有光염염유광

정의 炎은 '엄[鹽驗反]'으로 발음한다.

炎 鹽驗反

협흡叶洽의 해①에는 세음이 미未에 있고 세성이 신申에 거처한다. 6월에 자휴觜觿,② 삼수와 함께 새벽에 나오는데 장렬長列이라고 한다. 밝고 밝아 광채가 있다. 이때는 군사를 움직이면 이롭다. 운행의 순서를 잃으면 징조가 기수箕宿에 나타난다.

군탄涒灘의 해③에는 세음이 신申에 있고 세성이 미未에 거처한다. 7월에 동정, 여귀(정수와 귀수)와 함께 새벽에 나오는데 대음大音④이라고 한다. 밝게 빛나며 흰색이다. 그 운행의 순서를 잃으면 징조가 견우牽牛에 나타난다.

叶洽歲① 歲陰在未 星居申 以六月與觜觿②參晨出 曰長列 昭昭有光 利行兵 其失次 有應見箕 涒灘歲③ 歲陰在申 星居未 以七月與東井輿鬼晨出 曰大音④ 昭昭白 其失次 有應見牽牛

---

① 叶洽歲협흡세

색은 《이아》에서 말한다. "미未에 있으면 협흡이라고 한다." 이순이 말했다. "양기가 만물을 변화시키고자 하므로 협흡이라 한다. 협은 '어우러

짐'이고 홉은 '합침'이다."

爾雅云 在未爲叶洽 李巡云 陽氣欲化萬物 故曰〔協洽〕協 和 洽 合也

② 觜觿자휴

정의 觜는 '자[子斯反]', 觿는 '휴[胡規反]'로 발음한다.

觜 子斯反 觿 胡規反

③ 涒灘歲군탄세

색은 군탄세이다. 《이아》에서 말한다. "신申에 있으면 군탄이다." 이순이 말했다. "군탄은 사물이 이삭을 토해 늘어뜨리는 모양이다. 涒은 '톤[他昆反]'으로, 灘은 '탄[他丹反]'으로 발음한다.

涒灘歲爾雅云 在申爲涒灘 李巡曰 涒灘 物吐秀傾垂之貌也 涒音他昆反 音他丹反

신주 《강희자전》에 의하면 《당운》과 《집운》에서 '涒'은 '톤[他昆切]', '돈暾'으로 발음한다. 군탄은 고대 12지 중 '신申'의 별칭이고 기년에 사용한다."고 했다. 그러나 〈역서〉 신주 에서 말했듯이 우리나라에서는 '톤'이나 '돈'의 발음보다 '군'으로 읽는 것이 일반적이기 때문에 이를 따른다.

④ 大音대음

신주 《사기지의》에서 말한다. "《한서》〈천문지〉에서는 '천진天晉'이라고 했다."

작악作鄂의 해①에는 세음이 유酉에 있고 세성이 오午에 거처한다. 8월에 유수, 칠성七星(성수), 장수張宿와 함께 새벽에 나오는데 장왕 長王이라고 한다. 눈부신 빛줄기가 있다. 이때는 국가가 번창하고 풍년이 든다. 운행의 순서를 잃으면 징조가 위수危宿에 나타난다. (이를 대장이라고 한다.) 가뭄이 들어 그 위세가 강하며 여자의 상사喪 事가 있고 백성에게는 질병이 있다.

엄무閹茂의 해에는② 세음이 술戌에 있고 세성이 사巳에 거처한다. 9월에 익수, 진수와 함께 새벽에 나오는데, 천휴天睢③라고 한다. 흰 색으로 매우 밝다. 그 운행의 순서를 잃으면 징조가 동벽東壁에 나 타난다. 이 해에는 비가 많고 여자의 상사喪事가 있다.

作鄂歲① 歲陰在酉 星居午 以八月與柳七星張晨出 曰(爲)長王 作作有 芒 國其昌熟穀 其失次 有應見危 (曰大章) 有旱而昌 有女喪 民疾 閹茂 歲② 歲陰在戌 星居巳 以九月與翼軫晨出 曰天睢③ 白色大明 其失次 有應見東壁 歲水 女喪

① 作鄂歲작악세

색은 《이아》에서 말한다. "유酉에 있으면 작악이다." 이순이 말했다. "작 악은 모든 사물의 싹과 가지가 일어나는 모양이다." 鄂은 '악愕'으로 발음 한다. 지금 살펴보니 아래의 글에 "작악에는 싹이 있다."고 했는데 곧 이 순의 해석에 또한 가깝다. 〈천문지〉에는 작액作詻이라고 했다. '역[五格反]' 으로 발음하며, 《사기》와 《이아》와는 다르다.

爾雅 在酉爲作鄂 李巡云 作鄂 皆物芒枝起之貌 鄂音愕 今案 下文云 作鄂有芒 則李巡解亦近得 天文志云 作詻 音五格反 與史記及爾雅並異也

② 閹茂歳엄무세

색은 《이아》에서 말한다. "술戌에 있으면 엄무이다." 손염이 말했다. "만물을 모두 가려 덮으므로 엄무라고 한다. 엄閹은 '가리다'이고 무茂는 '덮다'이다." 〈천문지〉에서는 엄무掩茂라고 했다.

爾雅云 在戌曰閹茂 孫炎云 萬物皆蔽冒 故曰〔閹茂〕 閹 蔽 茂 冒也 天文志 作掩茂也

③ 雔휴

색은 유씨는 '유[吁唯反]'로 발음한다고 한다.

劉氏音吁唯反也

대연헌大淵獻의 해①에는 세음이 해亥에 있고 세성이 진辰에 거처한다. 10월에 각수, 항수와 함께 새벽에 나온다. 이를 대장大章②이라고 한다. 빛이 짙푸르고 별이 뛰어 나오듯 잠깐 아침에 나오므로 이를 정평正平이라고 한다. 이 때에 군사를 일으키면 장수는 반드시 용감하고 그 국가에는 덕이 있어서 장차 온 천하를 소유하게 된다. 그 운행의 순서를 잃으면 징조가 누수婁宿에 나타난다.

곤돈困敦의 해③에는 세음이 자子에 있고 세성이 묘卯에 거처한다. 11월에 저수, 방수, 심수와 함께 새벽에 나온다. 이를 천천天泉이라고 한다.④ 검푸른 빛이 매우 밝다. 강이나 연못의 물이 불어 군사를 일으키는 데 불리하다. 그 운행의 순서를 잃으면 징조가 묘수昴宿에 나타난다.

大淵獻歲^① 歲陰在亥 星居辰 以十月與角亢 晨出曰大章^② 蒼蒼然 星若
躍而陰出旦 是謂正平 起師旅其率必武 其國有德將有四海 其失次 有
應見妻 困敦歲^③ 歲陰在子 星居卯 以十一月與氐房心晨出 曰天泉^④ 玄
色甚明 江池其昌 不利起兵 其失次 有應(在)〔見〕昴

① 大淵獻歲 대연헌세

색은 《이아》에서 말한다. "해亥에 있으면 대연헌이다." 손염이 말했다.
"연淵은 '깊음'이다. 크게 만물을 깊은 곳에 바치는 것으로, 싹을 밖에서
덮고 감추는 것을 말한 것이다."

爾雅云 在亥爲大淵獻 孫炎云 淵 深也 大獻萬物於深 謂蓋藏之於外耳

② 大章 대장

집해 서광이 말했다. "대장을 다른 데에는 '천황'이라고 했다."

徐廣曰 一曰天皇

색은 서광이 말했다. "다른 데에는 천황이라고 했다." 살펴보니 〈천문
지〉에서도 또한 천황으로 되어 있다.

徐廣云 一作天皇 案 天文志 亦作天皇也

③ 困敦歲 곤돈세

색은 《이아》에서 말한다. "자子에 있으면 곤돈이다." 손염이 말했다. "곤
돈은 혼돈이다. 만물이 처음으로 싹이 터 황천 아래에서 혼돈스러운 것
을 말한다."

爾雅 在子爲困敦 孫炎云 困敦 混沌也 言萬物初萌 混沌於黃泉之下也

④ 天泉천천

신주 《사기지의》에서, 《한서》〈천문지〉에는 '종천宗天'이라고 했다.

적분약赤奮若의 해[①]에는 세음이 축丑에 있고 세성이 인寅에 거처한다. 12월에 미수, 기수와 함께 새벽에 나오는데, 천호天皓[②]라고 한다. 검은 빛이 선명하고[③] 매우 밝다. 운행하는 순서를 잃으면 징조가 삼수參宿에 나타난다.

마땅히 자리해야 할 곳에 자리하지 않거나, 그곳에 자리하고서도 또 좌우로 흔들리고, 떠날 때가 아닌데 떠나 다른 별들과 만나면, 그 국가는 흉사가 있다. 머무는 곳에 오래 있으면 국가에 두터운 덕이 있다. 그 꺼끄러기 빛살이 움직여 잠깐 작아지고 잠깐 커지면서 색이 자주 변하면 군주에게 우환이 있다.

赤奮若歲[①] 歲陰在丑 星居寅 以十二月與尾箕晨出曰天皓[②] 黮然[③]黑色甚明 其失次 有應見參 當居不居 居之又左右搖 未當去去之 與他星會 其國凶 所居久 國有德厚 其角動 乍小乍大 若色數變 人主有憂

---

① 赤奮若歲적분약세

색은 《이아》에서 말한다. "축丑에 있으면 적분약이다." 이순이 말했다. "양기의 분발함이 신속한 것을 말한다. 약若은 순순이다."

爾雅 在丑爲赤奮若 李巡云 言陽氣奮迅 若 順也

② 天皓천호

晧는 '호昊'로 발음한다. 호晧는 《한서》〈천문지〉에 '호昊'로 되어
있다.

音昊 漢志 作昊

③ 黯然안연

색은 黯은 '안[於閑反]'으로 발음한다.

於閑反

신주 안연黯然은 검은 빛이 매우 선명한 모양을 말한다.

세성이 운행하는 순서와 머물러야 할 곳을 잃고 아래로 나아가면
동북쪽에서 3개월 만에 천방天棓[1]이 생긴다. 그 길이는 4장丈이
고[2] 끝이 뾰족하다. 다시 나아가면 동남쪽에서 3개월 만에 혜성
彗星[3]이 생긴다. 길이는 2장이고 모양이 빗자루와 같다. 다시 물러
나면 서북쪽에서 3개월 만에 천참天欃[4]이 생기는데 길이는 4장이
고 끝이 뾰족하다. 다시 물러나면 서남쪽에서 3개월 만에 천창天
槍이[5] 생긴다. 길이는 두어 장이고 양쪽 머리가 뾰족하다.
其失次舍以下 進而東北 三月生天棓[1] 長四丈[2]末兌 進而東南三月生
彗星[3] 長二丈類彗 退而西北三月生天欃[4] 長四丈末兌 退而西南三月
生天槍[5] 長數丈兩頭兌

① 天棓천방

정의 棓는 '팡[蒲講反]'으로 발음한다. 목성의 정이 흩어지면 천창, 천방,

천충, 천활, 국황, 천참 및 등천, 형진, 약천원, 천원, 창혜가 되는데 모두 넓게는 흉한 재앙에 해당한다. 천방天棓은 일명 각성覺星이며 본래 별의 종류인데 끝이 예리하고 길이가 4장이며 동북쪽이나 서쪽에서 나온다. 그것이 출현하면 천하는 전쟁으로 다툰다.

棓音蒲講反 歲星之精散而爲天槍 天棓 天衝 天猾 國皇 天欃 及登天 荊眞 若天
猿 天垣 蒼彗 皆以廣凶災也 天棓者 一名覺星 本類星而末銳 長四丈 出東北方
西方 其出則天下兵爭也

② 長四丈장사장

색은 살펴보니 〈천문지〉의 이 단락은 모두 감씨의 《성경》의 문장이고 또 겸해서 석씨 것을 기록했는데, 이곳에서는 취하지 않았다. 석씨는 이름이 신부申夫이고, 감씨는 이름이 덕德이다.

案 天文志 此皆甘氏星經文 而志又兼載石氏 此不取 石氏名申夫 甘氏名德

③ 彗星혜성

정의 천혜天彗(하늘의 빗자루)는 일명 소성掃星이고 본래 별의 종류인데 끝이 빗자루와 같아, 짧은 것은 몇 촌의 길이지만 긴 것은 혹 하늘 끝에 이어진다. 몸체에는 광채가 없어서 태양의 광채를 빌린다. 그러므로 저녁에 나타나면 동쪽을 가리키고 새벽에 나타나면 서쪽을 가리키며, 만약 태양이 남북쪽으로 하면 모두 햇볕을 따라 가리킨다. 광채가 뻗는 곳에 재변이 미치고, 나타나면 전쟁이 일어난다. 옛 것을 제거하고 새로운 것을 펴는데 빗자루 모양이 가리키는 곳은 허약하다.

天彗者 一名埽星 本類星 末類彗 小者數寸長 長或竟天 而體無光 假日之光 故
夕見則東指 晨見則西指 若日南北 皆隨日光而指 光芒所及爲災變 見則兵起

除舊布新 彗所指之處弱也

④ 天欃천참

집해 위소가 말했다. "참欃은 참차參差의 '참參'으로 발음한다."

韋昭曰 欃音參差之參

정의 欃은 '참[楚咸反]'으로 발음한다. 천참이란 서남쪽에 있고 길이는 4장이며 예리하다. 경방은 "천참은 선생이 일어나 천 리를 붉은 땅으로 만들어 마른 뼈들이 자자한 것이다."라고 했다. 〈천문지〉에서 "천창은 병란을 주관한다."고 했다.

欃 楚咸反 天欃者 在西南 長四丈 銳 京房云 天欃爲兵 赤地千里 枯骨籍籍 天文志云天槍主兵亂也

⑤ 天槍천창

정의 槍은 '창[楚行反]'으로 발음한다. 천창이란 길이가 두어 장丈이고 양쪽 머리가 뾰족하며 서남쪽에 나타난다. 그것이 보이면 3개월이 지나지 않아 반드시 국가를 깨뜨리고 군주를 어지럽히다가 그 허물을 당해 죽는 일이 있다.《한서》〈천문지〉에서 말한다. "효문제 때 천창이 저녁에 서남쪽에 나타났는데 점을 치자 전쟁에 죽고 어지러워진다고 했다. 그 6년 11월에 흉노가 상군과 운중으로 쳐들어와, 한나라에서 군사를 일으켜 경사京師(장안)를 호위했다."

槍 楚行反 天槍者 長數丈 兩頭銳 出西南方 其見 不過三月 必有破國亂君伏死其辜 天文志云 孝文時 天槍夕出西南 占曰爲兵喪亂 其六年十一月 匈奴入上郡 雲中 漢起兵以衛京師也

삼가 그 위치에 해당하는 나라를 살펴 거사나 용병을 해서는 안 된다. 그 혜성이 떠오르는 듯하다가 가라앉으면 그 나라에는 토목 공사가 있다. 가라앉는 듯하다가 떠오르면 들판은 황폐해지고 나라는 망한다. 빛이 붉으면서 광망(비치는 빛살)이 있으면 그곳에 자리한 나라는 번창한다. 광망이 있는 나라를 맞이해서[1] 싸우는 자는 이기지 못한다. 별빛이 적황색이며 가라앉으면 그곳의 분야에 자리한 나라는 크게 풍년이 든다.[2] 청백이며 적회색이면 그곳의 분야에 자리한 나라는 근심이 있다.

세성이 달로 들어가 겹치면 그 분야에 해당하는 나라는 재상이 축출된다. 태백太白과 충돌하면[3] 그 분야에 해당하는 나라는 무너지는 군대가 있다. 세성은 일명 섭제, 중화, 응성, 기성이라고도 한다. 영실營室은 청묘清廟이고 세성의 사당이다.

謹視其所見之國 不可擧事用兵 其出如浮如沈 其國有土功 如沈如浮 其野亡 色赤而有角 其所居國昌 迎[1]角而戰者不勝 星色赤黃而沈所 居野大穰[2] 色靑白而赤灰 所居野有憂 歲星入月其野有逐相 與太白鬪[3] 其野有破軍 歲星一曰攝提 曰重華 曰應星 曰紀星 營室爲淸廟 歲星廟也

① 迎영

집해 서광이 말했다. "영迎은 다른 데에는 '어御'로 되어 있다."

徐廣曰 一作御

② 穰양

정의 穰은 '양[人羊反]'으로 발음한다. 풍성하게 익는 것이다.

穰 人羊反 豐熟也

③ 與太白鬪여태백투

집해 위소가 말했다. "별들이 서로 공격하는 것이 '투鬪'이다."

韋昭曰 星相擊爲鬪

2. 남방 화성

군센 기운을 관찰해서[1] 형혹성熒惑星(화성)이 있는 곳을 알게 된다.[2] 남방으로 화火이며 여름을 주관한다. 날은 십간 중 병丙과 정丁에 해당한다. 예를 잃으면 벌이 화성에서 나오는데, 화성이 궤도를 잃었다는 것이 이것이다. 그래서 궤도를 나가면 병란이 일어나고 궤도로 들어오면 병란이 흩어진다.

그 별자리에 해당하는 국가의 명운을 맡는다. 화성은 어지러움을 피우니, 잔인한 해침, 질병, 상사喪死, 기근, 전쟁의 일이다.[3] 궤도에서 2사舍[4]를 역행하는데, 그 이상 머물러 3개월이면 재앙이 있고, 5개월이면 병란을 당하며, 7개월이면 국토의 반을 잃고, 9개월이면 국토의 태반을 잃게 된다.

察剛氣[1]以處熒惑[2] 曰南方火 主夏 日丙丁 禮失 罰出熒惑 熒惑失行是也 出則有兵 入則兵散 以其舍命國 (熒惑) 爲勃亂 殘賊疾喪饑兵[3] 反道二舍[4] 以上 居之 三月有殃 五月受兵 七月半亡地 九月太半亡地

① 察剛氣찰강기

집해 서광이 말했다. "강은 다른 데에는 '벌'로 되어 있다."

徐廣曰 剛 一作罰

색은 서광이 말했다. "강은 다른 데에는 '벌'로 되어 있다." 살펴보니 요씨는 《광아》를 인용하여 "형혹은 집법執法이다."라고 했다. 〈천관점〉에서 "형혹성은 방백의 상징이며 요얼妖孽(요상한 재앙)을 맡아 살핀다."고 했다. 곧 이 문장은 '찰벌기察罰氣'로 해야 옳다.

徐廣云 剛一作罰 案 姚氏引廣雅 熒惑謂之執法 天官占云 熒惑方伯象 司察妖孽 則此文察罰氣爲是

② 以處熒惑이처형혹

색은 《춘추위》〈문요구〉에서 말한다. "적제는 표노熛怒의 신으로 형혹성이다. 위치가 남방에 있고, 예를 잃으면 벌이 나온다." 진작이 말했다. "항상 10월에 태미에 들어가 제약을 받고 벌어진 별자리 속으로 나가며, 무도한 자를 맡고 출입하는데 일정함이 없다."

春秋緯文耀鉤云 赤帝熛怒之神 爲熒惑焉 位在南方 禮失則罰出 晉灼云 常以十月入太微 受制而出行列宿 司無道 出入無常

③ 熒惑爲勃亂 殘賊 疾喪饑兵형혹위발란 잔적 질상기병

집해 서광이 말했다. "이 아래에서 이르기를 '화성은 재판관이 되어 밖으로는 군사를 다스리고 안으로는 정사를 다스린다'고 한다."

徐廣曰 以下云 熒惑爲理 外則理兵 內則理政

정의 〈천관점〉에서 말한다. "화성은 법을 집행하는 별인데 그 운행하는 것이 일정하지 않아 그 별자리에 해당하는 국가의 명운을 맡는다. 잔인한 해침, 질병, 상사喪事, 기근, 전쟁이 된다. 고리의 굽은 것을 감싸듯이 꺼끄러기 빛살이 흔들리며 잠깐씩 앞뒤로 옮겨 다니면, 그 재앙이 더욱 심해진다. 화성은 상사喪事를 주관하는 대홍려의 상징이다. 무기를 주관하는 대사마라는 뜻으로, 교만하고 사치하는 것과 난얼亂孼들을 맡아서 법을 집행하는 관리이다. 그의 정령은 풍백風伯이 되고 아동들을 노래로 현혹하여 희롱한다."

天官占云 熒惑爲執法之星 其行無常 以其舍命國 爲殘賊 爲疾 爲喪 爲饑 爲兵 環繞句己 芒角動搖 乍前乍後 其殃逾甚 熒惑主死喪 大鴻臚之象 主甲兵 大司馬之義 伺驕奢亂孼 執法官也 其精爲風伯 惑童兒歌謠嬉戲也

④ 사舍

신주 舍는 28수가 머무는 별자리를 말하는데, 여기서는 일월성신日月星辰이 운행하는 거리를 나타내는 단위로 쓰였다. 따라서 1사는 28분의 1이 되고, 각도로는 약 12.86도에 해당한다.

> 그래서 여전히 출입을 반복하면 국가는 제사가 단절된다. 형옥이 머물러 있을 때 화가 오는 것이 빠르면 비록 큰 재앙이라도 작게 피해를 입고[1] 늦으면 작은 재앙이라도 큰 피해를 입게 된다.[2] 형혹이 남쪽에 나타나면 장부가 상喪을 당하고, 북쪽에 나타나면 여자가 상喪을 당한다.[3] 만약 광채가 고리를 감싸듯 요동하여 잠깐잠깐 앞뒤와 좌우로 옮겨 다니면 재앙이 더욱 커진다. 다른 별들과 빛을 다투면[4] 빛이 서로 미치는 곳은 해롭다. 서로 미치지 않으면

해롭지 않다. 오성이 모두 따라 일사一舍(1수宿의 범위 내)에 모이면⑤ 그 분야의 아래 나라는 가히 예를 천하에 펴게 된다.

因與俱出入 國絶祀 居之 殃還至 雖大當小① 久而至 當小反大② 其南爲丈夫〔喪〕北爲女子喪③ 若角動繞環之 及乍前乍後 左右 殃益大 與他星鬪④ 光相逮 爲害 不相逮 不害 五星皆從而聚于一舍⑤ 其下國可以禮致天下

① 殃還至 雖大當小 앙선지 수대당소

색은 살펴보니 還은 '선旋'으로 발음한다. 선은 '재빠르다'이다. 만약 화성이 역행하여 그 사舍에 머물면, 이른 곳에 재앙이 신속하게 이르는데, 비록 재앙이 크더라도 도리어 피해는 작아진다.

案 還音旋 旋 疾也 若熒惑反道居其舍 所致殃禍速至 則雖大反小

② 久而至當小反大 구이지당소반대

색은 살펴보니 구久는 가는데 더딘 것을 이른다. 이와 같이 하면 작은 재앙이 도리어 커져서, 해독이 심해지고 오래 간다는 말이다.

案 久謂行遲也 如此 禍小反大 言久腊毒也

③ 其南爲丈夫〔喪〕北爲女子喪 기남위장부〔상〕 북위여자상

색은 살펴보니 송균이 말했다. "화성이 여귀輿鬼의 남쪽에 머물면 장부들이 그 허물을 받고, 북쪽에 머물면 여자들이 그 흉한 것을 받는다."

案 宋均云 熒惑守輿鬼南 爲丈夫受其咎 北則女子受其凶也

④ 與他星鬪여타성투

[정의] 무릇 오성이 다투면 모두 싸우게 되고, 군사가 밖에 있지 않으면 내란이 된다. 투鬪는 광채가 서로 부딪히는 것을 이른다.

凡五星鬪 皆爲戰鬪 兵不在外 則爲內亂 鬪謂光芒相及

⑤ 五星皆從而聚于一舍오성개종이취우일사

[정의] 3성이 만약 합해지면 경비驚備를 세우고 통행을 단절함을 말한 것으로, 그 나라의 안팎에 전쟁과 상사가 있고 백성은 굶주리며, 제후나 왕을 바꾸어 세우게 된다. 4개의 별이 만약 합해지면 대양大陽이 되어, 그 국가의 군사는 죽고 난폭하게 일어나니 군자는 근심하고 소인은 떠돌아다닌다. 5성이 만약 합해지면 이행易行이라고 이르는데, 덕이 있는 자는 경사스러운 일을 받고 사방을 덮는다. 덕이 없는 자는 재앙을 받고 이에 사망한다.

三星若合 是謂驚立絕行 其國外內有兵與喪 人民饑乏 改立侯王 四星若合 是爲大陽 其國兵喪暴起 君子憂 小人流 五星若合 是謂易行 有德者受慶 掩有四方 無德者受殃 乃以死亡也

(형옥의) 운행법은 (묘廟에서) 떠올라 출현해 동쪽으로 16사舍를 가서 멈췄다가 역행해서 2사舍를 간다. 6순(60일)이 지나 다시 동쪽으로 가서 스스로 수십 사舍를 지나면 멈췄다가, 10개월 만에 서쪽으로 진다. 그리고 숨어서[①] 5개월을 지내다가 동방에서 떠오른다.

서쪽에서 뜨는 것을 '반명反明'이라고 하는데, 명命을 주관하는
자(제왕이나 제후)들은 싫어한다. 동쪽으로 운행은 급속해서 하루에
1도 반을 간다.

法 出東行十六舍而止 逆行二舍 六旬 復東行 自所止數十舍 十月而入
西方 伏①行五月 出東方 其出西方曰 反明 主命者惡之 東行急 一日行
一度半

① 伏복

집해 진작이 말했다. "복伏은 나타나지 않는 것이다."

晉灼曰 伏不見

(형혹의) 운행은 동서남북을 빠르게 가는데, 군사들이 각각 그 아래
에 모여서 싸우다가, 그 방향을 따르면 승리하고 거꾸로 하면 패배
한다.① 형혹이 태백을 따르면 군대에 우환이 있다. (태백을) 떠나면
군대가 물러간다. 태백이 북쪽에서 떠오르면 군대가 분열하고 남
쪽으로 운행하면 편장들이 싸운다. 형혹이 운행하는 곳에 태백이
추격하면 군대가 무너지고 장수가 죽는다.

형혹이 태미, 헌원, 영실을 침범하여 들어오는 것은③ 명령을 주관
하는 자가 싫어한다. 심수心宿는 명당明堂이고 형혹의 사당이기에
삼가 이를 살펴야 한다.

其行東西南北疾也 兵各聚其下 用戰 順之勝 逆之敗^① 熒惑從太白 軍憂 離之 軍卻 出太白陰 有分軍 行其陽 有偏將戰 當其行 太白逮之 破軍殺將^② 其入守犯太微^③ 軒轅營室 主命惡之 心爲明堂 熒惑廟也 謹候此

① 用戰 順之勝 逆之敗용전 순지승 역지패

신주 《사기지의》에서 말한다. "《한서》〈천문지〉에서는 '그 분야에 있는 곳은 망지亡地이니, 싸우면 이기지 못한다.'라고 하여 여기와 뜻이 다르다."

② 太白逮之 破軍殺將태백체지 파군살장

색은 송균이 말했다. "태백이 머물면 군대가 와서 충돌하는 것을 주관한다."

宋均云 太白宿 主軍來衝拒也

③ 其入守犯太微기입수범태미

집해 맹강이 말했다. "범犯은 일곱 치 이내에서 꺼끄러기 광채가 서로 미치는 것이다." 위소가 말했다. "아래에서부터 닿는 것을 '범犯'이라고 하고 그 별자리에 머무는 것을 '수守'라고 한다."

孟康曰 犯 七寸已內光芒相及也 韋昭曰 自下觸之曰犯 居其宿曰守

신주 《사기》〈송미자세가〉에, "서기전 478년, 초나라 혜왕惠王이 진陳나라를 멸했다. 그 무렵에 형혹성이 심수心宿에 머물렀다. 심수는 송나라 분야라 송나라 경공景公이 그것을 근심했다."라는 말이 나온다.

화성은 공전 주기가 지구의 약 2배에 달한다. 따라서 관측 시기에 따라 지구의 공전 방향(순방향)일 때가 있고, 지구 공전 반대 방향(역방향)일 때가 있다. 다른 행성에도 약간씩 있지만, 화성에서 제일 뚜렷하다. 공전방향이 바뀌는 순간을 '류留'라 하고 방향이 바뀔 때 잠시 머무르는 것을 '수守'라고 한다. 그중에서 전갈자리의 가장 밝은 별인 안타레스(동양 천문학의 심성心星)에 머무르는 때를 수심守心이라고 한다. 옛사람들에게 별이 거꾸로 운행하는 일은 놀라운 광경이었을 것이다.

3. 중앙 토성

두수斗宿가 12지의 방위를 가리키는 자리를 역법으로 살펴 진성 塡星(토성)의 위치를 정한다.[①] 진성은 중앙의 토제土帝로서 늦여름을 주관한다. 날은 십간 중 무戊와 기己에 해당한다. 황제이며 덕德을 주관하고 여주인을 상징한다. 한 해에 진성은 (28사 중에) 1사를 가는데 그가 자리하고 있는 나라는 길하다.

자리하지 않아야 하는데 자리하거나, 만약 이미 떠났다가 다시 돌아오거나, 돌아와서도 본래의 자리에 거하면, 그 나라는 땅을 얻거나 그렇지 않으면 여자를 얻게 된다. 자리해야 하는데 자리하지 않거나, 이미 자리하고 있었어도 동쪽이나 서쪽으로 떠나갔다면, 그 나라는 국토를 잃거나 그렇지 않으면 여자를 잃게 된다. 또 군사를 일으켜 쓸 수 없다. 진성이 오랫동안 자리 잡고 있으면 그 국가는 복이 두텁고, 잠깐 있다 떠나면[②] 복이 얄팍하다.

曆斗之會以定塡星之位① 曰中央土 主季夏 日戊 己 黃帝 主德 女主象
也 歲塡一宿 其所居國吉 未當居而居 若已去而復還 還居之 其國得土
不乃得女 若當居而不居 既已居之 又西東去 其國失土 不 乃失女 不可
擧事用兵 其居久 其國福厚 易②福薄

① 曆斗之會以定塡星之位역두지회이정진성지위

[색은] 역법을 가지고 두수가 만나는 곳으로 진성의 자리를 측정한다. 진
작이 말했다. "항상 갑진의 처음 두성을 가리키며, 한 해에 진성은 한 별
자리를 가서 28년에 하늘을 일주한다."《광아》에서, 진성을 일명 지후地侯
라고 한다. 〈문요구〉에서 "진성은 황제 함추뉴含樞紐의 정령이며 그의 몸
체는 선기旋璣이고 중수中宿의 분야이다."라고 했다.

曆斗之會以定鎮星之位 晉灼曰 常以甲辰之元始建斗 歲鎮一宿 二十八歲而周
天 廣雅曰 鎮星 一名地侯 文耀鉤云 鎮 黃帝含樞紐之精 其體旋璣 中宿之分也

[신주] 역두지회曆斗之會에서 '역曆'은 북두성의 운행을 표준으로 정한다.
그러므로 북두성을 '역두曆斗'라고 한다. '회會'는 북두성이 12지의 방위
를 가리킬 기회라는 뜻이다.

② 易역

[집해] 서광이 말했다. "易이란, 가볍고 신속한 것이다."

徐廣曰 易猶輕速也

토성은 일명 지후地侯라고 하며, 한 해를 주관한다. 한 해에 13과 5/112도를 가서 하루에 운행하는 거리가 1/28도가 된다. 그래서 28년이 지나야 하늘을 일주하게 된다. 진성이 자리하고 있는 곳에 5성이 모두 따라와 한 별자리에 모이면 그 아래의 국가는 두터움에 기대어 (덕을) 천하에 펼 수 있다.[1] 예, 덕, 의, 죽임, 형벌이 모두 적절함을 잃으면[2] 이에 토성이 그에 따라 동요하게 된다.

其一名曰地侯 主歲 歲行十(二)〔三〕度百十二分度之五 日行二十八分度之一 二十八歲周天 其所居 五星皆從而聚于一舍 其下之國 可〔以〕重致天下[1] 禮德義殺刑盡失[2] 而塡星乃爲之動搖

① 重致天下중치천하

[정의] 重은 '총[逐隴反]'으로 발음한다. 오성이 모두 진성을 따르면 그 아래 분야의 국가는 두터움에 기대어 (덕을) 천하에 펴는데, 진성이 땅을 주관하기 때문이다.

重音逐隴反 言五星皆從塡星 其下之國倚重而致天下 以塡主土故也

② 禮德義殺刑盡失예덕의살형진실

[신주] 《사기지의》에서 말한다. "진성은 신信이다. 그리고 인의예지는 신을 주로 한다. 《한서》〈천문지〉에서 '진성을 따라 소중해진다.'라고 했다. '덕德' 자는 마땅히 덧붙여진 글자다. '의義'는 곧 '인仁'을 잘못 쓴 것이며 마땅히 '인례살형진실仁禮殺刑盡失'이라고 해야 한다. 대개 세성은 인仁이고, 형혹은 예禮이며, 태백은 의義이고, 수성은 지智이다. 살殺은 곧 의義

이고, 형刑은 곧 지智이므로,《한서》〈천문지〉에서 '태백은 병兵을 따르고, 수성은 법法을 따른다.'고 했다."

운행이 영贏(출현이 빠름)이면 왕이 편안하지 못하고, 축縮(출현이 늦음)이면 군대가 있어도 돌아오지 못한다. 진성은 빛이 누렇고 아홉 개의 광채가 있으며 음률은 황종黃鍾의 궁음이다.[①] 운행하는 순서를 잃고 2~3수宿 위에 있으면 영贏이라고 하는데, 군주의 명령이 성취되지 못하거나 아니면 홍수가 있다. 운행하는 순서를 잃고 2~3수 아래에 있으면 축縮이라고 하는데, 왕후에게 근심이 있고 그 해에 회복하지 못하거나 또는 하늘이 갈라지고 땅이 움직이는 이변이 생긴다. 두수는 태실太室을 꾸미는 것이고 진성은 묘당이며 천자의 별이다.

贏 爲王不寧 其縮 有軍不復 塡星 其色黃 九芒 音曰黃鍾宮[①] 其失次上 二三宿曰贏 有主命不成 不乃大水 失次下二三宿曰縮 有后戚 其歲不 復 不乃 天裂若地動 斗爲文太室 塡星廟 天子之星也

① 音曰黃鍾宮음왈황종궁

신주 진성은 토성이고 토土는 중앙이며, 중中은 궁宮을 담당한다. 궁을 담당하는 것은 황종이니, 토성이 황종에 해당하는 궁음을 맡는다는 소리다.

4. 오성 운행

목성이 토성과 회합하면 내란과 기근이 드는데[1] 군주는 전쟁을 하지 말아야 하고 싸우면 패배한다. 목성이 수성과 회합하면 계획을 변경하고 정사를 바꾸어야 한다. 화성과 회합하면 가뭄이 든다. 금성과 회합하면 상사喪事나 수재水災가 있다. 금성이 목성의 남쪽에 있는 것을 빈모牝牡라고 하는데[2] 그 해에는 곡식이 잘 익는다. 금성이 북쪽에 있으면 그 해의 수확은 반밖에 안 된다.

화성이 수성과 회합하면 담금질이 되고[3] 금성과 회합하면 녹게 되니, 상사喪事가 있어서 모든 일을 일으키지 말아야 하고 군대를 부리면 크게 패배한다. 화성이 토성과 회합하면 우환이 생기고 나쁜 신하가 주관한다.[4] (목성과 회합하면) 크게 기근이 든다. 전쟁에 져서 패군敗軍이 되고[5] 군대가 곤란을 겪어 거사를 하면 크게 무너진다.

木星與土合 爲內亂 饑[1] 主勿用戰 敗 水則變謀而更事 火爲旱 金爲白衣會若水 金在南曰牝牡[2] 年穀熟 金在北 歲偏無 火與水合爲焠[3] 與金合爲鑠 爲喪 皆不可擧事 用兵大敗 土爲憂 主孼卿[4] 大饑 戰敗爲北軍[5] 軍困 擧事大敗

① 木星與土合 爲內亂 饑목성여토합 위내란 기

정의 《성경》에서 말한다. "무릇 오성에서 목성이 토성과 회합하면 내란과 기근이 든다. 수성과 회합하면 모의를 변경하고 사업도 바뀐다. 화성과 회합하면 가뭄이 든다. 금성과 회합하면 상사喪事가 있다."

《성경》에서 말한다. "대저 5성에서 목성과 토성이 회합하면 내란과 기근이 생긴다. 수성과 회합하면 변모(變謀)하고 일을 고친다. 화성과 회합하면 가뭄이 든다. 금성과 회합하면 상복 입는 모임이 있다."

星經云 凡五星 木與土合爲內亂饑 與水合爲變謀 更事 與火合爲旱 與金合爲
白衣會也

② 金在南曰牝牡금재남왈빈모

[색은] 진작이 말했다. "목성은 양이고 금성은 음이므로 빈모(牝牡)다."

晉灼曰 歲 陽也 太白 陰也 故曰牝牡也

신주 빈모는 짐승의 자웅雌雄, 곧 암컷과 수컷을 뜻한다.

[정의] 《성경》에서 말한다. "금성이 남쪽에 있고 목성이 북쪽에 있는 것을 빈모라고 하고 그해에는 풍년이 든다. 금성이 북쪽에 있고 목성이 남쪽에 있으면 그해에는 수확이 있기도 하고 없기도 한다."

星經云 金在南 木在北 名曰牝牡 年穀大熟 金在北 木在南 其年或有或無

③ 焠쉬

[집해] 진작이 말했다. "불이 물에 들어가는 것이기 때문에 담금질이라고 한다."

晉灼曰 火入水 故曰焠

[색은] 불과 물이 회합하는 것을 쉬焠라고 한다. 살펴보니 화성과 수성이 함께 토성을 쫓아 합하는 것을 이른다.

火與水合曰焠 案 謂火與水俱從塡星合也

[정의] 焠는 '채[㤅內反]'로 발음한다. 《성경》에서 말한다. "대저 5성에서 화성이 수성과 회합하면 '담금질'이 되어 군사를 이용해서 거사하면 크게 패한다. 금성과 회합하면 쇠가 녹게 되어 일을 잃게 되고, 거사가 불가하며, 군사를 이용해 종군하면 군사에 근심이 생긴다. 금성이 떠나면 군대가 물러난다. 토성과 회합하면 근심이 되고 나쁜 신하가 주관한다. 목성과 회

합하면 기근이 들고 전쟁에 패한다."

焠 恩內反 星經云 凡五星 火與水合爲焠 用兵擧事大敗 與金合爲鑠 爲喪 不可
擧事 用兵從軍爲憂 離之 軍卻 與土合爲憂 主孼卿 與木合 饑 戰敗也

신주 본문 번역에 '목성과 회합하면'을 추가한 것은 정의 주석의 이 구
절 때문이다. 《사기지의》에 따르면, 《한서》 〈천문지〉에도 역시 목성과의
회합으로 인해 기근이 든다고 했다.

④ 主孼卿주얼경

색은 살펴보니 〈문요구〉에서 말한다. "수水와 토土가 합해진다는 것은
곧 풀무로 단련하여 쇠를 만드는데, 풀무로 단련하여 만들면 불이 일어나
고, 불이 일어나면 토土의 자식을 담금질하게 된다. 쇠가 만들어졌다가 녹
게 되고, 녹으면 토土에서 자식이 아버지를 돕는 게 없어지고, 자식이 아
버지를 돕는 게 없어지면 나쁜 귀신의 재앙이 보태지기 때문에 자식이 근
심하는 것이다."

案 文耀鉤云 水土合則成鑪冶 鑪冶成則火興 火興則土之子焠 金成消爍 消爍
則土無子輔父 無子輔父則益妖孼 故子憂

⑤ 爲北軍위배군

정의 위배爲北는 군대가 패배하는 것이다. 무릇 군사가 패하는 것을 배
北라고 한다.

爲北 軍北也 凡軍敗曰北

토성이 수성과 회합하면, 풍년이 들지만 막혀서 유통되지 못하고^① 군대가 엎어져서^② 그 국가에서는 거사하지 못한다. 토성이 궤도에서 나가면 토지를 잃고 궤도로 들어오면 토지를 얻는다. 또 금성과 회합하면 질병이 되고 나라에 내란이 일어나며 국토를 잃게된다.

세 별이 회합하면 그 별에 해당하는 분야의 국가는 안팎으로 전쟁이나 상사喪事가 있고 공公이나 왕王을 바꿔 세운다. 사성이 회합하면 전쟁과 상사가 함께 일어나 군자는 근심하고 소인은 유랑한다. 오성이 회합하면 모든 일들이 하기 쉬워진다. 덕이 있는 자는 경사스러운 일을 받고 대인大人을 바꿔 세운다. 사방을 덮고 자손들이 번창한다. 덕이 없으면 재앙을 받고 망한다. 오성(의 빛)이 모두 크면 그 사업도 크고, 모두 작으면 사업도 작다.

土與水合 穰而擁閼^① 有覆軍^② 其國不可擧事 出 亡地 入 得地 金爲疾 爲內兵 亡地 三星若合 其宿地國外內有兵與喪 改立公王 四星合 兵喪 並起 君子憂 小人流 五星合 是爲易行 有德 受慶 改立大人 掩有四方 子孫蕃昌 無德 受殃若亡 五星皆大 其事亦大 皆小 事亦小

① 穰而擁閼 양이옹알

정의 擁은 '옹[於拱反]'으로, 閼은 '알[烏葛反]'로 발음한다.

擁 於拱反 閼 烏葛反

② 有覆軍 유복군

서광이 말했다. "혹자가 이르기를 목, 화, 토의 3성이 만일 회합하면 이는 경비를 세우고 통행을 단절하는 것을 말한다."

徐廣曰 或云 木火土三星若合 是謂驚立絶行

(오성이 다른 별보다) 일찍 나온 것을 영瀛이라고 한다. 영은 손님이 된다. 늦게 나온 것을 축縮이라고 한다. 축은 주인이 된다. 반드시 하늘의 응함이 있어서 표성杓星에 나타난다. 한 별자리에 같이 만나게 되면 서로 짓이겨 다투는데,[①] 7치 이내이면 반드시 그러하다.[②] 5성의 빛이 희고 둥글면 상사喪事나 가뭄이 든다. 붉고 둥글면 평화롭지 못하고 전쟁이 일어난다. 푸르고 둥글면 우환이나 수재가 있다. 검고 둥글면 질병으로 많이 죽는다. 노랗고 둥글면 길하다. 붉은 빛살이 있으면 우리의 성城을 범한다. 누런 빛살이 있으면 땅을 다투고, 흰 빛살이 있으면 상사喪事의 울음이 있고, 푸른 빛살이 있으면 전쟁의 우환이 있고, 검은 빛살이 있으면 수재가 있다.

蚤出者爲瀛 瀛者爲客 晩出者爲縮 縮者爲主人 必有天應見於杓星 同舍 爲合 相陵爲鬪[①] 七寸以內必之矣[②] 五星色白圜 爲喪旱 赤圜 則中不平 爲兵 靑圜 爲憂水 黑圜 爲疾 多死 黃圜 則吉 赤角犯我城 黃角地之爭 白角哭泣之聲 靑角有兵憂 黑角則水

① 相陵爲鬪상릉위투

맹강이 말했다. "능릉은 서로 침범해서 남의 재물을 차지하는 것이 지나친 것이다." 위소가 말했다. "갑자기 엄습하는 것이 능릉이다."

孟康曰 陵 相冒占過也 韋昭曰 突掩爲陵

② 必之矣필지의

색은 살펴보니 위소가 말했다. "반드시 재앙이 있다."

案 韋昭云 必有禍也

신주 《사기지의》에 따르면, 한나라와 진晉나라 여러 〈천문지〉에 이 구절의 위에 "두 별이 서로 가까워지면 재앙이 커지고, 두 별이 서로 멀어지면 재앙의 해침이 없다."라는 문구가 있다.

뜻①은 행군이 다 끝나고 군사를 마친다는 것이다.② 5성의 빛깔이 같으면 천하에 전쟁이 끝나고 백성은 편안하고 번성한다. 봄에는 바람이 불고 가을에는 비가 내리며 겨울에는 춥고 여름에는 덥다. 오성이 움직이면 늘 이렇게 된다.

토성이 나온 지 120일이 되면 역행하여 서쪽으로 간다. 서쪽으로 가다가 120일이 되면 반대로 동쪽으로 간다. 나온 지 330일 만에 지는데, 지고 나서 30일 만에 다시 동방에서 나온다. 태세(목성)가 갑인에 있으면 토성은 동벽東壁에 자리하므로 영실에 있다고 한다.

意① 行窮兵之所終② 五星同色 天下偃兵 百姓寧昌 春風秋雨 冬寒夏暑 動搖常以此 塡星出百二十日而逆西行 西行百二十日反東行 見三百三十日而入 入三十日復出東方 太歲在甲寅 鎭星在東壁 故在營室

① 意의

집해 서광이 말했다. "의는 다른 데에는 '지志'로 되어 있다."

徐廣曰 一作志

② 意 行窮兵之所終의 행궁병지소종

신주 《사기지의》에 따르면, 잘못 들어간 문장이라고 한다.

5. 서방 금성

태양의 운행을 살펴 태백太白(금성)①이 자리한 위치를 정한다.② 태백은 서방이며 가을을 나타내고③ (군대와 달의 운행을 맡는 것은 천시天矢이다.) 날은 십간 중 경庚과 신辛에 해당하는데 주살誅殺을 주관한다. 주살이 잘못 행해지면, 그 형벌의 징후가 태백에 나타난다. 태백이 궤도를 잃으면, 그 별자리에 해당하는 국가의 명운이 정해진다. 금성이 나타나 18사를 240일 동안 운행하다가 진다. 동방으로 들어왔다가 진 채로 11사를 130일 동안 숨어서 가다가 또 나타난다. 그 뒤 서쪽으로 지고 나서 3사를 16일 동안 숨어서 가다가 또 나타난다. 마땅히 나타나야 하는데 나타나지 않거나, 져야 하는데 지지 않게 되면 이는 사를 잃었다고 말하는데, 군대가 무너지지 않으면 반드시 나라 임금의 자리를 빼앗기는 일이 벌어진다.

察日行以處位②太白① 曰西方 秋③ (司兵月行及天矢) 日庚辛 主殺 殺
失者 罰出太白 太白失行 以其舍命國 其出行十八舍 二百四十日而入
入東方 伏行十一舍百三十日 其入西方 伏行三舍十六日而出 當出不
出 當入不入 是謂失舍 不有破軍 必有國君之纂

① 太白태백

색은 《한시》에서 "태백이 새벽에 동쪽에서 떠오르면 계명啓明이라 하
고, 초저녁에 서쪽에 보이면 장경長庚이라고 한다."고 했다. 또 손염의 《이
아》 주석에서 "새벽에 동쪽에서 3장 높이로 나오는 것을 계명이라 명명
하고, 초저녁에 서쪽에서 3사三舍 높이로 나타나는 것을 태백이라 명명한
다."라고 했다.

韓詩云 太白晨出東方爲啟明 昏見西方爲長庚 又孫炎注爾雅 以爲晨出東方高
三丈 命曰啟明 昏見西方高三舍 命曰太白

정의 진작이 말했다. "항상 정월 갑인甲寅에 화성과 함께 새벽에 동쪽
에서 나와 운행하다가 240일 만에 진다. 진 지 40일 만에 또 서쪽에서 나
와 운행하다가 240일 만에 지고, 진 지 35일 만에 다시 동쪽에 떠오른다.
인寅과 술戌의 방향에서 나왔다가 축丑과 미未의 방향으로 진다."

〈천관점〉에서 말한다. "태백이란 서쪽 금金의 정령이고 백제의 아들이
며 상공과 대장군의 상징이다. 일명 은성, 대정, 형성, 관성, 양성, 멸성, 대
효, 대쇠, 대상이라고도 한다. 지름이 100리이다."

〈천문지〉에서 말한다. "그 십간 중 경庚과 신辛, 사계절 중 가을에 해
당한다. 오상 중 의義이고 오사 중 언言이다. 군주가 의리를 망치고 말을

실수하며, 계절을 어기고 금의 기운을 손상시키면 벌이 태백에 나타난다. 봄에는 동쪽에서 새벽에 나타나고 가을에는 서쪽에서 저녁에 나타난다."

晉灼云 常以正月甲寅與熒惑晨出東方 二百四十日而入 入四十日又出西方 二百四十日而入 入三十五日而復出東方 出以寅戌 入以丑未 天官占云 太白者 西方金之精 白帝之子 上公 大將軍之象也 一名殷星 一名大正 一名熒星 一名 官星 一名梁星 一名滅星 一名大囂 一名大衰 一名大爽 徑一百里 天文志云 其 日庚辛 四時 秋也 五常 義也 五事 言也 人主義虧言失 逆時令 傷金氣 罰見太 白 春見東方 以晨 秋見西方 以夕

② 察日行以處位 찰일행이처위

色은 살펴보니 태백이 새벽에 동쪽에서 뜨는 것을 계명啓明이라고 한다. 그러므로 태양의 운행을 살펴 태백의 자리를 측정한다.

案 太白晨出東方曰啟明 故察日行以處太白之位也

③ 西方 秋 서방 추

정의 태백은 다섯 개의 빛살이 나오는데 이르면 월식이 되고 늦으면 천시天矢나 혜성이 된다. 그 정령이 흩어져서 천저, 천부, 복령, 대패, 사간, 천구, 적성, 천잔이 되어 마침내 성력星曆이 나왔으니 이것이 옛 역성曆星이다. 죽혜, 장성, 원성, 백환이 모두 그 변화를 보이는 것과 같다.

太白五芒出 早爲月蝕 晚爲天矢及彗 其精散爲天杵天栜伏靈大敗司姦天狗賊 星天殘卒起星 是古曆星 若竹彗牆星猿星白雚 皆以示變(之)也

《상원력上元曆》에 따르면[①] (태백성이) 섭제격(寅)의 해에는 영실과 함께 새벽에 동쪽에서 떠올라 각수角宿에 이르러 진다. 영실과 함께 저녁에는 서쪽에서 떠올라 각수에 이르러 진다. 각수와 함께 새벽에 떠서 필수畢宿에서 지고 각수와 더불어 저녁에 나와서 필수에서 진다. 필수와 더불어 새벽에 나타나서 기수箕宿에서 진다. 필수와 더불어 저녁에 나와서 기수에서 진다. 기수와 더불어 새벽에 나와서 유수柳宿에서 진다. 기수와 더불어 저녁에 나와서 유수에서 진다. 유수와 더불어 새벽에 나와서 영실에서 진다. 유수와 더불어 저녁에 나와서 영실에서 진다. 대저 동쪽과 서쪽에서 각각 다섯 번씩 떠오르고 져서 8년 220일[②]이 되면 다시 영실과 함께 새벽에 동쪽에서 뜬다.

其紀上元[①] 以攝提格之歲 與營室晨出東方 至角而入 與營室夕出西方 至角而入 與角晨出 入畢 與角夕出 入畢 與畢晨出 入箕 與畢夕出 入箕 與箕晨出 入柳 與箕夕出 入柳 與柳晨出 入營室 與柳夕出 入營室 凡出 入東西各五 爲八歲 二百二十日[②] 復與營室晨出東方

① 紀上元기상원

색은 살펴보니 상원은 옛 역성曆星의 이름인데, 상원을 기준으로 삼아 기록한 역법을 말한다. 즉 섭제격의 해에 태백이 영실과 함께 새벽에 동쪽에서 나와 각수角宿에 이르러서 진다. 영실과 함께 저녁에 서쪽에서 나와 각수角宿에 이르러서 진다. 대저 동쪽과 서쪽에서 각각 다섯 번씩 떠오르고 지면 8년 230일이 되어 다시 영실과 함께 새벽에 동쪽에서 떠오른다.

대개는 한 해에 한 번 하늘을 일주한다.

案 上元是古曆之名 言用上元紀曆法 則攝提歲 而太白與營室晨出東方 至角而入 與營室夕出西方 至角而入 凡出入東西各五 爲八歲二百三十日 復與營室晨出東方 大率歲一周天也

정의 상원의 역법으로 기록한 것은 별들의 고력古曆이며 처음 상원의 법에서 나왔다.

其紀上元 是星古曆初起上元之法也

신주 《상원력》은 삼황 중 첫째인 복희씨가 만들었다고 해서 '복희력伏羲曆'이라고 한다. 또 '갑력甲曆', '태초력太初曆'이라고도 한다.《한서》〈율력지〉에 따르면 한 무제는 원봉 7년(서기전 104) 전국의 저명한 천문학자들을 불러 연호를 원봉에서 태초로 개정하고, 역법도 진秦나라의《전욱력顓頊曆》을 그대로 사용하던 것을 바꾸어《태초력》을 만들었는데, 1일을 81분으로 나누어서 '81분 율력'이라고도 한다. 복희나 전욱이 모두 동이라는 점에서 중국의 고대 역법 또한 모두 동이가 만든 천문사상이자 문화다.

② 二百二十日이백이십일

집해 서광이 말했다. "다른 데에는 '32일'이라고 이른다."

徐廣曰 一云三十二日

태백은 대개 1년에 한 번 하늘을 일주한다. 처음 동쪽에서 떠오르면 운행이 더디다. 하루에 0.5도씩 120일을 가다가 반드시 역행해 1, 2사舍를 (서쪽으로) 운행한다. 위의 극점에 이르러 반대로 동쪽으로 움직여서 하루에 1.5도씩 운행하다가 120일 만에 진다. 위치가 낮고 태양과 가까울 때를 명성明星이라고 하는데 빛이 부드럽다. 위치가 높고 태양과 먼 때를 대효大囂라고[1] 하는데 빛이 강렬하다.

其大率 歲一周天 其始出東方 行遲 率日半度 一百二十日 必逆行一二舍 上極而反 東行 行日一度半 一百二十日入 其庳 近日 曰明星 柔 高遠日 曰大囂[1] 剛

[1] 大囂대효

정의 서광이 말했다. "다른 데에는 효를 변變으로 썼다."

徐廣曰 一作變

나타나기 시작해서 서쪽으로 운행하면 빠르게 움직인다. 하루에 1.5도씩 120일을 가다가 위의 극점에 이르러 운행이 더뎌진다. 하루에 0.5도씩 120일을 가다가 아침에 지는데 반드시 역행해서 1, 2사를 지난 뒤에 진다. 위치가 낮아서 태양과 가까울 때를 대백大白이라고 하는데 빛이 부드럽다. 높아서 태양과 먼 때를 대상大相이라고 하는데 빛이 강렬하다. 출현하는 것은 진시와 술시 방향이고 들어가는 것은 축시와 미시 방향이다.

其始出西〔方〕行疾 率日一度半 百二十日 上極而行遲 日半度 百二十日 旦入 必逆行一二舍而入 其庳 近日 曰大白 柔 高 遠日 曰大相 剛 出以辰戌 入以丑未

떠야 할 때 뜨지 않거나, 져서는 안 될 때 지면 천하가 전쟁을 그치고 출정한 군사들이 밖에서 들어오게 된다. 뜨지 않아야 할 때 뜨거나, 져야 할 때 지지 않으면 천하에 전쟁이 일어나고 나라는 무너지게 된다. 떠야 할 때 뜨면 그 국가는 번창한다. 동쪽에서 뜨면 동쪽을 위하고 동쪽으로 지면 북쪽을 위한다. 서쪽에서 뜨면 서쪽을 위하고 서쪽으로 지면 남쪽을 위한다.

오래도록 머물면 태백이 향하는 쪽이 이롭고, 빠르게 지나가면[①] 태백이 향하는 쪽이 흉하게 된다. 서쪽에서 떠서 동쪽에 이르면 정서正西쪽의 나라가 길하다. 동쪽에서 떠서 서쪽에 이르면 정동正東쪽의 나라가 길하다. 태백은 낮 하늘에 보이지 않는다. 낮 하늘에 보이면 천하에 정치혁명이 일어난다.[②]

當出不出 未當入而入 天下偃兵 兵在外入 未當出而出 當入而不入 〔天〕下起兵 有破國 其當期出也 其國昌 其出東爲東 入東爲北方 出西爲西 入西爲南方 所居久 其鄕利 (疾)[①]〔易〕其鄕凶 出西(逆行)至東 正西國吉 出東至西 正東國吉 其出不經天 經天 天下革政[②]

① (疾)질

집해 소림이 말했다. "빠르게 지나가는 것이다."

蘇林曰 疾過也

② 其出不經天~天下革政 기출불경천~천하혁정

색은 맹강이 말했다. "동쪽에서 떠서 서쪽으로 지고 서쪽에서 떠서 동쪽으로 지는 것을 말한다. 금성은 음성陰星이라 동쪽에서 뜨면 마땅히 동쪽에 숨고 서쪽에서 뜨면 마땅히 서쪽에 숨어야 한다. 정오가 지나도록 하늘에 떠있는 것을 경천經天이라고 이른다." 또 진작이 말했다. "해는 양陽이다. 해가 뜨면 별들이 진다. 금성이 한낮까지 보이는 것을 경천經天이라 한다."

孟康曰 謂出東入西 出西入東也 太白陰星 出東當伏東 出西當伏西 過午爲經天 又晉灼曰 日 陽也 日出則星沒 太白晝見午上爲經天

태백이 작고 빛살이 흔들리면 전쟁이 일어난다. 처음 떠오를 때 크다가 뒤에 작아지면 군사들이 허약하고, 떠오를 때 작았다가 뒤에 커지면 군대가 강성해진다. 높게 떠 있으면 군사가 깊숙이 침투해야 길하고 얕게 침투하면 흉하다. 낮게 떠 있으면 얕게 침투해야 길하고 깊숙이 침투하면 흉하다.

해의 방향이 남쪽이고 금성이 그 남쪽에 위치해 있으며, 해의 방향이 북쪽이고 금성이 그 북쪽에 위치해 있는 것을 영嬴이라고 한다.①

이 때는 제후나 왕이 편안하지 못하다. 용병하여 진격하면 길하고 퇴각하면 흉하다. 해의 방향이 남쪽이고 금성이 그 북쪽에 위치해 있으며, 해의 방향이 북쪽이고 금성이 그 남쪽에 위치해 있는 것을 축縮이라고 한다. 이때는 제후와 왕에게 우환이 있다. 용병하여 퇴각하면 길하고 진격하면 흉하다.

小以角動 兵起 始出大 後小 兵弱 出小 後大 兵強 出高 用兵深吉 淺凶 庳 淺吉 深凶 日方南金居其南 日方北金居其北 曰贏[①] 侯王不寧 用兵進吉 退凶 日方南金居其北 日方北金居其南 曰縮 侯王有憂 用兵退吉進凶

① 日方南金居其南 ～ 日贏일방남금거기남 ～ 왈영

[정의] 정현이 말했다. "방方은 향하는 것과 같다. 낮의 시간이 절반이 되었을 때 토규土圭(해 그림자를 재는 옥기)를 설치하고 음과 양을 표해서 그 남과 북을 살피는 것을 이른다. 그림자가 토규보다 짧으면 일남日南이라고 이르는데 이는 땅이 태양에서 가까운 곳이 남쪽이 된다. 토규보다 길면 일북日北이라고 이르는데 이는 땅이 태양에서 가까운 곳이 북쪽이 된다. 대저 태양이 땅에 그림자를 그리는데 1,000리에 한 치의 차이가 생긴다."

《주례》에서 말한다. "일남日南은 그림자가 작고 다소 더우며, 일북日北은 그림자가 길고 다소 춥다." 맹강이 말했다. "금金은 태백을 이른다. 영影은 태양의 한가운데 그림자이다."

鄭玄云 方猶向也 謂晝漏半而置土圭表陰陽 審其南北也 影短於土圭 謂之日南 是地於日爲近南也 長於土圭謂之日北 是地於日爲近北也 凡日影於地 千里而差一寸 周禮云 日南則影短多暑 日北則影長多寒 孟康云 金謂太白也 影日中之影也

용병하는 것은 태백을 징조로 삼는다. 태백이 빠르게 운행하면 군사를 빠르게 움직이게 하고, 더디게 운행하면 군사를 천천히 움직이게 한다. 빛살이 있으면 용감하게 싸우는데, 빛살의 흔들림이 조급하면 조급하게 싸우고, 둥글고 고요하면 군을 쉬게 한다. 빛살이 가리키는 쪽을 따르면 길하고 반대로 하면 모두 흉하다. 태백이 뜨면 출병하고, 시면 군사를 불러들인다. 붉은 빛살을 띠면 전투가 있고, 흰 빛살을 띠면 상사喪事가 있다. 검은 고리와 빛살이 있으면 우환이 있고 수해를 입는 일이 생긴다. 푸른 고리와 작은 빛살이 있으면 우환이 있고 벌목할 일이 생긴다. 누런 고리와 어우러지는 빛살이 있으면 토목사업이 있고 풍년이 든다.[1]

用兵象太白 太白行疾 疾行 遲 遲行 角 敢戰 動搖躁 躁 圜以靜 靜 順角 所指 吉 反之 皆凶 出則出兵 入則入兵 赤角 有戰 白角 有喪 黑圜角 憂 有水事 靑圜小角 憂 有木事 黃圜和角 有土事 有年[1]

[1] 黃圜和角 ～ 有年 황환화각 ～ 유년

정의 태백성이 둥글면 천하가 화평하다. 만약 꺼끄러기 빛살이 있으면 토목공사가 있다. 유년有年은 풍성하게 익은 것을 이른다.

太白星圓 天下和平 若芒角 有土事 有年謂豐熟也

태백이 이윽고 떠올라 3일 만에 다시 조금 흐려지고, 흐려진 지 3일 만에 다시 크게 나타나는 것을 연奀[1]이라고 한다. 그 분야 아래의 나라는 군대도 무너지고 장군도 패배하게 된다.

이미 진 지 3일이 되어 또 다시 흐릿하게 떠올랐다가 떠오른 지 3일 만에 다시 완전히 사라지면, 그 분야 아래의 나라는 우환이 있고 군사들은 식량과 병장기를 적이 쓰도록 넘겨준다.[2] 군사들이 비록 많더라도 장차 적의 포로가 된다.

태백이 서쪽에서 떠올라 궤도를 벗어나면 밖의 나라들이 무너진다. 동쪽에서 떠올라 궤도를 벗어나면 중국이 무너진다. 그 빛이 크게 둥글고 누런 윤택[3]이 있으면 좋은 일이 있고, 둥글고 크면서 붉으면 군대가 강성해도 싸우지 않게 된다.

其已出三日而復 有微入 入三日乃復盛出 是謂奀[1] 其下國有軍敗將北
其已入三日又復微出 出三日而復盛入 其下國有憂 師有糧食兵革 遺[2]
人用之 卒雖衆 將爲人虜 其出西失行 外國敗 其出東失行 中國敗 其色
大圜黃潤[3] 可爲好事 其圜大赤 兵盛不戰

① 奀연

집해 진작이 말했다. "연奀은 물러나 나아가지 않는 것이다."

晉灼曰 奀 退之不進

색은 이것은 需를 이른다. 또 '연奀'이라고 하는데, '난[奴亂反]'으로 발음한다.

是謂需 又作奀 音奴亂反

신주 《사기지의》에서 "《한서》〈천문지〉에서, '연이복奄而伏'이라 하고, 진작의 주석에 '연은 물러나는 것이니, 숨어 보이지 않은 것이다.'라고 한다."라고 하는데, 여기서는 빠뜨렸다고 한다.

② 遺유

정의 遺는 '예[唯季反]'로 발음한다.

遺 唯季反

③ 澤택

집해 '택澤'으로 발음한다.

音澤

태백이 흰색을 띠면 천랑성(시리우스)과 비슷하고[1] 붉은색을 띠면 심수心宿(전갈자리 안타레스)와 비슷하다. 노란색을 띠면 삼수(오리온자리 삼태성) 왼쪽 어깨별(베텔게우스)과 비슷하고 푸른색을 띠면 삼수 오른쪽 어깨별(벨라트릭스)과 비슷하다. 검은 색을 띠면 규수奎宿의 큰 별과 비슷하다.[2] 오성이 모두 태백을 따라 1사에 모이면 그 분야의 아래 나라는 무력으로 천하를 복종하게 할 수 있다. 별이 모여 한자리에 머물면 얻는 것이 있고, 빠르거나 늦게 떠서 자리가 비면 얻는 것이 없다.[3] 운행이 빛을 이기고[4] 빛이 자리를 이기고, 자리가 있는 것이 자리가 없는 것을 이기고, 빛이 있는 것이 빛이 없는 것을 이기니, 덕으로 운행하는 것이 모두를 이기는 것이다.[5]

太白白 比狼① 赤 比心 黃 比參左肩 蒼 比參右肩 黑 比奎大星② 五星皆
從太白而聚乎一舍 其下之國可以兵從天下 居實 有得也 居虛 無得也③
行 勝色④ 色勝位 有位勝無位 有色勝無色 行得盡勝之⑤

① 比狼비랑

정의 比는 '비[卑耳反]'로 발음한다. 아래도 이와 같다. 比比는 '끼리끼리'
이다.

比 卑耳反 下同 比 類也

② 赤 比心 ～ 比奎大星적 비심～비규대성

정의 《진서》〈천문지〉에서 말한다. "대저 오성이 빛이 있어 크고 작은
것이 같지 않으며, 각각 운행하는 것에 따라 시절에 응한다. 빛이 변화하
는 것도 종류가 있다. 대저 푸른색은 삼수의 왼쪽 어깨별과 비슷하고, 붉
은 색은 심수의 큰 별과 비슷하고, 누런 색은 삼수의 오른쪽 어깨별과 비
슷하고, 흰색은 낭성과 비슷하고, 검은 색은 규수의 큰 별과 비슷하다. 본
래의 색을 잃지 않고 네 계절과 응하면 길하고, 빛이 그 운행을 해치게 되
면 흉하다."

晉書天文志云 凡五星有色 大小不同 各依其行而應時節 色變有類 凡青 比參
左肩 赤 比心大星 黃 比參右肩 白 比狼星 黑 比奎大星 不失本色而應其四時者
吉 色害其行 凶也

신주 본문에서는 삼수 왼쪽 어깨별을 노란색, 오른쪽 어깨별을 푸른색
이라고 한다. 하지만 주석에서는 그 반대다. 삼수 왼쪽 어깨별은 오리온자
리 삼태성의 왼쪽으로, 오늘날 베텔게우스다. 베텔게우스는 적황색으로

빛나니 본문이 맞을 것이다.

③ 居實~無得也거실~무득야

[색은] 살펴보니 실實은 별이 모여 한 자리에 머무는 것을 이르고 허虛는 나감과 물러감을 이른다.

按 實謂星所合居之宿 虛謂贏縮也

④ 行勝色행승색

[집해] 진작이 말했다. "태백은 덕망과 법도로 운행해서 빛을 이긴다."

晉灼曰 太白行得度者 勝色也

[정의] 勝은 '싱[升剩反]'으로 발음한다. 아래의 글자도 같다.

勝音升剩反 下同

⑤ 色勝位~行得盡勝之색승위~행득진승지

[집해] 진작이 말했다. "천도天度에 응하여 운행하면 오직 빛이 있어 자리를 얻는다. 운행에서 다 이기면 운행은 무겁고 빛이나 위치는 가볍다." 《성경》에서 '득得'자는 '덕德'으로 되어 있다.

晉灼曰 行應天度 唯有色得位 行盡勝之 行重而色位輕 星經得字作德

[정의] 《진서》〈천문지〉에서 말한다. "대저 오성의 출현에는 해당하는 12 지지가 있어, 그 분야의 국가가 지위를 얻게 된다. 세성은 덕으로, 형혹성은 예로 하고, 토성은 복이 있게 하고, 태백은 군사를 강하게 하고, 수성은 음양을 조화롭게 한다. 해당하는 12지지에서, 그 빛에 순응하면 빛살이 이기고 그 빛이 해치면 패한다. 제자리에 머물면 얻는 것이 있고 빈자리에 머물면 얻는 것이 없다. 빛이 자리를 이기고, 운행이 빛을 이기니, 운

행을 덕으로 하면 모두 이기는 것이다."

晉書天文志云 凡五星所出所直之辰 其國爲得位者 歲星以德 熒惑爲禮 鎭星有
福 太白兵強 辰陰陽和 所直之辰 順其色而角者勝 其色害者敗 居實有得 居虛
無得也 色勝位 行勝色 行得盡勝之

(태백이) 나타나서 뽕나무와 느릅나무 사이에 머물러 있으면[1] 질병
이 그 분야의 아래 나라에 생긴다.[2] 떠오른 때가 빨라서 그 해가
지지 않았는데도 하늘의 3분의 1쯤을 지나고 있다면[3] 그 맞은편
국가에 질병이 있다.[4] 떠올랐다가 다시 내려오고 내려왔다가 다시
떠오르면 장수將帥가 반역하고, 달에 들어가면 장수가 죽는다.

금성과 목성이 합하여 빛나면, 그 분야 아래의 나라는 싸움이 일
어나도 접전하지 않고 비록 군사가 일어나더라도 싸우지 않게 된
다. 합해서 서로 훼손하면 그 분야에 무너지는 군대가 있게 된다.
서쪽에서 나와 황혼에 어두운 곳(북쪽)에서 뜨면 잠복하고 있는 (북
쪽의) 군사가 강성하다. 저녁밥을 먹을 무렵 (북쪽에) 뜨면 조금 허약
하고, 밤중에 뜨면 중간쯤 허약하고, 닭이 울 때 뜨면 크게 허약하
다. 이러한 것을 일러 음(북쪽)이 양(남쪽)에 져서 빠졌다고 한다.

出而留桑楡間[1] 疾其下國[2] 上而疾 未盡其日 過參天[3] 疾其對國[4] 上
復下 下復上 有反將 其入月 將僇 金木星合 光 其下戰不合 兵雖起而不
鬪 合相毀 野有破軍 出西方 昏而出陰 陰兵彊 暮食出 小弱 夜半出 中
弱 雞鳴出 大弱 是謂陰陷於陽

① 出而留桑楡間출이유상유간

집해 진작이 말했다. "운행이 늦어져서 뒤떨어진 것이다. 바르게 나온 것과 눈을 들어 재어보니 뽕나무와 느릅나무 위에 떠있다고 한 것은 (지평선에서) 2,000리가 남은 것이다."

晉灼曰 行遲而下也 正出 舉目平正 出桑楡上者餘二千里

신주 태백이 서쪽으로 지는데 그 그림자가 지평선에 닿아 있어야 할 때이나 뽕나무와 느릅나무 사이에 머무르고 있음을 말한다. 즉 더디게 운행하고 있음을 표현한 것이다.

② 疾其下國질기하국

정의 질疾은 《한서》에서 '병病'으로 되어 있다.

疾 漢書 作病也

③ 過參天과삼천

집해 진작이 말했다. "하늘을 삼등분해서 그 1을 지난 것으로 술과 유시 사이에 있다."

晉灼曰 三分天過其一 此在戌酉之間

④ 疾其對國질기대국

집해 맹강이 말했다. "동쪽에서 나와 서쪽으로 지고 서쪽에서 나와 동쪽으로 지는 것을 이른다."

孟康曰 謂出東入西 出西入東

동쪽에 있어서 빛을 타고 밝게 뜨면 정군正軍이 강하다. 닭이 울 때 뜨면 조금 허약하고, 밤중에 뜨면 중간쯤 허약하고, 황혼에 뜨면 크게 허약하다. 이러한 것을 일러 양(남쪽)이 음(북쪽)에 져서 빠졌다고 한다.

태백이 숨어 있는데 출병하면 군사는 재앙을 당한다. 묘卯 방향의 남쪽에서 출현하면 남쪽이 북쪽을 이기고 묘의 북쪽에서 출현하면 북쪽이 남쪽을 이긴다. 정묘正卯에 있으면 동쪽의 나라가 이롭다. 유酉 방향의 북쪽에서 출현하면 북쪽이 남쪽을 이긴다. 유의 남쪽에서 출현하면 남쪽이 북쪽을 이긴다. 정유正酉에 있으면 서쪽의 나라가 승리한다.

其在東方 乘明而出陽 陽兵之彊 雞鳴出 小弱 夜半出 中弱 昏出 大弱 是謂陽陷於陰 太白伏也 以出兵 兵有殃 其出卯南 南勝北方 出卯北 北勝南方 正在卯 東國利 出酉北 北勝南方 出酉南 南勝北方 正在酉 西國勝

(태백이) 열성列星[1]과 서로 침범하면 작은 전쟁이 있고, 오성이 서로 침범하면 큰 전쟁이 일어난다. 열성과 오성이 서로 침범했을 때 태백이 그 남쪽에 나타나면 남쪽의 나라가 무너지고, 그 북쪽에 나타나면 북쪽의 나라가 무너진다. 태백의 운행이 빠르면 무력武力을 쓰게 되고 운행하지 않으면 문운文運이 빛난다.

빛이 희고 다섯 개의 빛살로 일찍 나오면 월식月蝕이 되고, 늦게 나오면 천요天夭^②나 혜성이 되는데, 장차 그 나라를 일으킬 징조다. 동쪽에서 뜨면 덕德이 된다. 거사를 함에 왼쪽에서 맞이하면 길하다. 서쪽에서 뜨면 형벌이 된다. 거사를 함에 오른쪽에서 등지면 길하다. 반대로 하면 모두 흉하다. 태백의 빛으로 (사물에) 그림자가 나타나면 전쟁에서 승리한다. 낮에 나타나서 경천經天(하늘을 가로지름)하는 것^③을 '쟁명爭明'이라고 한다. 이때에 강국은 약해지고 소국은 강해지며 여주인이 창성한다.

其與列星^①相犯 小戰 五星 大戰 其相犯 太白出其南 南國敗 出其北 北國敗 行疾 武 不行 文 色白五芒 出蚤爲月蝕 晚爲天夭^②及彗星 將發其國 出東 爲德 擧事左之迎之 吉 出西 爲刑 擧事右之背之 吉 反之皆凶 太白光見景 戰勝 晝見而經天^③ 是謂爭明 彊國弱 小國彊 女主昌

① 列星열성

신주 여기서는 태백이 지나는 궤도 주위의 항성恒星을 의미한다.

② 천요天夭

신주 천오天祆라고도 한다. 천요는 고대의 별이름이다. 혜성처럼 간혹 출현하는 별로 상서롭지 못한 일을 예시한다.

③ 晝見而經天주현이경천

신주 태백주현太白晝見은 태양의 빛이 약해져서 태백성이 낮에 보이는 현상으로 임금의 힘이 약해지고 약소국이나 여주인이 강해지는 징조로 여겼다. 경천經天은 태백이 오시午時가 지날 때까지 없어지지 않는 현상을 말한다. 경천의 기세가 주현보다 더 강하기 때문에 왕위찬탈, 또는 혁명 등 더 큰 이변이 일어날 징조로 여겼다.

항수는 소묘疏廟(외가外家)로 태백의 묘廟가 된다. 태백은 대신이고 그 호칭은 상공上公이다.[1] 다른 명칭으로 은성, 태정, 영성, 관성, 궁성, 명성, 대쇠, 대택, 종성, 대상, 천호, 서성, 월위라고 한다. 대사마大司馬[2]라고도 하는데 삼가 이 운행을 살피는 것이다.

亢爲疏廟 太白廟也 太白 大臣也 其號上公[1] 其他名殷星 太正 營星 觀星 宮星 明星 大衰 大澤 終星 大相 天浩 序星 月緯 大司馬[2]位謹候此

① 上公상공

신주 고대에는 일반적으로 태사太師, 태부太傅, 태보太保를 삼공이라 하고 그 위에 특히 공적이 유별난 인물을 상공으로 삼아 불렀다. 하지만 한나라 때 이르러 삼공은 사도(승상), 사마(태위), 사공(어사대부)를 삼공이라 하고 스승과 자문 역할을 하는 태사, 태부, 태보를 상공이라 한다.

② 大司馬대사마

신주 고대에는 일반 행정 업무를 담당했다고 하지만, 한나라 때는 군사 업무를 주로 담당하였다. 특히 전한 후기 소제昭帝 때부터 곽광霍光 이후 이 직책을 가진 자가 정권을 잡았다.

6. 북방 수성

> 태양과 별들의 회합을 관찰해서[①] 진성辰星(수성)의 위치를 정한
> 다.[②] 북쪽은 수水이고 태음의 정령이다. 겨울을 주관한다. 날은 십
> 간 중 임壬과 계癸에 해당한다. 형사刑事를 잘못 집행하면 징후가
> 진성에 나타난다.[③] 그 별자리에 해당하는 국가의 명운을 정한다.
> 察日辰之會[①] 以治辰星之位[②] 曰北方水 太陰之精 主冬 日壬癸 刑失者
> 罰出辰星[③] 以其宿命國

① 察日辰之會찰일진지회

색은 살펴보니 아래의 글에 "4계절과 별들의 만남을 바르게 한다."고 한
것이 이것이다.

案 下文 正四時及星辰之會是也

정의 진작이 말했다. "항상 2월 춘분에 규수와 누수에서 나타나고, 5월
하지에 동정에서 나타나고, 8월 추분에 각수와 항수에서 나타나고, 11월
동지에 견우성에서 나타난다. 뜰 때는 진辰과 술戌의 방향에서 뜨고 질
때는 축丑과 미未의 방향으로 지며 20일 만에 진다. 새벽에는 동쪽에서
관측되고 저녁에는 서쪽에서 관측된다."

晉灼云 常以二月春分 見奎婁 五月夏至 見東井 八月秋分 見角亢 十一月冬至
見牽牛 出以辰戌 入以丑未 二旬而入 晨候之東方 夕候之西方也

② 以治辰星之位이치진성지위

살펴보니 황보밀은 "진성은 일명 참성龜星 혹은 구성鉤星이라고 한다."고 했다. 〈원명포〉에서 "북방의 수성은 수水이고 사물을 태어나게 하고 그 벼리를 펴는 것이다. 그러므로 진성이 네 계절을 다스린다."고 했다. 송균은 "진성은 네 계절의 위치를 바르게 하고 북신北辰과 같은 이름을 얻었다."고 했다.

案 皇甫謐曰 辰星 一名龜星 或曰鉤星 元命包曰 北方辰星水 生物布其紀 故辰星理四時 宋均曰 辰星正四時之位 得與北辰同名也

③ 罰出辰星벌출진성

정의 〈천관점〉에서 말한다. "진성은 북방 수水의 정령이며 흑제의 아들이고 재상의 상서로운 조짐이다. 일명 세극, 구성, 찬성, 사사이다. 지름이 100리이다. 또한 편장偏將이고 정위廷尉의 상징이다."

〈천문지〉에서 말한다. "그날은 십간 중 임壬과 계癸에 해당한다. 네 계절 중 겨울이고 오상 중 지智이고 오사五事 중 청聽이다. 군주의 지혜가 줄고 정사를 듣는데 실수가 있으며 때의 시절 어기고 수水의 기운을 손상시키면 그 벌이 진성에 나타난다."

天官占云 辰星 北水之精 黑帝之子 宰相之祥也 一名細極 一名鉤星 一名爨星 一名伺祠 徑一百里 亦偏將 廷尉象也 天文志云 其日壬 癸 四時 冬也 五常 智也 五事 聽也 人主智虧聽失 逆時令 傷水氣 則罰見辰星也

진성은 4계절을 바로잡아 준다. 중춘(2월) 춘분 때에는 저녁에 규수, 누수, 위수胃宿의 자리에서 떠서 동쪽으로 5사舍를 운행하는데, 제나라 분야이다. 중하(5월)의 하지 때에는 저녁에 동쪽 교외의 동정, 여귀, 유수의 자리에 떠서 동쪽으로 7사를 운행하는데, 초나라 분야이다. 중추(8월) 추분 때에는 저녁에 각수, 항수, 저수, 방수의 자리에 떠서 동쪽으로 4사를 운행하는데, 한漢나라(한중과 섬서 지방) 분야이다. 중동(11월) 동지 때에는 새벽에 동쪽 교외에 떠서 미수, 기수, 두수, 견우牽牛와 함께 서쪽으로 운행하는데, 중원의 국가들 분야이다. 진성은 항상 진辰과 술戌시에 뜨고 축丑 및 미未시에 진다.

是正四時 仲春春分 夕出郊奎婁胃東五舍 爲齊 仲夏夏至 夕出郊東井
輿鬼柳東七舍 爲楚 仲秋秋分 夕出郊角亢氐房東四舍 爲漢 仲冬冬至
晨出郊東方 與尾箕斗牽牛俱西 爲中國 其出入常以辰戌丑未

진성이 일찍 출현하면 월식이 일어나고[①] 늦게 출현하면 혜성[②]이나 천요天夭가 있게 된다. 마땅히 출현해야할 때 출현하지 않으면 형벌을 잃은 것으로[③] 추격하는 군사가 밖에 있어도 싸우지 않는 것이 좋다. 한 계절 동안 출현하지 않으면 그 계절은 조화롭지 않다. 4계절 모두 출현하지 않으면 천하에 크게 기근이 든다. 마땅히 출현해야 할 때 나와도 빛살이 흰색이면 가뭄이 있고, 누런색이면 오곡이 잘 익으며, 붉은색이면 전쟁이 일어나고, 검은색이면 수해를 입는다.

동쪽에서 떠서 크고 흰색일 때는 밖에 군대가 있어도 해산한다. 항상 동쪽으로 떠서 빛살이 붉으면 중원의 국가가 승리한다. 서쪽에 있으면서 빛살이 붉으면 외국이 이롭다. 군사들이 밖에 없는데도 빛살이 붉으면 전쟁이 일어난다.

其蚤 爲月蝕^① 晩 爲彗星^②及天夭 其時宜效不效爲失^③ 追兵在外不戰 一時 不出 其時不和 四時不出 天下大饑 其當效而出也 色白爲旱 黃爲 五穀熟 赤 爲兵 黑爲水 出東方 大而白 有兵於外 解 常在東方 其赤 中 國勝 其西而赤 外國利 無兵於外而赤 兵起

① 其蚤 ~ 月蝕기조 ~ 월식

[집해] 맹강이 말했다. "수성과 달이 서로 침범해서 보이지 않는 것이 곧 월식이다."

孟康曰 辰星月 相淩不見者 則所蝕也

[색은] 살펴보니 송균이 말했다. "수성과 달은 정령이 같으나 달은 대신이 되고 기약보다 먼저 나온 것은 조바심이 있기 때문이다. 실수하면 마땅히 처벌되므로 월식으로 조짐을 보인 것이다."

案 宋均云 辰星與月同精 月爲大臣 先期而出 是躁也 失則當誅 故月蝕見祥

② 爲彗星위혜성

[집해] 장안이 말했다. "혜彗는 옛 것을 소제하고 새로운 것을 펴는 것이다."

張晏曰 彗 所以除舊布新

案 宋均云 辰星 陰也 彗亦陰 陰謀未成 故晚出也

③ 其時宜效不效爲失기시의효불효위실

정의 효效는 '나타나다'이다. 마땅히 나타나야 하는데 나타나지 않는 것은 처벌하지 않았기 때문임을 말한 것이다.

效 見也 言宜見不見 爲失罰之也

진성이 태백과 함께 동쪽에서 나와 모두 붉으면서 광선이 있으면 외국이 크게 무너지고 중국이 승리한다. 태백과 함께 서쪽에서 나와 모두 붉으면서 광선이 있으면 외국에 이롭다. 오성이 하늘의 중간을 나누어 동쪽에 떠 있으면 중원에 이롭고 서쪽에 떠 있으면 외국의 군사를 부리는 자가 이롭다. 오성이 모두 진성을 따라 1사舍에 모이면 그 별자리 분야에 해당하는 나라는 법을 천하에 펼 수 있다. 진성이 출현하지 않으면 태백이 손님이 된다. 진성이 출현하면 태백이 주인이 된다. 진성이 출현했지만 태백과 상종하지 않으면 그 분야에 해당하는 나라에 비록 군대가 있어도 싸우지 않는다. 진성은 동쪽에서 뜨고 태백은 서쪽에서 뜬다. 진성이 서쪽에서 뜨고 태백이 동쪽에서 뜨는 것을 격格①이라고 하는데, 그 분야의 나라는 비록 군사들이 있어도 싸우지 않는다.

其與太白俱出東方 皆赤而角 外國大敗 中國勝 其與太白俱出西方 皆

赤而角 外國利 五星分天之中 積于東方 中國利 積于 西方 外國用〔兵〕

者利 五星皆從辰星而聚于一舍 其所舍之國可以法致天下 辰星不出

太白爲客 其出 太白爲主 出而與太白不相從 野雖有軍 不戰 出東方 太

白出西方 若出西方 太白出東方 爲格[①] 野雖有兵不戰

① 格격

색은 진성이 서쪽에서 나오는 것을 이른다. 진辰은 수水이다. 태백은 동쪽에서 나온다. 태백은 금金이다. 수水는 금金에서 나오는 것이니 어미와 아들이 서로 따르지 않으므로 주인이 군사를 가지고 있는데도 싸우지 않는다. 지금 어미와 아들이 각각 하나의 방향에서 나오므로 격格이라고 했다. 격格이란 화동和同하지 않는 것을 이른다. 그러므로 그 분야에 해당하는 나라는 비록 군사가 있어도 싸우지 않는다는 것이다.

謂辰星出西方 辰 水也 太白出東方 太白 金也 水生〔於〕金 母子不相從 故(上)〔主〕有軍不戰 今母子各出一方 故爲格 格謂不和同 故野雖有兵不戰然也

진성이 나올 때를 잃고 나타나면 당연히 추워야 할 때 도리어 따뜻하고, 따뜻해야 할 때 도리어 춥다. 마땅히 떠야할 때 뜨지 않는 것을 '격졸擊卒'이라고 이른다. 이때 군사들이 크게 일어난다. 태백 속으로 들어갔다가 위로 떠오르면, 군대는 패하고 장군은 죽임을 당하며 객의 군대가 승리한다. 태백의 아래로 나오면 객이 국토를 잃는다. 진성이 태백이 있는 곳까지 왔는데 태백이 사라지지 않으면 장군이 죽는다. 바로 기旗 위로 나오면,[①] 군대는 패하고 장군은 죽임을 당하며 객의 군대가 승리한다. 기 아래로 나오면 객이 국토를 잃는다. 그래서 기성旗이 가리키는 곳을 살펴 군대를 쳐부수라고 명령하는 것이다.

失其時而出 爲當寒反溫 當溫反寒 當出不出 是謂擊卒 兵大起 其入太白中而上出 破軍 殺將 客軍勝 下出 客亡地 辰星來抵太白 太白不去 將死 正旗上出[①] 破軍 殺將 客勝 下出 客亡地 視旗所指 以命破軍

① 正旗上出정기상출

색은 정기출正旗出이다. 살펴보니 기旗는 대개 태백의 빛줄기로 정기旌旗(장군의 지휘기)와 비슷하다.

正旗出 案 旗蓋太白芒角 似旌旗

정의 기旗는 별 이름이고 아홉 개의 별이 있다. 진성 위에 있으면 군대가 부서지고 장군이 죽임을 당해 적이 승리한다는 말이다.

旗 星名 有九星 言辰星上則破軍殺將 客勝也

진성이 태백을 고리처럼 감싸서 마치 다투는 것 같으면 큰 싸움에는 객의 군대가 승리한다. 진성이 태백을 지나가는데[1] 그 사이가 칼을 넣을 정도면[2] 작은 싸움에는 객의 군대가 승리한다. 진성이 태백의 앞에 자리 잡고 있으면 군사가 물러나고, 태백의 왼쪽에서 나오면 작은 전쟁이 있다. 태백과 스쳐 지나가면 수만 명의 사람들이 싸워 주인의 군리軍吏가 죽는다. 태백의 오른쪽으로 나와 석 자쯤 떨어져 있으면 군대가 화급해져 싸우게 된다.

진성에 푸른 빛살이 있으면 전쟁의 우환이 있고, 검은 빛살이 있으면 수재가 있다. 붉은색으로 운행하다 가는 길이 끝나면, 군사들이 종말을 맞게 된다.

其繞環太白 若與鬪 大戰客勝 兔過太白[1] 間可械劍[2] 小戰 客勝 兔居太白前 軍罷 出太白左 小戰 摩太白[5] 有數萬人戰 主人吏死 出太白右 去三尺 軍急約戰 靑角 兵憂 黑角 水 赤行窮 兵之所終

① 兔過太白토과태백

색은 토끼가 태백을 지나간다는 것이다. 살펴보니《광아》에서, 진성을 토성兔星이라고 한다. 곧 진성의 별명이 토兔(토끼), 혹은 참毚(약은 토끼)이다.

兔過太白 案 廣雅云 辰星謂之兔星 則辰星之別名兔 或作毚也

정의 《한서》에서, 진성이 태백을 지나치는데 그 사이는 칼을 넣을 정도라고 했으니,《광아》의 뜻을 밝힌 것이 이것이다.

漢書云 辰星過太白 間可械劍 明廣雅是也

② 間可械劍간가함검

집해 소림이 말했다. "械은 '함函'으로 발음하고 '용납하다'의 뜻이다. 그 사이가 검 하나 정도를 용납할 만한 것이다."

蘇林曰 械音函 函 容也 其間可容一劍

색은 械은 '함函'으로 발음하고, 함函은 용容이다. 중간에 하나의 검을 용납할 만함을 말한 것이다. 곧 함函자는 본래 '함咸'의 발음이 있다. 그러므로 글자가 함咸을 따랐다. 검은 옛날에는 '검劒'이라고 썼다.

械音函 函 容也 言中間可容一劍 則函字本有咸音 故字從咸 劍 古作劒也

진성은 일곱 개의 이름이 있으니 소정, 진성, 천참, 안주성, 세상, 능성, 구성이다.[①] 진성의 빛은 노랗고 작은데, 떠올라서 자리를 바꾸면 천하의 문화가 변해 좋지 않다. 진성은 다섯 가지 빛이 있으니 푸르고 둥글면 우환이 있고, 희고 둥글면 상사喪事가 있고, 붉고 둥글면 중국이 평화롭지 못하고, 검고 둥글면 길하다. 붉은 빛살이면 우리의 성을 침범하고, 누런 빛살이면 국토를 다투고, 흰 빛살이면 곡읍하는 소리가 있다.

진성은 동쪽에서 떠서 4사를 48일간 운행한다. 대략 20일이 되면 역행해서 동쪽으로 진다. 서쪽에서 나와서 4사를 48일 동안 운행한다. 대략 20일이 되면 역행해서 서쪽으로 진다. 그 중 한 번은 영실, 각수, 필수, 기수, 유수의 자리에서도 관측된다. 방수와 심수 사이에 뜨면 지진이 있다.

兔七命 曰小正辰星天欃安周星細爽能星鈎星 ① 其色黃而小 出而易

處 天下之文變而不善矣 兔五色 靑圜憂 白圜喪 赤圜中不平 黑圜吉 赤

角 犯我城 黃角地之爭 白角號泣之聲 其出東方 行四舍四十八日 其數

二十日 而反入于東方 其出西方 行四舍 四十八日 其數二十日 而反入

于西方 其一候之營室角畢箕柳 出房心間 地動

① 兔七命～鈎星토칠명～구성

[색은] 수성은 모두 7개의 명칭이 있다고 했다. 명命은 명名이다. 소정이
첫째, 진성이 둘째, 천토가 셋째, 안주성이 넷째, 세상이 다섯째, 능성이
여섯째, 구성이 일곱째이다.

謂星凡有七名 命者 名也 小正 一也 辰星 二也 天兔 三也 安周星 四也 細爽 五
也 能星 六也 鈎星 七也

진성의 빛이 봄에 청황靑黃이고 여름에 적백赤白이며 가을에 청백
靑白이면 그 해는 풍년이 든다. 겨울에는 황색으로 밝지 않다. 곧
그 색이 변하면 그 계절이 번창하지 못한다. 봄에 보이지 않으면
큰 바람이 있어 가을이 되면 결실이 없다. 여름에 보이지 않으면
60일간 가뭄이 들고 월식이 있다. 가을에 보이지 않으면 전쟁이 있
고 이듬해 봄에 작물이 자라지 않는다. 겨울에 보이지 않으면 60
일간 비가 내려서 고을이 유실되며 다음 여름에도 작물이 잘 자라
지 않는다.

辰星之色 春 青黃 夏 赤白 秋 青白 而歲熟 冬 黃而不明 卽變其色 其時
不昌 春不見 大風 秋則不實 夏不見 有六十日之旱 月蝕 秋不見 有兵
春則 不生 冬不見 陰雨六十日 有流邑 夏則不長

제3장

일월과 별들

1. 분야와 일월의 조짐

각수, 항수, 저수 분야[①]는 연주兗州이다. 방수, 심수 분야는 예주豫
州이다. 미수, 기수 분야는 유주幽州이다. 두수 분야는 강수江水와
호수湖水이다. 견우, 무녀의 분야는 양주楊州이다. 허수, 위수 분야
는 청주靑州이다. 영실營室에서 동벽東壁에 이르는 곳의 분야는 병
주幷州이다. 규수, 누수, 위수胃宿 분야는 서주徐州이다. 묘수, 필수
분야는 기주冀州이다. 자휴觜觿, 삼수 분야는 익주益州이다.[②] 동
정, 여귀 분야는 옹주雍州이다. 유수, 칠성, 장수 분야는 삼하三河
(하내·하남·하동)이다. 익수, 진수 분야는 형주荊州이다. 칠성七星(성수
星宿)은 주작의 목이고[③] 진성은 묘당이며 만이의 별이다.

角亢氐 兗州 房心 豫州 尾箕 幽州 斗 江湖 牽牛婺女 楊州 虛危 靑州 營
室至東壁 幷州 奎婁胃 徐州 昴畢 冀州 觜觿參 益州[②] 東井輿鬼 雍州
柳七星張 三河 翼軫 荊州 七星爲員官[③] 辰星廟 蠻夷星也

① 분야

신주 28수와 분야는 본문과 삼가주석에서 인용한 것이 약간 다르다. 본문에 따라 정리하면 다음과 같다.

동방7사	각角	항亢	저氐	방房	심心	미尾	기箕
분야	연주兗州			예주豫州		유주幽州	
북방7사	두斗	우牛	여女	허虛	위危	실室	벽壁
분야	강·호수	양주楊州		청주靑州		병주幷州	
서방7사	규奎	누婁	위胃	묘昴	필畢	자觜	삼參
분야	서주徐州			기주冀州		익주益州	
남방7사	정井	귀鬼	유柳	성星	장張	익翼	진軫
분야	옹주雍州		삼하三河		형주荊州		

삼가주석과 《성경》에 따르면 다음과 같다.

동방7사	각角	항亢	저氐	방房	심心	미尾	기箕
분야	연주		예주		유주		
북방7사	두斗	우牛	여女	허虛	위危	실室	벽壁
분야	양주		청주		병주		
서방7사	규奎	누婁	위胃	묘昴	필畢	자觜	삼參
분야			기주		익주		
남방7사	정井	귀鬼	유柳	성星	장張	익翼	진軫
분야	옹주		삼하		형주		

② 角亢氐 ~ 觜觿參益州각항저~자휴삼익주

정의 《괄지지》에서 "한무제가 13주를 설치하고 양주梁州를 고쳐 익주
益州와 광한廣漢으로 삼았다. 광한은 지금의 익주 구현咎縣이 이곳이다.
지금의 하내를 나누어 상당과 운중으로 삼았다."고 했다. 그러나《성경》을
살펴보니 익주益州는 위魏나라 땅이고 필수, 자휴, 삼수 분야이며 지금 하
내, 상당, 운중이 이곳이라고 했으나 자세하지 않다.

括地志云 漢武帝置十三州 改梁州爲益州廣漢 廣漢 今益州咎縣是也 分今河內
上黨 雲中 然案星經 益州 魏地 畢 觜 參之分 今河內 上黨 雲中是 未詳也

③ 七星爲員官칠성위원관

신주 남방주작이 거느리는 칠수七宿는 정井(주작의 벼슬), 귀鬼(눈), 유柳
(입), 성星(목), 장張(모이주머니), 익翼(날개), 진軫(발)에 해당된다. 그래서 원관
員官은 목을 지칭한다.

양쪽의 군대가 서로 맞설 때 햇무리가① 인다. 햇무리가 고르면 힘
이 비등하다. 두텁고 장대하면 승리하고 얇고 짧으며 작으면 승리
하지 못한다. (햇무리나 구름이) 겹겹이 감고 있으면 크게 부서지는 일
이 없다. 감고 있으면 군대가 강화하나, 밖으로 등지고 있으면 강화
하지 못하고 분리되어 서로 떠나간다. (햇무리구름이) 똑바로 스스로
서 있으면 후왕侯王을 세우게 되지만②, 군대는 패배하고 장군은
죽임을 당한다. 짊어지고 또한 이고 있는 듯하면 즐거운 일이 있다.

兩軍相當 日暈① 暈等 力鈞 厚長大 有勝 薄短小 無勝 重抱大破無 抱爲
和 背〔爲〕不和 爲分離相去 直爲自立 立侯王② 〔指暈〕〔破軍〕〔若曰〕殺將
負且戴 有喜

① 日暈일훈

집해 여순이 말했다. "暈은 운으로 읽는다."

如淳曰 暈讀曰運

② 立侯王입후왕

신주 '입후왕'에 대해 《사기지의》에서 "《한서》〈천문지〉에서는 '立兵'이
라고 한다."라고 했다. 즉 군대를 세워도 군대는 깨지고 장군은 죽임을 당
한다는 것이다.

둥근 햇무리가 안에 있으면 중국이 승리하고 밖에 있으면 외국이
승리한다. 밖이 푸르고 속이 붉으면 서로 화해하여 떠나가고, 밖이
붉고 안이 푸르면 서로 미워하여 떠나간다. 햇무리의 기운이 먼저
이르고 뒤에 사라지면①, 자리하고 있는 군대가 승리한다. 먼저 이
르렀다 먼저 사라지면, 전반에는 이롭고 후반에는 고통스럽다. 뒤
에 이르렀다 뒤에 사라지면, 전반에는 고통스럽고 후반에는 이롭
다. 뒤에 이르렀다가 먼저 사라지면, 전반과 후반이 모두 고통스럽
고 자리하고 있는 군대는 승리하지 못한다.

> 圍在中 中勝 在外 外勝 靑外赤中 以和相去 赤外靑中 以惡相去 氣暈先
> 至而後去[1] 居軍勝 先至先去 前利後病 後至後去 前病後利 後至先去
> 前後皆病 居軍 不勝

① 氣暈先至而後去기훈선지이후거

신주 해나 달을 둘러싼 고리나 띠의 기운을 햇무리나 달무리라 말한다.
해를 둘러싼 구름보다 햇무리가 먼저 나오거나 나중에 나오거나, 먼저 사
라지거나 나중에 사라지는 것 등을 총칭하여 말하고 있다.

> 나타났다가 사라지면 질병이 발생해 비록 승리해도 전공이 없다.
> 한나절 이상 나타나면 전공이 크다. 흰 무지개의 굽은 길이가 짧
> 고[1] 위와 아래가 예리하면 그 분야 아래의 나라는 큰 유혈사태가
> 일어난다. 햇무리는 승운을 통제하는데, 가까이는 30일을 기약하
> 고 멀리는 60일을 기약한다.
> 일식이 일어나면 잠식당한 쪽이 불리하고, 잠식당했다가 다시 나
> 오면 나오는 쪽이 유리하다. 일식이 다하면 일식이 일어난 자리를
> 중심으로 해서 태양이 이르러 머문 곳에 맞추고 일시日時를 첨가
> 해서 그 분야의 나라에 명운으로 사용한다.
>
> 見而去 其發疾 雖勝無功 見半日以上 功大 白虹屈短[1] 上下兌 有者下
> 大流血 日暈制勝 近期三十日 遠期六十日 其食 食所不利 復生 生所利
> 而食益盡 爲主位 以其直及日所宿 加以日時 用命其國也

① 屈短굴단

집해 이기가 말했다. "굴屈을 어떤 이는 '미尾'라고 한다." 위소가 말했다. "짧고 곧은 것이다."

李奇曰 屈 或爲尾也 韋昭曰 短而直

달이 중도中道로 운행하면① 안녕하고 화평하다. 음간陰間으로 지나면 비가 많고 은밀한 거사가 있다. 음간의 밖 북쪽으로 석 자쯤 되는 곳에 음성陰星이 있다.② 북쪽의 석 자쯤 되는 곳은 태음太陰이며 이곳으로 지나면 큰 홍수가 나고 전쟁이 있다. 양간陽間으로 지나면 교만하고 방자해진다. 양성陽星을 지나면 포악한 옥사가 많다. 태양이 지나면 크게 가뭄이 들고 상사喪事가 있다.③

月行中道① 安寧和平 陰間 多水 陰事 外北三尺 陰星② 北三尺 太陰 大水 兵 陽間 驕恣 陽星 多暴獄 太陽 大旱喪也③

① 月行中道월행중도

색은 살펴보니 중도中道는 방성의 중간이다. 방성은 네 개의 별로 이루어졌는데 사람의 방 3칸에 4면을 둔 것과 같으므로 '방'이라고 했다. 남쪽이 양간이 되고 북쪽이 음간이 되니 곧 중도는 방성의 중간이다. 그러므로 방은 태양과 달과 오성이 가는 길이다. 그러나 황도黃道가 또한 방房과 심心을 지나니, 달이 중도를 얻어 운행하는 것과 같다. 그러므로 음과 양이 화평하다. 만약 음간을 운행하면 은밀한 거사가 많고, 양간을 운행하면 군주가 교만하고 방자하다. 만약 음성과 양성이 남북 태음과 태양의 길을 지나가면, 곧 큰 홍수나 전쟁이 있고, 또 큰 가뭄이나 상사가 있다.

案 中道 房星之中間也 房有四星 若人之房三間有四表然 故曰房 南爲陽間 北爲陰間則中道房星之中間也 故房是日 月 五星之行道 然黃道亦經房心 若月行得中道 故陰陽和平 若行陰間 多陰事 陽間 則人主驕恣 若歷陰星陽星之南北 太陰太陽之道 即有大水若兵 及大旱若喪也

② 陰間多水～陰星음간다수～음성

색은 살펴보니 음간 바깥 북쪽의 석자를 음성이라고 이르고 또 북쪽의 석자를 태음도라고 하며, 그 아래의 양성과 태양도 또한 양간의 남쪽에 있어 각각 석자씩이다.

案 謂陰間外北三尺 曰陰星 又北三尺 曰太陰道 則下陽星及太陽亦在陽間之南 各三尺也

③ 北三尺～大旱喪也북삼척～대한상야

색은 태음과 태양의 모든 길이다. 달이 이곳을 가까이 운행하기 때문에 수재와 가뭄과 전쟁과 상사가 있다.

太陰太陽 皆道也 月行近之 故有水旱兵喪也

(달이) 각수와 천문天門을 10월에 침범하면 다음해 4월, 11월에 침범하면 다음해 5월,[①] 12월에 침범하면 다음해 6월이 되어 수재가 발생한다. (달과 별이) 가까우면 (수심이) 석 자, 멀면 다섯 자 정도의 수해이다. 사보四輔를 침범하면 보좌하는 신하가 처형된다.[②] 남하성과

북하성을 운행하는 것을 음양으로 말하면 가뭄과 수재와 병란과
상사가 있다.③

角天門 十月爲四月 十一月爲五月① 十二月爲六月 水發 近三尺 遠五
尺 犯四輔 輔臣誅② 行南北河 以陰陽言 旱水兵喪③

① 角天門~十一月爲五月각천문 ~ 십일월위오월

색은 각수의 사이가 천문天門이다. 달이 운행해서 각수와 천문으로 들
어가 만약 10월에 침범하면 당연히 내년 4월이 되어 재앙이 일어난다. 11
월은 다음해 5월을 주관한다.

角間天門 謂月行入角與天門 若十月犯之 當爲來年四月成災 十一月 則主五
月也

② 犯四輔 輔臣誅범사보 보신주

색은 살펴보니 달이 방성을 침범한 것을 이른다. 사보는 방성의 네 개의
별이다. 방성은 심성을 보좌하므로 사보라고 했다.

案 謂月犯房星也 四輔 房四星也 房以輔心 故曰四輔

③ 行南北河~旱水兵喪행남북하 ~ 한수병상

정의 남하는 3성이고 북하도 3성이다. 만약 달이 북하의 남쪽으로 가
면 수재와 전쟁이 있고, 남하의 북쪽으로 가면 가뭄과 상사가 있다.

南河三星 北河三星 若月行北河以陰 則水兵 南河以陽 則旱喪也

달이 세성을 잠식하면① 그 분야의 땅은 기근이 들거나 또는 쇠망한다. 화성을 잠식하면 난리가 있고 진성을 잠식하면 아랫사람이 윗사람을 범한다. 태백을 잠식하면 강성한 나라도 전쟁에서 무너지고 진성辰星을 잠식하면 후비들의 혼란이 생긴다. 달이 대각大角을 잠식하면② 명을 주관하는 자가 싫어한다. 심수心宿를 잠식하면 국내에 반란이 있고, 여러 별을 잠식하면 그 분야의 땅에 우환이 생긴다.③

月蝕歲星① 其宿地 饑若亡 熒惑也亂 塡星也下犯上 太白也彊國以戰敗 辰星也女亂 (食)〔蝕〕大角② 主命者惡之 心則爲內賊亂也 列星 其宿地憂③

① 月蝕歲星월식세성

정의 맹강이 말했다. "대저 별이 달로 들어가 달 속에서 보이면 별이 달을 잠식한 것이 되고, 달이 별을 가려 별이 없어지면 달이 별을 잠식한 것이다."

孟康云 凡星入月 見月中 爲星蝕月 月掩星 星滅 爲月蝕星也

② 蝕大角식대각

집해 서광이 말했다. "다른 데에는 '식우대각'이라고 이른다."

徐廣曰 一云 食于大角

정의 대각의 한 별은 양쪽 섭제 사이에 있다. 군주의 상징이다.

大角一星 在兩攝提間 人君之象也

③ 列星 其宿地憂열성 기숙지우

색은 달이 28수의 여러 별을 잠식하면 그 분야에 해당하는 땅은 근심이 있다는 것을 이른다. 근심이란 전쟁과 상사를 이른다.

謂月蝕列星二十八宿 當其分地有憂 憂謂兵及喪也

월식이 시작되는 날은 5개월을 주기로 여섯 번, 6개월을 주기로 다섯 번, 5개월을 주기로 다시 여섯 번 일어나다가 6개월을 주기로 한 번, 5개월을 주기로 다섯 번 일어나 모두 113개월이 되면 다시 시작한다.① 그러므로 월식은 일정하게 일어나지만 일식은 일정하게 일어나지 않는다.

십간 중 갑과 을은 천하의 밖에 있어서 해와 달로 길흉을 점치지 않는다.② 병과 정은 장강과 회수와 해대海岱에 해당한다. 무와 기는 중주中州와 하수와 제수에 해당한다. 경과 신은 화산 서쪽이다. 임과 계는 항산 북쪽이다. 일식은 군주, 월식은 장상에게 해당된다.

月食始日 五月者六 六月者五 五月復六 六月者一 而五月者五 凡百一十三月而復始① 故月蝕 常也 日蝕 爲不臧也 甲乙 四海之外 日月不占② 丙丁 江淮海岱也 戊己 中州河濟也 庚辛 華山以西 壬癸 恒山以北 日蝕 國君 月蝕 將相當之

---

① 月蝕始日 ～凡百一十三月而復始월식시일～범백일십삼월이부시

[색은] 시일은 월식이 처음 일어나는 날을 이른다. 이 문장에 의해 계산해보면 오직 121개월이 있어 원래의 수와 매우 현격하게 비교되지만, 이미 태초에 역술이 없으므로 얻어서 추정할 수 없다. 지금《한서》〈천문지〉의 '삼통력' 법으로 계산하면 6개월에 있는 것이 일곱 번, 5개월에 한 번하고 또 6개월에 한 번, 5개월에 한 번 해서 모두 135개월이면 다시 시작할 뿐이다. 혹은 술가術家들이 각각 다르고 혹은 전하여 기록함에 착오가있으므로, 이것이 동일하지 않고 명확히 아는 게 없다.

始日謂食始起之日也 依此文計 唯有一百二十一月 與元數甚爲懸校 既無太初曆術 不可得而推定 今以漢志三統曆法計 則六月者七 五月者一 又六月者一 五月者一 凡一百三十五月而復始耳 或術家各異 或傳寫錯謬 故此不同 無以明知也

② 日月不占일월부점

[집해] 진작이 말했다. "해외는 멀어서 갑이나 을에 일시를 첨가해서 점을 쳐 살피지 않는다."

晉灼曰 海外遠 甲乙日時不以占候

2. 그 밖의 항성

> 국황성國皇星[1]은 크고 붉으며[2] 모양은 남극성[3]과 비슷하다. 국황
> 성이 나타나면 그 아래 나라가 군사를 일으킨다. 군사가 강하고,
> 그 반대 방위는 이롭지 못하다.
> 소명성昭明星[4]은 크고 희며 빛살이 없다. 잠깐 위에 있다가 잠깐
> 아래에 있기도 한다.[5] 소명성이 출현하는 국가는 병란이 일어나고
> 변고가 많다.
> 國皇星[1] 大而赤[2] 狀類南極[3] 所出 其下起兵 兵彊 其衝不利 昭明星[4]
> 大而白 無角 乍上乍下[5] 所出國 起兵 多變

① 國皇星국황성

[정의] 국황성은 크고 붉으며 남극노인과 비슷하다. 지면과의 거리는 3장
인데 횃불과 같다. 나타나면 안팎에 전쟁이나 상사의 어려움이 있다.

國皇星者 大而赤 類南極老人 去地三丈 如炬火 見則內外有兵喪之難

② 大而赤대이적

[집해] 맹강이 말했다. "세성의 정령이 흩어져서 만들어진 것이다. 5성의
정령이 흩어지면 64번 변화하니 다 기록하지 못한다."

孟康曰 歲星之精散所爲也 五星之精散爲六十四變 記不盡

③ 南極남극

[집해] 서광이 말했다. "노인성이다."

徐廣曰 老人星也

④ 昭明星소명성

색은 살펴보니 《춘추위》〈합성도〉에서 "적제의 정령이고 모양이 태백과 같으며 일곱 개의 꺼끄러기 빛이 있다."고 했다. 《이아》〈석명〉에서는 필성 筆星이 되고 기氣에 한 가지가 있는데, 끝이 뾰족해 붓과 같아 또한 필성 이라 한다고 했다.

案 春秋合誠圖云 赤帝之精 象如太白 七芒 釋名 爲筆星 氣有一枝 末銳似筆 亦 曰筆星 也

⑤ 乍上乍下사상사하

집해 맹강이 말했다. "모양이 세 발 책상과 같고 책상 위에는 9개의 빗 자루가 위로 향해 있는데 형혹의 정령이다."

孟康曰 形如三足机 机上有九彗上向 熒惑之精

오잔성五殘星[①]은 정동의 동쪽 분야에 나타난다. 그 별의 모양은 수성과 비슷하다. 지면과의 거리가 6장 정도이다.

대적성大賊星[②]은 정남의 남쪽 분야에 나타난다. 대적성은 지면과의 거리가 6장 정도이고 크고 붉다. 자주 움직여서 반짝반짝 빛난다.

사위성司危星[③]은 정서의 서쪽 분야에 나타난다. 사위성은 지면과의 거리가 6장 정도에서 나온다. 그 빛은 크고 백색이다. 모양은 태백성과 비슷하다.

옥한성獄漢星^④은 정북의 북쪽 분야에 나타난다. 옥한성은 지면과의 거리가 6장 정도이고, 크고 붉다. 자주 요동하는데 관찰해보면 가운데가 푸르다.

이 사방 분야의 별들(오잔성, 적성, 사위성, 옥한성)이 뜨는데, 뜨는 방향이 일정하지 않다. 그 분야 아래의 나라에 전쟁이 있고, 그 반대 방위는 이롭지 못하다.

五殘星^① 出正東東方之野 其星狀類辰星 去地可六丈 大賊星^② 出正南南方之野 星去地可六丈 大而赤 數動 有光 司危星^③ 出正西西方之野 星去地可六丈 大而白 類太白 獄漢星^④ 出正北北方之野 星去地可六丈 大而赤 數動 察之中靑 此四野 星所出 出非其方 其下有兵 衝不利

① 五殘星오잔성

색은 맹강이 말했다. "별의 표면에 푸른 기가 햇무리와 같은 게 있고, 털이 있으며, 토성의 정령이다."

孟康云 星表有靑氣如暈 有毛 塡星之精也

정의 오잔五殘은 일명 오봉五鋒이고 정동의 동쪽 분야에서 출현한다. 모양은 수성과 같고 지면에서의 거리가 6~7장이나 된다. 나타나서 곧바로 5분 만에 없어지는 징후는 대신이 처벌되는 상징이다.

五殘 一名五鋒 出正東東方之分野 狀類辰星 去地可六七丈 見則五分毀敗之徵 大臣誅亡之象

② 大賊星대적성

집해 서광이 말했다. "대大는 다른 데에는 '육六'으로 되어 있다." 맹강이 말했다. "형상은 혜성과 같고 9자이며 태백의 정령이다."

徐廣曰 大 一作六 孟康曰 形如彗 九尺 太白之精

집해 대적성은 일명 육적六賊이며 정남의 남쪽 분야에 나타난다. 별과
지면과의 거리는 6장이고 크고 붉으며, 자주 움직이며 광채가 있다. 나타
나면 재앙이 천하에 합해진다.

大賊星者 一名六賊 出正南 南方之野 星去地可六丈 大而赤 數動有光 出則禍
合天下

③ 司危星사위성

집해 맹강이 말했다. "별이 크고 꼬리가 있으며 양쪽에 돌기가 있다. 화
성의 정령이다."

孟康曰 星大而有尾 兩角 熒惑之精也

정의 사위司危는 정서의 서방 분야에서 나타난다. 크기는 태백과 같고
지면에서의 거리가 6장이다. 나타나면 천자가 불의하여 국가를 잃고 호걸
이 일어난다.

司危者 出正西 西方分野也 大如太白 去地可六丈 見則天子以不義失國 而豪
傑起

④ 獄漢星옥한성

집해 맹강이 말했다. "속은 푸르고 겉은 붉고 아래에 두 개의 빗자루가
종횡으로 있으면 또한 토성의 정령이다." 《한서》〈천문지〉에서 말한다. "옥
한은 일명 함한咸漢이다."

孟康曰 青中赤表 下有二彗縱橫 亦塡星之精 漢書天文志 獄漢一名咸漢

사전성四塡星은 사궁의 모퉁이(동남우, 동북우, 서남우, 서북우)에 나타
난다. 지면과의 거리가 4장 정도이다.

지유성地維星과 함광성咸光星이 또한 사궁의 모서리에서 뜨는데,
지면과의 거리가 3장이다. 달이 처음으로 나오는 것과 유사하다.
이 별 아래의 나라에는 변란이 일어난다. 변란을 일으킨 자는 망
하고 덕망이 있는 자는 창성한다.

촉성燭星은 모양이 태백과 같다.[1] 나타나더라도 운행하지 않으며
나타났다가 곧바로 소멸된다. 촉성이 비추는 곳은 성城이나 읍邑
에 변란이 생긴다.

별처럼 보이나 별이 아니며 구름처럼 보이나 구름이 아닌 것을 귀
사성歸邪星이라고 한다.[2] 귀사성이 출현하면 반드시 나라로 돌아
오는 사람이 있다.

四塡星 所出四隅 去地可四丈 地維咸光 亦出四隅 去地可三丈 若月始
出 所見 下有亂 亂者亡 有德者昌 燭星 狀如太白[1] 其出也不行 見則滅
所燭者 城邑亂 如星非星 如雲非雲 命曰歸邪[2] 歸邪出 必有歸國者

① 燭星 狀如太白촉성 상여태백

집해 맹강이 말했다. "별 위에 세 개의 빗자루가 있어서 위로 솟았는데,
또한 토성의 정령이다."

孟康曰 星上有三彗上出 亦塡星之精

② 歸邪귀사

집해 이기가 말했다. "邪는 '사蛇'로 발음한다." 맹강이 말했다. "별 양쪽

에 붉은 빗자루가 있어서 위로 향하고 있는데 위에는 덮개 모양이 기氣와 같고 아래로 별과 연결되어 있다."

李奇曰 邪音蛇 孟康曰 星有兩赤彗上向 上有蓋狀如氣 下連星

별이란[1] 금金이 흩어져서 기氣가 생긴 것으로 그 근본은 화火이다. 별들이 많으면 나라가 길하고 별들이 적으면 나라가 흉하게 된다. 은하수도 금金이 흩어져 기가 생긴 것이나[2] 그 근본은 수水이다. 은하수에 별들이 많으면 홍수가 있고 적으면 가뭄이 드는데,[3] 그 것이 하늘의 이치이다.

천고성天鼓星은 우레 같은 소리를 내지만 우레는 아니다. 그 소리 는 지상 가까이에서 나는데 그 아래 땅까지 미친다. 그 소리가 지 나는 아래의 나라에서는 전쟁이 일어난다.

星者[1] 金之散氣 〔其〕本曰火 星衆 國吉 少則凶 漢者 亦金之散氣[2] 其 本曰水 漢 星多 多水 少則旱[3] 其大經也 天鼓 有音如雷非雷 音在地而 下及地 其所往者 兵發其下

---

① 星者성자

집해 맹강이 말했다. "성星은 석石이다."

孟康曰 星 石也

② 漢者 亦金之散氣한자 역금지산기

색은 살펴보니 수水는 금金에서 나오는데 흩어지는 기는 곧 물의 기운이다.《하도괄지상》에서 "하수의 정령이 은하수이다."라고 했다.

案 水生〔於〕金 散氣即水氣 河圖括地象曰 河精爲天漢也

③ 漢～少則旱한～소즉한

집해 맹강이 말했다. "한은 은하수이다. 수는 금에서 나온다. 많고 적음은 은하수 안의 별들을 말한다."

孟康曰 漢 河漢也 水生於金 多少 謂漢中星

천구성天狗星은 모양이 대분성大奔星①과 같고 소리가 있다. 그 별은 땅에 떨어져 멈추는데, 개의 형상과 비슷하다. 떨어진 곳에는 불꽃이 활활 타올라② 하늘을 찌르는 것처럼 보인다. 그 아래는 둥글고 몇 경頃의 밭과 같은 넓이이다. 위는 뾰족하고 누런빛을 띠고 있다. 천 리에 걸쳐 군대가 패배하고 장군도 피살된다.

학택성格澤星③은 불꽃과 같은 모양이다. 누런 흰빛이다. 땅에서 나와 위로 오른다. 밑은 넓고 위는 뾰족하다. 학택성이 나타나면 씨앗을 뿌리지 않아도 수확이 있고, 토목공사를 하지 않아도 반드시 큰 피해④가 있다.

天狗 狀如大奔星① 有聲 其下止地 類狗 所墮及 望之如火光炎炎②衝天 其下圜如數頃田處 上兌者則有黃色 千里破軍殺將 格澤星③者 如炎火之狀 黃白 起地而上 下大 上兌 其見也 不種而穫 不有土功 必有大害④

① 大奔星대분성

집해 맹강이 말했다. "별에는 꼬리가 있는데 그 곁에는 짧은 빗자루가 있고 아래에는 개와 같은 형상이 있으며 또한 태백의 정령이다."

孟康曰 星有尾 旁有短彗 下有如狗形者 亦太白之精

신주 큰 유성流星을 말한다.

② 炎염

색은 '염豔'으로 발음한다.

豔音也

③ 格澤星학택성

색은 格澤은 다른 곳에서는 '학탁鶴鐸'으로 발음한다고 했고, 또 '학택格宅'으로 발음한다고 했다. 格은 '핵[胡客反]'으로 발음한다.

一音鶴鐸 又音格宅 格 胡客反

신주 格은 별의 명칭이므로 '학'으로 발음한다.

④ 大害대해

신주 《사기지의》에서 말한다. "한나라와 진나라의 여러 〈천문지〉에 '객客'이라고 쓴 것이 옳고, 여기서는 잘못되었다. 양진이 말하길 《성경》에서는 객客이라고 해야 확穫과 운이 맞는다.'라고 했다." 따라서 "반드시 고귀한 객客이 있다."라고 해야 할 것이다.

치우지기蚩尤之旗[1]는 혜성 종류이고 뒤가 굽었으며, 깃발의 모양을 하고 있다. 이 별이 나타나면 왕이 사방을 정벌한다.

순시성旬始星은 북두의 곁에서 출현하는데[2] 모양이 수탉과 같다. 그것은 노한 기운을 띠고[3] 푸르고 검은 빛이 나며, 엎드린 자라와 같은 형상이다.

왕시성枉矢星은 큰 유성流星의 종류이다. 뱀이 기어가는 것처럼 구불구불하며, 푸르고 검은 색을 띤다. 멀리서 바라보면 깃털이 있는 것처럼 보인다.

蚩尤之旗[1] 類彗而後曲 象旗 見則王者征伐四方 旬始 出於北斗旁[2] 狀如雄雞. 其怒[3], 青黑, 象伏鱉 枉矢 類大流星 蚰行而倉黑 望之如有毛羽然

① 蚩尤之旗치우지기

집해 맹강이 말했다. "형혹의 정령이다." 진작이 말했다. "《여씨춘추》에서 그 빛은 위는 누렇고 아래는 희다고 했다."

孟康曰 熒惑之精也 晉灼曰 呂氏春秋曰 其色黃上白下

신주 치우는 동이 신농씨의 후예로 역시 동이족이다. 사마천은 〈오제본기〉에서 황제黃帝가 동이족 치우를 정벌한 것으로 서술했지만, 치우에 대한 주석들은 상반된 내용들이 많다. 사마천은 황제를 천자로, 치우를 제후로 묘사했다. 그러나 응소는 "치우는 옛 천자이다."라고 달리 말한다. 《산해경》〈대황북경〉에서 "치우가 죽은 뒤에 세상이 다시 혼란하고 평안하지 않았다. 황제가 치우의 모양을 그린 깃발을 따르게 해서 세상에 위엄을 떨치고 세상에 치우가 죽지 않았다고 알리니 팔방의 여러 나라가 복종하게 되었다.[蚩尤沒後 天下復擾亂不寧 黃帝遂畫蚩尤形像 以威天下 天下咸謂蚩尤不死 八方萬邦皆爲殄服]"라고 말하고 있다.

치우는 죽은 후 군신軍神으로 추앙되었는데, 패자가 군신으로 추앙되는 것은 극히 드문 사례라는 점에서, 실제로 황제가 치우를 꺾었는지에 대해서도 의문을 제기하고 있다. 황제와 치우의 싸움은 동이족 내부의 다툼이지만, 사마천은 황제는 하화족으로, 치우는 동이족으로 그려서, 마치 하화족이 동이족을 꺾고 중원을 평정한 것처럼 묘사했다. 그러나 이후에도 치우의 깃발과 같은 형상의 혜성을 '치우지기蚩尤之旗'라고 부르고 왕이 사방을 정벌하는 징조로 여겼다는 점에서 치우는 옛 천자였다는 응소의 주석이 타당하다.

② 旬始 出於北斗旁순시 출어북두방

[집해] 서광이 말했다. "치우이다. 순旬은 어떤 곳에는 영營으로 되어 있다."

徐廣曰 蚩尤也 旬 一作營

③ 其怒기노

[집해] 이기가 말했다. "怒는 '노帑'로 발음함이 마땅하다." 진작이 말했다. "노帑는 '암컷'이다. 어떤 이는 노하면 색이 푸르다고 한다."

李奇曰 怒當音帑 晉灼曰 帑 雌也 或曰 怒則色青

신주 앞 문장의 화려한 색깔의 수탉과 대비해 보면, 암탉이란 의미로 보아도 가능하다고 여겨진다. 그러나 노하면 얼굴이 붉으락푸르락 하듯이 하는 모습일 수도 있다.

> 장경성長庚星은 한 필의 베를 하늘에 펼친 것①과 같다. 이 별이 보
> 이면 전쟁이 일어난다. 별이 땅에 떨어지면 돌(운석)이다.② 하수와
> 제수濟水 사이에는 때때로 떨어진 별들이 있다.
>
> 하늘이 밝고 개어 있으면 경성景星이 보인다.③ 경성은 덕성德星이
> 다. 그 모양은 일정하지 않고 항상 도가 있는 국가에 출현한다.
>
> 長庚 如一匹布著①天 此星見 兵起 星墜至地 則石也② 河濟之間 時有
> 墜星 天精而見景星③ 景星者 德星也 其狀無常 常出於有道之國

① 著저

[정의] 著는 '쟉[直略反]'으로 발음한다.

著音 直略反

② 星墜至地 則石也성추지지 즉석야

[정의] 《춘추》에서 "별똥이 비와 같다."고 한 것이 이것이다. 지금 오군 서
향에 별이 떨어진 돌이 보이는데 그러한 돌이 천하에 많이 있다.

春秋云 星隕如雨 是也 今吳郡西鄉見有落星石 其石天下多有也

③ 天精而見景星천정이견경성

[집해] 맹강이 말했다. "정精은 '밝다'이다. 적방의 기와 청방의 기가 서로
연결되어 있으며, 적방 안에 두 개의 누런 별이 있고 청방 안에 하나의 누
런 별이 있어 모두 3개의 별이 합해 경성이 된다."

孟康曰 精 明也 有赤方氣與青方氣相連 赤方中有兩黃星 青方中一黃星 凡三
星合爲景星

위소는, 정精은 맑고 낭랑함을 이른다고 한다. 《한서》에는 '청천'

으로, 또한 '청훤'으로 되어 있다. 곽박은 《삼창》에 주석하여, 청훤은 비가

그치고 구름이 없는 것이라고 한다.

韋昭云 精謂淸朗 漢書作晴 亦作暄 郭璞注三蒼云 暄 雨止無雲也

정의 경성의 모양은 반달과 같고, 그믐과 초하루에 생겨나고 달을 도와

서 밝다. 나타나면 군주에게 덕이 있고, 밝으면 성인의 경사가 있다.

景星狀如半月 生於晦朔 助月爲明 見則人君有德 明聖之慶也

3. 구름의 명칭

무릇 운기雲氣를 조망할 때[1] 고개를 들어 그것을 바라보면 300리

에서 400리까지 이른다. 수평으로 뽕나무와 느릅나무 사이(해지는

곳)에 있어 1,000리에서 2,000리까지 이른다. 높은 곳에 올라서 바

라보면 아래쪽 지평선으로 이어져 3,000리까지 이른다. 운기에 짐

승의 형상이 위에 있으면 그 군이 전쟁에서 승리한다.[2]

凡望雲氣[1] 仰而望之 三四百里 平望 在桑楡上 千餘(里)二千里 登高而

望之 下屬地者三千里 雲氣有獸居上者 勝[2]

[1] 望雲氣망운기

정의 《춘추위》〈원명포〉에서 "음양이 모여서 운기가 된다."라고 하고,

《이아》〈석명〉에서 "운雲은 운云과 같고 무리가 성대하다. 기는 기연䬂然

과 같다. 기연은 소리가 있으나 곧 형체가 없는 것이다."라고 했다.

春秋元命包云 陰陽聚爲雲氣也 釋名云 雲猶云 衆盛也 氣猶饒然也 有聲即無

形也

② 雲氣有獸居上者 勝운기유수거상자 승

정의 勝은 '싱[升剩反]'으로 발음한다. 구름과 비의 기는 서로 적이다.
《병서》에서 "구름이 혹 수닭처럼 성城에 임하면 성은 반드시 항복한다."
라고 했다.

勝音升剩反 雲雨氣相敵也 兵書云 雲或如雄雞臨城 有城必降

화산華山 이남은 운기가 아래는 검고 위는 붉다. 숭고산이나 삼하
의 교외는 운기가 붉다. 항산 북쪽은 운기가 아래는 검고 위는 푸
르다. 발해와 갈석산, 황해와 태산 사이는 운기가 모두 검다. 강수
와 회수 사이는 운기가 모두 희다.

도역徒役의 징조를 보이는 운기는 희다. 토목공사의 징조를 보이는
운기는 누런빛이다. 전차전의 징조를 보이는 운기는 잠깐 높았다가
잠깐 낮아지며 이따금씩 모인다. 기마전의 징조를 보이는 운기는
낮게 깔려 있다. 보병전의 징조를 보이는 운기는 엉겨 있다.①

自華以南 氣下黑上赤 嵩高 三河之郊 氣正赤 恆山之北 氣下黑下靑 勃
碣海岱之間 氣皆黑 江淮之間氣皆白 徒氣白 土功氣黃 車氣乍高乍下
往往而聚 騎氣卑而布 卒氣摶①

① 摶단

집해 여순이 말했다. "단摶은 '전專'이다. 어떤 이는 摶은 '단[徒端反]'으로 발음한다고 한다."

如淳曰 摶 專也 或曰摶 徒端反

앞이 낮고 뒤가 높은 구름이면 행군이 신속하고, 앞이 모나고 뒤가 높은 구름이면 예리하고, 뒤가 예리하면서 낮은 구름이면 물러날 징조이다. 그 운기가 평평하면 나아가는 것이 더디고, 앞이 높고 뒤가 낮으면 머무르지 않고 되돌아간다.

운기가 서로 만나면① 낮은 것이 높은 것을 이기고 예리한 것이 모난 것을 이긴다. 운기가 낮게 와서 차도②를 따르면 3～4일밖에 머물지 않는 것을 뜻하고 5～6리쯤 떨어진 곳에서 징조가 나타난다. 운기가 7～8자의 높이로 오면 5～6일이 지나지 않아 10여리쯤 떨어진 곳에서 징조가 나타난다. 구름이 1～2장의 높이로 오면 30～40일이 지나지 않아 50～60리쯤 떨어진 곳에서 징조가 나타난다.

前卑而後高者疾 前方而後高者兌 後兌而卑者卻 其氣平者其行徐 前高而後卑者 不止而反 氣相遇①者 卑勝高 兌勝方 氣來卑而循車通②者 不過三四日 去之五六里見 氣來高七八尺者 不過五六日 去之十餘里見 氣來高丈餘二丈者 不過三四十日 去之五六十里見

① 遇우

② 車通거통

집해 거통은 '수레바퀴의 자국'이다. 한무제의 휘 '철徹'을 피하여 '통通'
이라고 했다.

車通 車轍也 避漢武諱 故曰通

점점 운기가 선명하게 희어지면 장수는 용맹하지만 사졸은 겁먹
는다. 운기의 밑바닥이 넓고 앞이 멀리 떨어져 있으면 맞서 싸우게
된다. 청백색을 띠고 그 앞이 낮으면 싸워 승리한다. 앞이 붉고 위
로 들려 있으면 싸워도 승리하지 못한다.

진운陣雲은 서 있는 성벽과 같다. 저운杼雲은 베틀의 북과 비슷하
다.[1] 축운軸雲은 뭉쳐 있지만 양 끝이 날카롭다. 표운杓雲[2]은 밧
줄 같은 부분이 앞쪽에서 하늘로 뻗쳐 있는데, 나머지 절반은 하
늘의 절반을 차지한다.

稍雲精白者 其將悍其士怯 其大根 而前絶遠者 當戰 靑白其前低者 戰
勝 其前赤而仰者 戰不勝 陣雲如立垣 杼雲類杼[1] 軸雲搏 兩端兌 杓
雲[2]如繩者 居前互天 其半半天

---

① 杼雲類杼저운류저

색은 요씨가 살펴보니 《병서》에서 "군영 위의 운기가 직물과 같으면 싸

우지 않는다."고 했다.

姚氏案 兵書云 營上雲氣如織 勿與戰也

② 杓雲표운

杓는 유씨가 '삭[時酌反]'으로 발음한다고 했다. 《설문》에서는 '죠[丁了反]'로 발음한다고 했다. 허신이 《회남자》에 주석을 달아 "표杓는 이끌다."라고 했다.

杓 劉氏音時酌反 說文音丁了反 許慎注淮南云 杓 引也

杓는 '표'로 발음한다. 표杓는 북두칠성의 국자 모양 중 자루 부분을 이르는 말이다. 따라서 표운杓雲은 자루 또는 밧줄처럼 길게 뻗어 있는 구름이다.

결운趭雲[1]은 궐기闕旗(투기鬪旗) 종류이므로 날카롭다[2] 구운鉤雲은 갈고리 모양으로[3] 굽어 있다. 이러한 운기가 나타나면 다섯 가지 색채 중 같은 것을 일치시켜 점친다. 광택이 있고 둥글며 조밀하면[4] 그 운기의 출현으로 사람들의 마음을 동요시켜 비로소 점을 치게 한다. 전쟁이 필시 일어나려고 하면, 그것에 맞추어 운기가 모여 싸운다.

其趭[1]者 類闕旗故[2] 鉤雲句[3]曲 諸此雲見 以五色合占 而澤摶密[4] 其見動人 乃有占 兵必起合鬪其直

① 趭열

색은 翓은 '열[五結反]'로 발음한다. 또한 '열蜺'인데 음은 같다.

五結反 亦作蜺 音同

② 其翓者 類闕旗故기결자 유궐기고

신주 이 본문 문장만 가지고는 해석하기 어렵다. 《사기지의》에서 지적하기를 "덧붙여 살핀다. 《한서》 〈천문지〉에 '결운은 투기 종류이므로 날카롭다.[蜺雲者類鬭旗故銳]'라 했는데, 여기서는 '두鬭'를 잘못하여 '궐闕'이라 했다. '고故' 아래에는 '예銳' 자도 빠졌다."라고 했다. 따라서 여기서는 《한서》의 문구대로 변역했다.

③ 句구

정의 句는 '구[古侯反]'로 발음한다.

句音古侯反

④ 而澤摶密이택단밀

정의 최표의 《고금주》에서 말한다. "황제와 치우가 탁록의 들판에서 싸울 때 항상 오색의 운기가 있었다. 황금가지와 옥 잎사귀가 황제의 머리 위에서 멈춰 화려한 꽃의 형상을 하고 있었으므로, 화개華蓋라고 했다." 경방의 《주역비후》에서 말한다. "사방을 살펴 항상 큰 구름이 오색을 갖추고 있으면, 그 아래에는 현인이 숨어 있다. 푸른 구름에 윤기와 광택이 나타나서 해를 가리고 서북쪽에 있으면, 현량한 인재가 천거된다."

崔豹古今注云 黃帝與蚩尤戰於涿鹿之野 常有五色雲氣 金枝玉葉 止於帝上 有花蘤之象 故因作華蓋也 京房易(兆)(飛)候云 視四方常有大雲 五色具 其下賢人隱也 青雲潤澤蔽日在西北 爲舉賢良也

왕삭王朔①이 점을 칠 때 해 곁의 운기로 결정했다. 해 곁의 운기는 군주의 상징이다.② 모두 그 모양에 따라 점괘를 냈다. 그래서 북방 이족의 운기는 마치 가축 떼나 장막 같은 모양이고③ 남방 이족의 운기는 배에 매달아 펄럭이는 깃발과 같은 모양이라고 한다.

큰물이 진 곳, 군대가 패한 전쟁터, 나라가 망한 빈터 아래에 돈④ 쌓인 곳, 금과 보배의 위는 모두 기운이 있으니 살피지 않으면 안 된다. 바닷가의 신기루는 누대樓臺와 비슷하고 광야의 운기는 궁궐과 같은 모양을 이룬다. 운기는 각각 그 산천이나 백성이 모여 사는 곳을 상징한다.⑤

王朔①所候 決於日旁 日旁雲氣 人主象② 皆如其形以占 故北夷之氣 如 群畜穹閭③ 南夷之氣 類舟船幡旗 大水處 敗軍場 破國之虛 下有積錢④ 金寶之上 皆有氣 不可不察 海旁蜄氣象樓臺 廣野氣成宮闕然 雲氣各 象其山川人民所聚積⑤

① 王朔왕삭

신주 한무제 때 운기雲氣를 보고 길흉을 점쳤던 사람이다.

② 旁雲氣 人主象방운기 인주상

정의 《낙서》에서 "구름이 사람의 모습으로 푸른 옷에 손이 없고 태양의 서쪽에 있으면 천자의 기운이다."라고 했다.

洛書云 有雲象人 青衣無手 在日西 天子之氣

③ 穹閭궁려

[색은] 추탄생鄒誕生은 "어떤 데에는 궁려弓閭로 되어 있다."고 했다. 〈천
문지〉에서 '궁弓'자로 되어 있으며 발음은 '궁穹'이다. 대개 털로 만든 깔
개로 문을 장식하고 하늘같이 높이는 것을 이른다. 또 송균은 "궁穹은 짐
승 이름이다."라고 했는데 또한 이설이다.

鄒云 一作弓閭 天文志 作弓字 音穹 蓋謂以氊爲閭 崇穹然 又宋均云 穹 獸名
亦異說也

④ 錢전

[집해] 서광이 말했다. "옛날에는 '천泉'자로 썼다."

徐廣曰 古作泉字

⑤ 山川人民所聚積산천인민소취적

[정의] 《회남자》에서 말한다. "토지는 각각 닮은 사람을 낳는다. 이런 까
닭으로 산 기운에는 용사가 많고, 연못 기운에는 언어 장애인이 많고, 바
람 기운에는 청각 장애인이 많고, 수풀 기운에는 하반신 장애인이 많고,
나무 기운에는 척추 장애인이 많고, 돌 기운에는 힘 있는 자가 많고, 험
한 기운에는 장수하는 자가 많고, 골짜기 기운에는 마비된 자가 많고, 언
덕 기운에는 정신 장애인이 많고, 묘당 기운에는 인자한 자가 많고, 무덤
기운에는 탐욕스런 자가 많고, 가벼운 토질에는 날렵한 자가 많고, 무거운
토질에는 굼뜬 사람이 많다. 맑은 물에는 소리가 작고, 흐린 물에는 소리
가 크며, 빠른 물살에는 사람이 중후하고, 중간 땅에는 성인이 많다. 모두
그 기를 본받아 모두 그 무리에 호응한다."

淮南子云 土地各以類生人 是故山氣多勇 澤氣多瘖 風氣多聾 林氣多躄 木氣

多個 石氣多力 險阻氣多壽 谷氣多痺 丘氣多狂 廟氣多仁 陵氣多貪 輕土多利足 重土多遲 淸水音小 濁水音大 湍水人重 中土多聖人 皆象其氣 皆應其類也

신주 현존하는 《회남자》 원문은 조금 다르다. 인용 과정에 많은 잘못이 있는 것 같다. 순서를 무시하더라도 다른 것은 다음과 같다.

"토지는 각각 닮은 것을 낳는다. 이런 까닭으로 산 기운에는 남자가 많고, 연못 기운에는 여자가 많고, 막힌 기운에는 어두운 자가 많고, 바람 기운에는 청각 장애인이 많고, 수풀 기운에는 피멍들은 사람이 많고, 나무 기운에는 척추 장애인이 많고, 기슭 아래 기운에는 부스럼 있는 자가 많고, 돌 기운에는 힘 있는 자가 많고, 험한 기운에는 혹이 난 자가 많고, 더운 기운에는 요절하는 자가 많고, 찬 기운에는 장수하는 자가 많고, 골짜기 기운에는 마비된 자가 많고, 언덕 기운에는 정신 장애인이 많고, 넘치는 기운에는 인자한 자가 많고, 무덤 기운에는 탐욕스런 자가 많고, 가벼운 토질에는 날렵한 자가 많고, 무거운 토질에는 굼뜬 사람이 많다. 맑은 물에는 소리가 작고, 흐린 물에는 소리가 크며, 빠른 물살에는 사람이 경박하고, 느린 물살에는 사람이 중후하며, 중간 땅에는 성인이 많다. 모두 그 기를 본받아 모두 그 무리에 호응한다.[土地各以其類生 是故山氣多男 澤氣多女 障氣多喑 風氣多聾 林氣多癃 木氣多傴 岸下氣多腫 石氣多力 險阻氣多癭 暑氣多夭 寒氣多壽 谷氣多痺 丘氣多狂 衍氣多仁 陵氣多貪 輕土多利 重土多遲 淸水音小 濁水音大 湍水人輕 遲水人重 中土多聖人 皆象其氣 皆應其類]"

그래서 길흉^①을 점치는 자는 나라로 들어가 경역 안의 전답^②이 바르게 다스려지는지, 성곽이나 집과 문호가 윤택한지, 그 다음으로 수레와 의복과 축산에 이르기까지 잘 살피는 것이다. 이에 알차게 영글면 길하고 비고 없어지면 흉하다.

연기 같은데 연기가 아니고 구름 같은데 구름도 아니며 무늬가 아름답고 넘실거리듯 움직이는 것^③을 경운卿雲^④이라고 한다. 경운은 좋은 기운이다. 안개^⑤ 같은데 안개가 아니고 옷이나 관도 적시지 않는데 이것이 나타나면 그 지역에서는 갑옷 입은 군사들이 달려 나간다.

대저 우레와 번개, 무지개, 벽력(벼락), 야광 등은 양기가 동요한 것으로, 봄과 여름이면 피어나고 가을과 겨울에는 감추어진다. 그러므로 점치는 자는 잘 살피지 않을 수 없다.

故候息耗^①者 入國邑視封彊田疇^②之正治 城郭室屋門戶之潤澤 次至車服畜産精華 實息者吉 虛耗者凶 若煙非煙 若雲非雲 郁郁紛紛 蕭索輪囷^③ 是謂卿^④雲 卿雲(見)喜氣也 若霧^⑤非霧 衣冠而不濡 見則其域被甲而趨 (天)〔夫〕雷電蝦虹壁歷夜明者 陽氣之動者也 春夏則發 秋冬則藏 故候者無不司之

① 息耗식모

신주 장식모감長息耗減의 줄임말로 길흉吉凶과 같은 뜻이다.

② 疇주

여순이 말했다. "채옹이 이르기를 삼밭을 주疇라 한다."

如淳曰 蔡邕云 麻田曰疇

③ 郁郁紛紛 蕭索輪囷욱욱분분 소색륜균

욱욱郁郁은 무늬의 아름다움, 분분紛紛은 성대한 모습, 소색蕭索은 쓸쓸한 모습, 윤균輪囷은 크게 구비치는 모양을 뜻한다.

④ 卿경

卿은 '경慶'으로 발음한다.

卿音慶

⑤ 霧무

글자대로 '무'로 발음한다. 한 곳에는 '몽蒙'으로, 다른 한 곳에는 '무[亡遘反]'로 발음한다고 했다. 《이아》에서 "천기가 땅으로 내려와 엉기지 못한 것을 무霧라고 한다."고 하니, 곧 몽매해서 밝지 않다는 뜻을 말한다.

音如字 一音蒙 一音亡遘反 爾雅云 天氣下地不應曰霧 言蒙昧不明之意也

하늘이 열려 온갖 물상을 걸어놓았으니,① 땅이 요동쳐 갈라지고 끊어지거나,② 산이 무너져 옮겨지거나, 냇물이 막히고 골짜기가 메워지거나,③ 물이 넘치고 땅이 솟아오르거나, 연못이 메마르거나 하는 현상이 나타난다.

성곽이나 마을은 풍요로운지 빈한한지를 나타내고, 궁궐, 사당, 저택은 인민들이 사는 곳에 자리한다. (그래서 그것을 보고 빈부를 안다.) 가요, 풍속, 수레, 의복이 아름다운지 추한지는 백성의 음식을 보면 안다. 오곡과 초목은 그것들이 속한 곳을 보고 안다. 창고와 마구간은 사방으로 통하는 길에 있다.

여섯 가축과 날짐승과 길짐승은 그들이 다니는 곳의 운기를 보고 안다. 물고기와 자라와 새와 쥐는 서식지의 운기를 보고 안다. 귀신의 곡소리가 부르는 듯하면 어떤 사람을 맞이해도 놀라게 된다. 말이 변화되면[4] 진실로 그렇게 된다.

天開縣物[1] 地動坼絶[2] 山崩及徙 川塞谿垙[3] 水澹地長〔澤竭〕見象 城郭門閭 閨臬〔枯槁〕枯 宮廟邸第 人民所次 謠俗車服 觀民飲食 五穀草木 觀其所屬 倉府廄庫 四通之路 六畜禽獸 所產去就 魚鼈鳥鼠 觀其所處 鬼哭若呼 其人逢悟 化言[4] 誠然

① 天開縣物천개현물

집해 맹강이 말했다. "하늘이 갈라져 만물의 형상이 나타났다고 말한 것은 하늘이 열려 걸린 현상을 보인 것이다."

孟康曰 謂天裂而見物象 天開示縣象

② 地動坼絶지동탁절

정의 《사기》〈조세가〉에서 말한다. "유목왕 천遷 5년에 대代의 땅이 움직여 악서樂徐의 서쪽으로부터 북쪽의 평음에 이르기까지, 대臺나 가옥의 담장 중 태반이 무너지고 땅은 동쪽과 서쪽으로 130보나 갈라졌다."

趙世家 幽繆王遷五年 代地動 自樂徐以西 北至平陰 臺屋牆垣太半壞 地坼東
西百三十步

③ 川塞谿坅천색계복

집해 서광이 말했다. "흙으로 막은 것이 복坅이다. 음은 '복'이다." 내가
살펴보니 맹강은 "계谿는 골짜기이다. 복坅은 '무너지다'이다."라 하고, 소
림은 "복伏은 물 흐름이다."라고 한다.

徐廣曰 土雍曰坅 音服 駰案 孟康曰 谿 谷也 坅 崩也 蘇林曰 伏 流也

④ 逢俉 化言봉오 화언

집해 오俉는 '맞이하다'이다. 유백장은 오[五故反]로 발음한다고 했다.

俉 迎也 伯莊曰 音五故反

색은 俉는 '오[五故反]'로 발음한다. 봉오는 서로 만나서 놀라는 것을 이
른다. 또한 '오迕'로도 쓰고 음은 같다. 화化는 마땅히 와訛(그릇됨)가 되어
야 한다. 글자의 착오일 뿐이다.

俉音五故反 逢俉謂相逢而驚也 亦作迕 音同 化當爲訛 字之誤耳

신주 '화언 성연化言 誠然'은 '말이 씨가 된다.'는 우리말 속담과 같은 뜻
이다.

4. 운세를 점치는 것

> 무릇 한 해의 좋고 나쁨을 가늠하기 위해서는 삼가 세시歲始에 점
> 을 친다. 세시는 혹은 동짓날이라고 하는데, 산기産氣가 처음으로
> 싹튼다. 납명일臘明日[①]에 사람들이 한 해를 마치고 한곳에 모여 마
> 시고 먹으며 양기를 발산시킨다. 그러므로 이때를 '초세初歲'라고
> 한다.
> 정월 아침은 군주가 세수로 삼았다. 입춘일은 사계절의 시작이다.[②]
> 이들 사시四始(歲始, 時始, 日始, 月始)의 시작은 점치는 날이다.[③]
> 凡候歲美惡 謹候歲始 歲始或冬至日 産氣始萌 臘明日[①] 人衆卒歲 一
> 會飲食 發陽氣 故曰初歲 正月旦 王者歲首 立春日 四時之(卒)始也[②]
> 四始者 候之日[③]

① 臘明日납명일

신주 납제臘祭의 다음날을 말한다. 납제는 한해를 마무리하는 의식이
다. 납제가 끝나면 납명일에 잔치를 벌였는데, 이를 '연향宴鄕'이라고 했다.

② 四時之(卒)始也사시지(졸)시야

[색은] 입춘일은 지난해 네 계절의 끝마침이고 금년의 시작임을 말한다.
謂立春日是去年四時之終卒 今年之始也

③ 四始者 候之日사시자 후지일

정의 정월 초하루는 한 해의 시작이고 계절의 시작이며 날의 시작이고 달의 시작을 이른다. 그러므로 '사시四始'라고 일렀다. 곧 네 계절이 시작하는 날에 한 해의 길흉을 살핀다는 말이다.

謂正月旦歲之始 時之始 日之始 月之始 故云四始 言以四時之日候歲吉凶也

그래서 한나라 위선魏鮮[①]은 납제 다음날 정월 초하루에 모여서 팔풍八風[②]을 점쳤다. 바람이 남쪽에서 불어오면 크게 가뭄이 든다. 서남쪽에서 불어오면 작게 가뭄이 든다. 서쪽에서 불어오면 전쟁이 있다. 서북쪽에서 불어오면 완두콩이 익고,[③] 적은 비를 동반하면[④] 군사들이 재촉해 일어난다.[⑤] 북쪽에서 불어오면 약간의 풍년이 들고 동북쪽에서 불어오면 대풍이 들며,[⑥] 동쪽에서 불어오면 홍수가 난다. 동남쪽에서 불어오면 백성에게 전염병이 있고 흉년이 든다.

그러므로 팔풍은 각각 맞은편에서 불어오는 바람과 비교하여 많은 쪽이 이기게 된다. 많은 것이 적은 것을 이기고 오래 된 것은 갑작스런 것을 이기며 빠른 것이 더딘 것을 이긴다.

而漢魏鮮[①] 集臘明正月旦 決八風[②] 風從南方來 大旱 西南 小旱 西方 有兵 西北 戎菽爲[③] 小雨[④] 趣兵[⑤] 北方 爲中歲 東北 爲上歲[⑥] 東方 大 水 東南 民有疾疫 歲惡 故八風各與其衝對 課多者爲勝 多勝少 久勝亟 疾勝徐

① **魏鮮** 위선

[집해] 맹강이 말했다. "사람의 이름이고 점을 쳐서 살피는 자이다."

孟康曰 人姓名 作占候者

② **八風** 팔풍

[신주] 팔방에서 불어오는 바람이다. 기록마다 조금씩 다르다. 요컨대 《사기》〈율서〉와 《회남자》〈천문훈〉에는 '북방 광막풍廣莫風, 동북 조풍條風, 동방 명서풍明庶風, 동남 청명풍淸明風, 남방 경풍景風, 서남 량풍凉風, 서방 창합풍閶闔風, 서북 부주풍不周風'이라고 한다. 그러나 같은 《회남자》〈지형훈〉에는 '북방 한풍寒風, 동북 염풍炎風, 동방 조풍條風, 동남 경풍景風, 남방 거풍巨風, 서남 량풍凉風, 서방 요풍飂風, 서북 여풍麗風'이라고 한다.

③ **戎菽爲** 융숙위

[집해] 맹강이 말했다. "융숙은 호 지역의 콩이다. 위爲는 '이루는 것'이다."

孟康曰 戎菽 胡豆也 爲 成也

[색은] 완두콩이 익는 것이다. 위소가 말했다. "융숙은 대두(콩)이다. 위爲는 '이루는 것'이다." 또 곽박은 《이아》 주석에서 "융숙은 호 지역의 콩이다."라고 하여, 맹강이 말한 뜻과 같다.

戎叔爲 韋昭云 戎叔 大豆也 爲 成也 又郭璞注爾雅亦云 戎叔 胡豆 孟康同也

④ **小雨** 소우

[집해] 서광이 말했다. "소우 두 글자는 어떤 본에는 없다."

徐廣曰 一無此上兩字

⑤ 趣兵촉병

색은 취趣는 '촉促'으로 발음한다. 바람이 서북쪽에서 불어오면 완두콩
이 익는다. 또 적은 비가 있으면 국가의 군사들을 재촉해 일어나게 한다.
趣音促 謂風從西北來 則戎叔成 而又有小雨 則國兵趣起也

⑥ 上歲상세

집해 위소가 말했다. "한 해의 대풍년이다."
韋昭曰 歲大穰

> 동틀 무렵부터 식사 때까지는 보리를 (점치기) 위한 것(시간)이다. 식
> 사 때부터 해질 때까지는 피를 위한 것이다. 해질 때부터 저녁식간
> 까지는 기장을 위한 것이다. 저녁시간부터 그 뒤로는 콩을 위한 것
> 이다. 그 뒤로 날이 지기까지는 삼을 위한 것이다.
> 하루를 마치도록 구름과 바람과 태양이 있기를 바란다.① 태양이
> 때맞추어 적당히 내려쬐면 뿌리가 깊게 내리고② 열매가 많다. 구
> 름이 없고 바람과 태양이 있을 때는 뿌리가 얕게 내려도 열매가
> 많다. 구름과 바람이 있어도 태양이 없으면, 뿌리는 깊게 내리나
> 열매는 적다. 태양은 있어도 구름이 없고 바람이 불지 않으면, 때
> 에 맞추어도 농사는 실패한다.
> 만일 그것이 한식경 정도의 짧은 시간이라면 조금의 실패만 있겠
> 지만, 다섯 말의 쌀을 익힐 정도의 긴 시간이라면③ 크게 실패한다.

그러나 곧 바람이 다시 일어나고 구름이 있으면 농사도 다시 일어난다. 각각의 작물을 그 시기의 구름 빛깔로 점을 쳐 마땅한 곳에 심어야 한다. 그때 비와 눈이 만약 차게 내리면 흉년이 든다.

旦至食 爲麥 食至日昳 爲稷 昳至餔 爲黍 餔至下餔 爲菽 下餔至日入 爲麻 欲終日(有雨)有雲 有風 有日^① 日當其時者 深而多實 無雲有風日 當其時 淺而多實 有雲風 無日 當其時 深而少實 有日 無雲 不風 當其時者稼有敗 如食頃^② 小敗 熟五斗米頃^③ 大敗 則風復起 有雲 其稼復起 各以其時用雲色占種(其)所宜 其雨雪若寒 歲惡

① 欲終日~有日욕종일~유일

정의 정월 초하루 아침에 종일토록 바람과 태양이 있기를 바란다는 것은 한 해 오곡이 풍성하게 익고 재해가 없기를 바라는 것이다.

正月旦 欲其終一日 有風有日 則一歲之中五穀豐熟 無災害也

② 食頃식경

신주 밥 한 끼를 먹을 만한 시간이다. 즉 매우 짧은 시간을 가리킨다.

③ 熟五斗米頃숙오두미경

신주 벼를 심고 여물어 다섯 말의 쌀을 거두는 데는 1년의 시간이 필요하다. 매우 긴 시간을 표현한 말이다.

태양이 밝게 빛나면 도읍에서는 인민의 노랫소리가 들린다. 그때 궁음의 노래가 들리면 한 해의 수확이 좋고 길하다. 상음의 노래가 들리면 전쟁이 있다. 치음이면 가뭄이 든다. 우음이면 수재가 있고 각음이면 흉년이 든다.

어떤 사람은 정월 초하루 아침부터 비 오는 날을 조사하여 계산한다.[1] 비가 하루 동안 내리면 곡식 1되를 먹을 수 있고, 7일에 이르면 한계로 삼는다.[2] 그를 넘으면 점치지 않는다.[3] 그리고 정월 12일까지 계산하고, 날짜를 달로 치환하여 수해와 가뭄을 점쳤다.[4] 이는 그 나라의 권역 1,000리 안을 점친 것인즉, 천하의 징후를 살피기 위해서는 정월 한 달 동안 관찰해야 한다.[5]

是日光明 聽都邑人民之聲 聲宮 則歲善 吉 商 則有兵 徵 旱 羽 水 角 歲惡 或從正月旦比數雨[1] 率日食一升 至七升而極[2] 過之 不占[3] 數至 十二日 日直其月 占水旱[4] 爲其環(城)〔域〕千里內占 則(其)爲天下候 竟 正月[5]

① 或從正月旦比數雨혹종정월단비수우

색은 比는 '븰[鼻律反]'로, 數는 '수[疏矩反]'로 발음한다. (정초부터) 다음의 며칠 동안 살펴서 한 해의 비를 점치고 이로써 풍년을 안다고 이른 것이다.

比音鼻律反 數音疏矩反 謂以次數日以候一歲之雨 以知豐穰也

② 日食一升 至七升而極일식일승 지칠승이극

집해 맹강이 말했다. "정월 1일에 비가 내리면 백성이 한 되의 식사를 하고 2일에도 비가 오면 백성은 두 되의 식사를 한다. 이와 같이 해서 7일에 이른다."

孟康曰 正月一日雨 民有一升之食 二日雨 民有二升之食 如此至七日

신주 당시 일반 백성은 한 달에 7되를 먹는다고 여겨 이렇게 계산한 것이다. 즉 정월 12일까지 7일 정도 비가 오면, 일곱 되를 모두 먹을 수 있다는 말이다.

③ 過之 不占과지 부점

신주 7을 수확할 수 있는 최대치로 보았다. 정월 열흘에 일곱 번째 비가 왔다고 가정하면 열하루, 열이틀에 비가 왔다하더라도 이는 계산하지 않는 것을 말한다.

④ 占水旱점수한

집해 맹강이 말했다. "정월의 초하루에 비가 오면 정월에는 물이 많다."

孟康曰 月一日雨 正月水

신주 정월초하루는 정월로, 초이틀은 2월로, … 열이틀은 섣달로 삼은 것이다.

⑤ 則(其)爲天下候 竟正月즉(기)위천하후 경정월

집해 맹강이 말했다. "달이 30일 동안 하늘을 일주하기에 28수를 거친 연후에 천하를 점칠 수 있다."

孟康曰 月三十日周天 歷二十八宿 然後可占天下

정의 살펴보니 달이 여러 별자리를 거쳐 태양과 바람과 구름의 변화가 있으면 그 분야의 나라에 그 해의 간지를 아울러서 점쳐 그 해의 풍년, 수해, 가뭄, 기근을 헤아렸다.

案 月列宿 日風雲有變 占其國 并太歲所在 則知其歲豐稔水旱饑饉也

달이 벌려진 별자리를 거치면서[1] 나타나는 태양, 바람, 구름으로 그 분야의 나라를 점친다. 그리하여 반드시 그 해의 간지가 있는 곳을 관측한다. 금金에 있으면 풍년이 들고, 수水에 있으면 훼손(수재)이 되고, 목木에 있으면 기근이 있고, 화火에 있으면 가뭄이 든다. 이것이 그 대체적인 법도이다.

정월 상순의 갑甲일에는 바람이 동쪽에서 불어오면 양잠에 마땅하다. 바람이 서쪽에서 불어오든가 새벽에 누런 구름이 있으면 나쁘다.

동지는 낮의 길이가 가장 짧다. 이때 저울의 양쪽 끝에 흙과 숯[2]을 매달고 재어서 숯이 아래로 내려가면 사슴의 뿔이 빠지고 난초의 뿌리가 나오며 샘물이 솟는다. 이것으로 대략 일지日至를 알 수 있지만, 해의 그림자로 결정하는 것이 근본이다. 세성이 있는 곳에는 오곡이 풍성하다. 세성과 반대편에는 그해에 재앙이 있다.[3]

月所離列宿[1] 日風雲 占其國 然必察太歲所在 在金 穰 水 毀 木 饑 火 旱 此其大經也 正月上甲 風從東方 宜蠶 風從西方 若旦黃雲 惡 冬至短 極 縣土炭[2] 炭動 鹿解角 蘭根出 泉水躍 略以知日至 要決晷景 歲星所 在 五穀逢昌 其對爲衝 歲乃有殃[3]

① 月所離列宿월소이열수

[색은] 달이 필수畢宿에서 떠났다는 말이다. 살펴보니 위소가 말했다. "이 離는 '거치는 것'이다."

月離于畢 案 韋昭云 離 歷也

② 土炭토탄

[집해] 맹강이 말했다. "동지 3일 전에 흙과 숯을 저울대의 양쪽 끝에 매달아 경중輕重을 맞춘다. 동지일에 양기가 이르면 숯이 무겁고 하지일에 음기가 이르면 흙이 무겁다." 진작이 말했다. "채옹의 〈율력기〉에서 '황종의 율을 살핌을 토탄으로 재는데, 동지에는 양기가 황종(11월)과 응해 통하면 토탄이 가벼워 저울대가 올라가고, 하지에는 음기가 유빈蕤賓(5월)과 응해 통하면 토탄이 무거워 저울대가 내려간다. 나아가고 물러나거나 앞서거나 뒤처짐이 5일 안에 있다'고 했다."

孟康曰 先冬至三日 縣土炭於衡兩端 輕重適均 冬至日陽氣至則炭重 夏至日陰氣至則土重 晉灼曰 蔡邕律曆記 候鍾律權土炭 冬至陽氣應黃鍾通 土炭輕而衡仰 夏至陰氣應蕤賓通 土炭重而衡低 進退先後 五日之中

③ 歲乃有殃세내유앙

[정의] 해의 그림자에서 세성이 운행하면서 그 순서를 잃지 않으면 재앙과 이변이 없고 오곡이 창성한다. 그러나 만약 해의 그림자에서, 세성이 운행하면서 머물 자리를 잃고 반대편에 있으면 그 해에는 재앙과 이변이 있다는 말이다.

言晷景歲星行不失次 則無災異 五穀逢其昌盛 若晷景歲星行而失舍有所衝 則歲乃有殃禍災變也

신주 해의 그림자는 동지일에 음양의 기운을 판단하는 기운이고, 세성의 자리는 동지일에 세성이 위치한 분야를 말한다. 세성이 위치한 곳은 풍성하고 그 반대편 분야에는 재앙이 있다는 말이다.

천문 관측에 관한 역사

태사공이 말한다.

처음 백성이 생긴 이래부터, 대대로 군주가 어찌 일찍이 태양, 달, 별의 역법을 사용하지 않았겠는가? 5가(5제)[①]와 3대(하, 은, 주)에 이르러 이를 계승해 밝혔다.[②] 관모와 의대를 한 사람들을 안으로 삼고 이적夷狄의 민족을 밖으로 삼아 중국을 12개 주로 나누었다. 그리고 우러러 하늘에서 현상을 관찰하고 굽어보아 땅의 사물로부터 법칙으로 삼았다.

하늘에는 태양과 달이 있고, 땅에는 음과 양이 있다. 하늘에는 5성이 있고, 땅에는 5행이 있다. 하늘에는 별자리가 늘어서 있고, 땅에는 고을과 강역이 있다. 삼광三光(태양, 달, 별)은 음양의 정령이고 기氣의 근본은 땅에 있다. 성인은 이를 통합하여 다스린다.

太史公曰 自初生民以來 世主曷嘗不曆日月星辰 及至五家[①] 三代 紹而明之[②] 內冠帶 外夷狄 分中國爲十有二州 仰則觀象於天 俯則法類於地 天則有日月 地則有陰陽 天有五星 地有五行 天則有列宿 地則有州域 三光者 陰陽之精 氣本在地 而聖人統理之

① 五家오가

살펴보니 5기紀는 세, 월, 일, 성신, 역수를 이른 것으로 각각 일가
一家가 있어서 전심전력으로 학습하였다. 그러므로 '5가'라고 했다.

案 謂五紀 歲月日星辰曆數 各有一家顓學習之 故曰五家也

② 三代 紹而明之삼대 소이명지

5가는 황제, 고양, 고신, 당요唐堯와 우순虞舜이다. 3대는 하, 은, 주
이다. 백성이 생긴 이래로 어찌 일찍이 해와 달과 별의 책력이 없었겠는
가? 5제와 3왕에 이르러 또한 계승해서 하늘의 수와 음양을 밝혔다는 말
이다.

五家 黃帝高陽高辛 唐虞堯舜也 三代 夏殷周也 言生民以來 何曾不曆日月星
辰 及至五帝三王 亦於紹繼而明天數陰陽也

유왕幽王과 여왕厲王[①] 이전은 오래 되었다. 그래서 하늘에 나타나
는 변화를 모든 나라들이 달리 생각하여 받아들였고, 집집마다
물상을 점쳐 그때마다 대응하였으니, 그 문자나 그림으로 된 서적
에 적혀 있는 길흉도 일정한 법칙에 따른 것이 아니었다.[②]
이 때문에 공자가 6경經을 저술했을 때도 천재天災와 지이地異만
기록했을 뿐 그에 대한 해설은 하지 않았다. 천도나 천명에 대해서
는 아무것도 전하지 않았다. 알 만한 사람은 스스로 이해할 수 있
었지만[③] 알 수 없는 사람은 말해도 이해할 수 없었기 때문이다.[④]

幽厲^①以往 尚矣 所見天變 皆國殊窟穴 家占物怪 以合時應 其文圖籍
祥祥不法^② 是以孔子論六經 紀異而說不書 至天道命 不傳 傳其人 不
待告^③ 告非其人 雖言不著^④

① 幽厲유려

신주 주나라 유왕과 여왕을 가리킨다. 유왕은 문왕부터 시작하여 제12
대 왕으로 서기전 781년에 즉위해서 서기전 771년에 죽었다. 여왕은 제
10대왕으로 재위 시기는 정확한 게 없다. 유왕을 끝으로 서주西周시대를
마감하고, 다음 평왕 때 동쪽 낙양으로 이동했다.

② 其文圖籍祥祥不法기문도적기상불법

정의 祥는 '기機'로 발음한다. 고야왕은 "기상祥祥은 길하고 흉한 것이
먼저 나타나는 것이다."라고 했다. 살펴보니 예로부터 하늘의 변화를 보는
것은 나라마다 모두 다르게 관측했고 설명도 동일하지 않았다. 역술가들
은 물상을 점치는데 기이하게 해서 이때의 응험에 부합하였으니 그래서
그 글과 그림을 아우른 서적은 길흉의 법칙으로 삼을 수 없었다. 그러므
로 공자가 6경經을 논하면서 기이한 일을 기록했으나 응험한 바를 해설하
여 변화하고 드러나는 자취를 써서 남기지는 않았다.

祥音機 顧野王云 祥祥 吉凶之先見也 案 自故以來所見天變 國皆異具 所說不
同 及家占物怪 用合時應者書 其文幷圖籍 凶吉並不可法則 故孔子論六經 記
異事而說其所應 不書變見之蹤也

③ 傳其人 不待告전기인 부대고

정의 대待는 '모름지기'이다. 천도天道와 성명性命에 홀연히 뜻하는 일이 있어 전수할 만하면 전수했으나, 그 큰 뜻의 미묘한 것은 저절로 천성에 있으므로 모름지기 깊이 알려 주지 않았다는 말이다.

待 須也 言天道性命 忽有志事 可傳授之則傳 其大指微妙 自在天性 不須深告語也

④ 告非其人 雖言不著 고비기인 수언부저

정의 著는 '져[作慮反]'로 발음한다. 저著는 '밝히다'이다. 천도와 성명을 알 만한 사람이 아닌 자에게 알려 주어 비록 말로써 설명해도, 미묘한 것을 밝혀 그 뜻을 깨우치지 못한다는 말이다.

著 作慮反 著 明也 言天道性命 告非其人 雖爲言說 不得著明微妙 曉其意也

옛날에 천문의 역법을 전한 자는 고신씨 앞에 중重과 여黎가[1] 있었다. 당우시대에는 희씨羲氏와 화씨和氏가[2] 있었다. 하나라 때는 곤오昆吾[3]가 있었고, 은상시대에는 무함巫咸[4]이, 주나라 왕실에는 사일史佚과 장홍萇弘이[5] 있었다. 송나라에는 자위子韋가 있었고, 정나라에는 비조裨竈[6]가, 제나라에는 감공甘公,[7] 초나라에는 당말唐昧,[8] 조나라에는 윤고尹皐, 위魏나라에는 석신石申이 있었다.[9]

昔之傳天數者 高辛之前 重黎[1] 於唐虞 羲和[2] 有夏 昆吾[3] 殷商 巫咸[4] 周室 史佚萇弘[5] 於宋 子韋 鄭則裨竈[7] 在齊 甘公 楚 唐昧[8] 趙 尹皐 魏 石申[9]

① 重黎중려

정의 《좌전》에서 "채묵이 이르기를, 소호씨의 아들을 여黎라고 하는데 화정火正이 되어 축융祝融이라고 불렀다."고 했다. 곧 불을 맡은 관직으로 하늘의 수를 깨달았다.

左傳云蔡墨曰 少昊氏之子曰黎 爲火正 號祝融 即火行之官 知天數

② 羲和희화

정의 희씨와 화씨는 천지와 사시의 관직을 맡았다.

羲氏 和氏 掌天地四時之官也

③ 昆吾곤오

정의 곤오는 육종의 아들이다. 우번은 "곤오의 이름은 번樊이고 성은 기己이고 곤오에 봉해졌다."고 했다. 《세본》에서 "곤오는 '위衛'이다."라고 했다.

昆吾 陸終之子 虞翻云 昆吾名樊 爲己姓 封昆吾 世本云昆吾衞者也

④ 巫咸무함

정의 무함은 은나라의 어진 신하이다. 본래 오 땅 사람이다. 묘지는 소주 상숙常熟의 바다 모퉁이 산 위에 있다. 아들 현賢도 또한 이곳에 있다.

巫咸 殷賢臣也 本吳人 冢在蘇州常熟海隅山上 子賢 亦在此也

⑤ 史佚萇弘사일장홍

정의 사일은 주나라 무왕 때의 태사 윤일尹佚이다. 장홍은 주나라 영왕 때 대부이다.

史佚 周武王時太史尹佚也 萇弘 周靈王時大夫也

⑥ 於宋子韋鄭則裨竈어송자위정즉비조

[정의] 비조는 정나라의 대부이다.

裨竈 鄭大夫也

[신주] 자위子韋는 송나라 대부이다. 성관星官 겸 사관을 담당했다. 《한서》 〈예문지〉에 "음양가라고 기록하고 저서 《송사성자위》 3편이 있다."고 했다. 《진서》 〈천문지〉에 "노나라는 재신梓愼, 진晉나라는 복언卜偃, 송나라는 자위子韋, 제나라는 감덕甘德, 초나라는 당말唐昧, 조나라는 윤고尹皋, 위魏나라는 석신부石申夫가 천문을 관장했다."고 기록하고 있다.

⑦ 甘公감공

[집해] 서광이 말했다. "어떤 이가 감공의 이름은 덕德이고 본래 노나라 사람이라 했다."

徐廣曰 或曰甘公名德也 本是魯人

[정의] 《칠록》에서 말한다. "초나라 사람으로 전국시대에 《천문성점》 8권을 지었다."

七錄云楚人 戰國時作天文星占八卷

⑧ 唐昧당말

[정의] 昧은 '말[莫葛反]'로 발음한다.

昧莫葛反

⑨ 魏石申위석신

《칠록》에서 말한다. "석신은 위나라 사람이고 전국시대 때 《천문》
8권을 지었다."

七錄云石申 魏人 戰國時作天文八卷也

무릇 천운은 30년에 한 번 작은 변화가 있고, 100년에 중간쯤의
변화가 있고, 500년에 큰 변화가 있다. 세 번의 큰 변화가 1기紀이
고, 3기紀가 되어야 완벽하게 갖추어진다. 이것이 그 대수大數이
다.[1] 그래서 국가를 다스리는 자는 반드시 3과 5[2]를 귀하게 여긴
다. 위와 아래가 각각 1,000년이 된 연후에야 하늘과 사람의 사이
가 이어져서 갖추어지기 때문이다.

夫天運 三十歲一小變 百年中變 五百載大變 三大變一紀 三紀而大備
此其大數也[1] 爲國者必貴三五[2] 上下各千歲 然後天人之際續備

---

① 大數대수

천지 사이의 모든 변화가 끝나는 수를 말한다. 1기紀는 큰 변화가
3번 오는 것이므로 1500년이다. 따라서 3기는 4500년이 된다.

② 三五삼오

삼오三五는 30년에 한 번 조금 변화하고 500년에 한 번 크게 변화
하는 것을 이른다.

三五謂三十歲一小變 五百歲一大變

태사공이 옛날부터의 하늘의 변화를 깊이 살펴보니 지금에 참고할 만한 것들은 없다. 대략 춘추 242년간[1] 있었던 일을 고찰하면 일식이 36번 있었고[2] 혜성은 세 번 나타났다.[3] 송나라 양공 때에는 별똥별이 비 오듯 떨어졌다.[4] 천자의 힘이 미약했고 제후들은 힘으로 정치[5]를 하고 오패五覇가 교대로 일어나서[6] 번갈아 천자의 명을 행사했다. 이후로부터 다수가 소수를 폭압하고 대국이 소국을 병탄했다.

太史公推古天變 未有可考于今者 蓋略以春秋二百四十二年之間[1] 日蝕三十六[2] 彗星三見[3] 宋襄公時星隕如雨[4] 天子微 諸侯力政[5] 五伯代興[6] 更爲主命 自是之後 衆暴寡 大幷小

① 春秋二百四十二年之間춘추이백사십이년지간

정의 은공 원년에서 애공 14년 기린을 얻기까지를 이른다. 은공 11년, 환공 18년, 장공 32년, 민공 2년, 희공 33년, 문공 18년, 선공 18년, 성공 18년, 양공 31년, 소공 32년, 정공 15년, 애공 14년의 총 242년이다.

謂從隱公元年至哀公十四年獲麟也 隱公十一年 桓公十八年 莊公三十二年 閔公二年 僖公三十三年 文公十八年 宣公十八年 成公十八年 襄公三十一年 昭公三十二年 定公十五年 哀公十四年 凡二百四十二年也

신주 《춘추》는 공자가 저술한 노나라 242년간의 역사서로 곧 노나라 은공隱公 원년(서기전 722)에서 애공哀公(서기전 481) 14년 기린을 얻을 때까지 242년간의 역사서를 말한다. 이 책은 공자가 춘추시대 여러 제후국들의 주요 사건들을 기록한 것이다.

② 日蝕三十六일식삼십육

정의 은공 3년 2월 을사, 환공 3년 7월 임진삭, 17년 10월삭, 장공 18년 3월삭, 25년 6월 신미삭, 26년 12월 계해삭, 30년 9월 경오삭, 희공 5년 9월 무신삭, 12년 3월 경오삭, 15년 5월삭, 문공 원년 2월 계해삭, 15년 6월 신묘삭, 선공 8년 7월 경자삭, 10년 4월 병진삭, 17년 6월 계묘삭, 성공 16년 6월 병진삭, 17년 7월 정사삭, 양공 14년 2월 을미삭, 15년 8월 정사삭, 20년 10월 병진삭, 21년 9월 경술삭, 10월 경진삭, 23년 2월 계유삭, 24년 7월 갑자삭, 8월 계사삭, 27년 12월 을해삭, 소공 7년 4월 갑진삭, 15년 6월 정사삭, 17년 6월 갑술삭, 21년 7월 임오삭, 22년 12월 계유삭, 24년 5월 을미삭, 30년 12월 신해삭, 정공 5년 3월 신해삭, 12년 11월 병인삭, 15년 8월 경진삭의 총 36번 일식을 이른다.

謂隱公三年二月乙巳 桓公三年七月壬辰朔 十七年十月朔 莊公十八年三月朔 二十五年六月辛未朔 二十六年十二月癸亥朔 三十年九月庚午朔 僖公五年九月戊申朔 十二年三月庚午朔 十五年五月朔 文公元年二月癸亥朔 十五年六月辛卯朔 宣公八年七月庚子朔 十年四月丙辰朔 十七年六月癸卯朔 成公十六年六月丙辰朔 十七年七月丁巳朔 襄公十四年二月乙未朔 十五年八月丁巳朔 二十年十月丙辰朔 二十一年九月庚戌朔 十月庚辰朔 二十三年二月癸酉朔 二十四年七月甲子朔 八月癸巳朔 二十七年十二月乙亥朔 昭公七年四月甲辰朔 十五年六月丁巳朔 十七年六月甲戌朔 二十一年七月壬午朔 二十二年十二月癸酉朔 二十四年五月乙未朔 三十年十二月辛亥朔 定公五年三月辛亥朔 十二年十一月丙寅朔 十五年八月庚辰朔 凡蝕三十六也

신주 《춘추》의 242년간 역사에서 일식이 36번이나 일어나고 혜성은 세 번이나 나타났다는 뜻이다. 자세한 기록이 《춘추》에 있는데, 매 일식마다 식분蝕分의 양, 초휴初虧, 식심蝕甚, 복원復圓의 시각, 일식이 지속된 시간을 기록하고 있다.

③ 彗星三見혜성삼현

정의 문공 14년 7월 별이 북두로 들어가는 것이 있었고, 소공 17년 겨울에 살별(혜성)이 대진大辰에 있었고, 애공 13년에 살별이 동방에 있었다고 한다.

謂文公十四年七月有星入于北斗 昭公十七年冬有星孛于大辰 哀公十三年有星孛于東方

④ 星隕如雨성운여우

정의 희공 16년 정월 무신삭에 운석이 송나라에 5개가 떨어졌다고 이른다.

謂僖公十六年正月戊申朔 隕石于宋五也

⑤ 政정

집해 서광이 말했다. "정政은 다른 데에는 '정征'자로 되어 있다."

徐廣曰 一作征

⑥ 五伯代興오패대흥

정의 조기의 《맹자》 주석에서 제환공, 진문공, 진목공, 송양공, 초장왕이라고 일렀다.

趙岐注孟子云齊桓 晉文 秦穆 宋襄 楚莊也

신주 춘추오패는 사람마다 의견이 달라서 정하기 어렵다. 공통적으로 제환공과 진문공만 일치한다.

진, 초, 오, 월은 이적의 민족이나 강력한 패자가 되었다.[①] 전씨는 제나라를 찬탈했고[②] 3가三家(위魏, 한漢, 조趙)는 진晉나라를 나누었는데[③] 아울러 전국시대가 되었다. 공격해서 빼앗는 것을 다투니, 전쟁이 번갈아 일어나고 성읍이 자주 도륙되었다. 이로 인해 기근과 전염병의 고초가 있어 신하와 군주가 함께 걱정했다. 그래서 재앙과 상서의 징후를 살피고 별과 운기를 관측하는 일이 더욱 시급해졌다.

근세에 12명의 제후와 7개국이 서로 왕이라고 하고[④] 합종책과 연횡론을 말하는 자들이 줄지어 일어났다. 그래서 윤고, 당말, 감공, 석신은 시대의 요구에 따라 그것을 기록하고 전했다. 그러므로, 그들의 점과 효험은 쌀이나 소금 알갱이처럼 자질구레하게 섞이게 되었다.[⑤]

秦楚吳越 夷狄也 爲彊伯[①] 田氏篡齊[②] 三家分晉[③] 並爲戰國 爭於攻取 兵革更起 城邑數屠 因以饑饉疾疫焦苦 臣主共憂患 其察祲祥候星氣 尤 急近世十二諸侯七國相王[④] 言從衡者繼踵 而皐唐甘石因時務論其書傳 故其占驗淩雜米鹽[⑤]

① 爲彊伯위강패

[정의] 진나라 시조 비자非子는 처음 진 땅에 도읍했는데 땅이 서융에 있었다. 초나라 군주 육웅鬻熊은 처음 단양丹陽에 봉해졌는데, 형만 땅이다. 오태백은 오吳에서 살았고 이로 인해 주나라 장왕이 그를 오吳에 봉해서 구오句吳라고 불렀다. 월의 조상은 소강少康의 아들이고 처음에 월에 봉

해져 우임금의 제사를 지키며 땅을 동월東越이라고 칭했다. 모두 융이의 땅이었으므로 이적夷狄이라고 했다. 뒤에 진목공, 초장왕, 오합려, 월구천이 모두 패자로 봉해졌다.

秦祖非子初邑於秦 地在西戎 楚子鬻熊始封丹陽 荊蠻 吳太伯居吳 周章因封吳 號句吳 越祖少康之子初封於越 以守禹祀 地稱東越 皆戎夷之地 故言夷狄也 後秦穆 楚莊 吳闔閭 越句踐皆得封爲伯也

신주 오나라가 패자였던 때는 합려가 아니라 부차 때이다. 진나라 시조 비자非子는 영성嬴姓이고 진씨秦氏인데, 상商나라 중신 악래惡來의 5세손으로 주나라 때 진국의 개국군주가 되었다. 비자는 백익伯益의 후예이고, 전욱의 후손이라고 한다. 하지만 진나라에서 소호금천씨를 높이고 제사 지낸 것으로 보아, 소호의 후손일 가능성이 더 높다.

② 田氏簒齊전씨찬제

정의 주나라 안왕 23년에 제나라 강공이 죽자, 전화田和가 제나라를 합치고 제후齊侯가 되었다.

周安王二十三年 齊康公卒 田和并齊而立爲齊侯

신주 전화(?~서기전 384)는 규성嬀姓이다. 서기전 404년 부친을 이어 작위를 계승하고 서기전 391년 제강공을 축출하고 한 성을 식읍으로 주어 강태공에게 강성姜姓의 제사를 모시게 했다. 서기전 386년에 주안왕으로부터 제후로 봉함을 받고 세칭 전제田齊가 되었는데, 이를 '전씨대제田氏代齊'라고 하며, 전화는 태공太公이라고 칭했다. 서기전 379년 제강공이 죽자 전씨는 그 식읍을 거둬들여, 여상呂尙의 제사가 이로써 끊겼다.

③ 三家分晉삼가분진

정의 주안왕 26년에 위무후, 한문후, 조경후가 함께 진晉나라 정공靜公을 없애고 그 땅을 셋으로 나누었다.

周安王二十六年 魏武侯 韓文侯 趙敬侯共滅晉靜而三分其地

신주 서기전 633년 진문공晉文公이 삼군三軍을 설치하면서 육경이 일어나 진나라의 실권을 장악했다. 6경이 서로 세력을 다투다가 서기전 453년에 진나라의 삼경이었던 문후文侯 위사魏斯, 열후烈侯 조적趙籍, 경후景侯 한건韓虔이 진나라를 분할하고 이에 각각 위, 조, 한나라를 세우게 된다. 이로써 서기전 403년 주 위열왕威烈王에 의해 한건, 조적, 위사가 각각 제후로 승인을 받게 된다. 그때가 진열공晉烈公 때이다. 나중에 정공靜公(환공桓公)은 쫓겨나 단지端氏 땅에 안치되면서 진국은 망했다. 삼가분진 사건은 춘추시대에서 전국시대로 넘어가는 분수령이다.

④ 七國相王칠국상왕

정의 王은 '앙[于放反]'으로 발음한다. 한나라 효경제 3년, 오왕 비濞, 초왕 무戊, 조왕 수遂, 제남왕 벽광辟光, 치천왕 현賢, 교동왕 웅거雄渠를 이른다.

王 于放反 謂漢孝景三年 吳王濞 楚王戊 趙王遂 濟南王辟光 淄川王賢 膠東王雄渠也

신주 전국시대 때 합종책과 연횡론이 등장해서 실제 합종과 연횡의 책략으로 서로를 견제했다. 뒤에 나오는 역술가들도 전국시대의 인물들이다.

⑤ 淩雜米鹽능잡미염

정의 능잡淩雜은 '교란(뒤섞여 어지러워짐)'이다. 미염米鹽은 '자질구레하고 번다하다'라는 뜻이다. 윤고, 당말, 감공, 석신 등이 시대의 업무로 인하여 그것을 기록하고 전한 것 중에 재해와 이변을 기록했다. 그러므로 그 점의 효험이 교란되고 자질구레했다. 그 말은 《한서》〈오행지〉 안에 있다.

淩雜 交亂也 米鹽 細碎也 言皐唐甘石等因時務論其書傳中災異所記錄者 故其占驗交亂細碎 其語在漢書五行志中也

28사舍는 12주州를 주관하고[1] 두병斗秉(북두칠성)이 이를 아우른다는 것은 전해 내려온 지가 오래 되었다.[2]

진秦나라 강역에서는 태백을 관찰하고 낭狼과 호성弧星으로[3] 점쳤다.

오와 초나라 강역에서는 형혹을 관찰하고 조형鳥衡[4]으로 점쳤다.

연과 제나라 강역에서는 진성辰星을 관찰하고 허虛와 위수危宿로[5] 점쳤다.

송과 정나라 강역에서는 세성을 관찰하고 방房과 심수心宿로[6] 점쳤다.

진晉나라 강역에서는 또한 진성辰星을 관찰하고 삼수參과 벌수罰宿로[7] 점쳤다.

二十八舍主十二州[1] 斗秉兼之 所從來久矣[2] 秦之疆也 候在太白 占於狼弧[3] 吳楚之疆 候在熒惑 占於鳥衡[4] 燕齊之疆 候在辰星 占於虛危[5] 宋鄭之疆 候在歲星 占於房心[6] 晉之疆 亦候在辰星 占於參罰[7]

---

① 二十八舍主十二州이십팔사주십이주

[정의] 28사란 동방은 '각, 항, 저, 방, 심, 미, 기'를 이른다. 북방은 '두, 우, 여, 허, 위, 실, 벽'이다. 서방은 '규, 루, 위, 묘, 필, 자, 삼'이다. 남방은 '정, 귀, 유, 성, 장, 익, 진'이다.

《성경》에서 말한다. "각과 항은 정나라 분야이고 연주이다. 저, 방, 심은 송나라 분야이고 예주이다. 미, 기는 연나라 분야이고 유주이다. 남두, 견우는 오나라와 월나라 분야이고 양주이다. 수녀, 허는 제나라 분야이고 청주이다. 위, 실, 벽은 위衛나라 분야이고 병주이다. 규, 루는 노나라 분야이고 서주이다. 위胃, 묘는 조나라 분야이고 기주이다. 필, 자, 삼은 위魏나라 분야이고 익주이다. 동정東井, 여귀輿鬼는 진秦나라 분야이고 옹주이다. 유, 성, 장은 주나라 분야이고 삼하三河이다. 익, 진은 초나라 분야이고 형주이다."

二十八舍 謂東方角亢氐房心尾箕 北方斗牛女虛危室壁 西方奎婁胃昴畢觜參 南方井鬼柳星張翼軫 星經云 角亢 鄭之分野 兗州 氐房心 宋之分野 豫州 尾箕 燕之分野 幽州 南斗牽牛 吳越之分野 揚州 須女虛 齊之分野 青州 危室壁 衛之分野 并州 奎婁 魯之分野 徐州 胃昴 趙之分野 冀州 畢觜參 魏之分野 益州 東井輿鬼 秦之分野 雍州 柳星張 周之分野 三河 翼軫 楚之分野 荊州也

② 斗秉兼之 所從來久矣두병겸지 소종래구의

[정의] 북두에서 12진辰을 잡아 세우고 12주와 28수를 아우른 것은, 예로부터 사용함이 오래되었다는 말이다.

言北斗所建秉十二辰 兼十二州 二十八宿 自古所用 從來久遠矣

③ 狼弧낭호

[정의] 태백, 낭, 호성은 모두 서쪽별이다. 그러므로 진나라에서 그 징후로

점을 친다.

太白狼弧 皆西方之星 故秦占候也

④ 鳥衡조형

정의 형혹, 조형은 모두 남쪽별이다. 그러므로 오와 초나라에서 그 징후로 점을 친다. 조형은 유성柳星이다. 한 본에는 '주장注張'으로 되어 있다.

熒惑 鳥衡 皆南方之星 故吳楚之占候也 鳥衡 柳星也 一本作注張也

⑤ 虛危허위

정의 진성, 허, 위수는 모두 북쪽별이다. 그러므로 연과 제나라에서 그 징후로 점을 친다.

辰星虛危 皆北方之星 故燕齊占候也

⑥ 房心방심

정의 세성, 방, 심수는 모두 동쪽별이다. 그러므로 송과 정나라에서 그 징후로 점을 친다.

歲星房心 皆東方之星 故宋鄭占候也

⑦ 參罰삼벌

정의 진성, 삼, 벌수는 모두 북과 서쪽별이다. 그러므로 진晉나라에서 그 징후로 점을 친다.

辰星參罰 皆北方西方之星 故晉占候也

진秦나라가 3진晉 및 연과 대 땅을 병탄함에 이르러, 황하로부터 화산華山까지의 남쪽도 중국이 되었다.[①] 사해 내에서의 중국은 동남쪽에 위치하고 있어 양기陽氣에 속한다.[②] 양기에 속한 것은 태양이고, 오성은 세성, 형혹, 토성이며[③] 천가성天街星의 남쪽을 살펴 점치는데, 필수畢宿가 주관한다.[④] 그 서북쪽은 호胡와 맥貉과 월지月氏 등인데 그들은 털옷을 입고 활을 잘 쏘는 민족으로 음기陰氣에 속한다.[⑤] 음기에 속하는 것은 달, 태백, 수성 등이며[⑥] 천가天街의 북쪽을 살펴 점을 치는데, 묘수昴宿가 주관한다.[⑦] 그러므로 중국의 산천은 동북쪽으로 흐른다. 그로 말미암아 머리는 농隴과 촉蜀 땅에 있고, 꼬리는 발해와 갈석산에서 끝난다.[⑧]

及秦并吞 三晉燕代 自河山以南者中國[①] 中國於四海內則在東南 爲陽[②] 陽則日歲星熒惑塡星[③] 占於街南 畢主之[④] 其西北則胡貉月氏諸衣旃裘引弓之民 爲陰[⑤] 陰則月太白辰星[⑥] 占於街北 昴主之[⑦] 故中國山川東北流 其維 首在隴蜀 尾沒于勃碣[⑧]

① 河山以南者中國하산이남자중국

정의 하는 황하이다. 산은 화산華山이다. 곧 화산으로부터 황하의 이남이 중국이 된다.

河 黃河也 山 華山也 從華山及黃河以南爲中國也

신주 화산은 섬서성 위남시渭南市와 화양시華陽市에 있는 산으로 서악, 또는 태화산太華山이라고 한다.

② 四海內則在東南 爲陽사해내즉재동남 위양

정의 《이아》에서 말한다. "9이夷, 8적狄, 7융戎, 6만蠻을 온 천하의 안이다. 중국은 황하로부터 화산의 동남쪽으로 양陽이 된다."

爾雅云 九夷 八狄 七戎 六蠻 謂之四海之內 中國 從河山東南爲陽也

③ 日歲星熒惑塡星일세성형혹진성

정의 日은 일[人質反], 塡은 '진鎭'으로 발음한다. 태양은 양陽이다. 세성은 동쪽에 속한다. 형혹은 남쪽에 속한다. 토성은 중앙에 속한다. 모두 남쪽이나 동쪽에 있어 양이 된다.

日 人質反 塡音鎭 日 陽也 歲星屬東方 熒惑屬南方 塡星屬中央 皆在南及東 爲陽也

④ 街南畢主之가남필주지

정의 천가天街는 2개의 별이며 필畢과 묘昴가 주가 되어 국가의 강역을 주관한다. 천가 남쪽은 화하국華夏國이고 천가 북쪽은 이적국夷狄國이 되니, 곧 필성이 양을 주관한다.

天街二星 主畢昴 主國界也 街南爲華夏之國 街北爲夷狄之國 則畢星主陽

⑤ 其西北則胡貉月氏 ∼ 爲陰기서북칙호맥월지 ∼ 위음

정의 貉은 '맥陌', 氏는 '지支'로 발음한다. 황하로부터 화산 서북쪽의 진秦나라와 진晉나라에 이르기까지 음이 된다.

貉音陌 氏音支 從河山西北及秦晉爲陰也

⑥ 月太白辰星월태백진성

정의 달은 음이다. 태백은 서쪽에 속한다. 수성은 북쪽에 속한다. 모두

가 북쪽과 서쪽에 있으므로 음이 된다.

月 陰也 太白屬西方 辰星屬北方 皆在北及西 爲陰也

⑦ 街北昴主之가북묘주지

정의 천가성 북쪽은 이적의 나라이고 곧 묘성이 주관하며 음이다.

天街星北爲夷狄之國 則昴星主之 陰也

⑧ 其維 首在隴蜀 尾沒于勃碣기유 수재농촉 미몰·우발갈

정의 중국의 산과 물줄기가 동북쪽으로 흘러가서 남산南山의 머리는 곤륜산과 총령산蔥嶺山에 있다. 동북쪽으로 흘러 농산隴山과 연결해 남산南山과 화산華山에 이르러 황하를 건너 동북쪽으로 갈석산에서 다한다고 했다. 황하의 시작은 곤륜산에서 일어나고, 위수渭水와 민강岷江은 농산隴山에서 발원해 나온다. 모두 동북쪽으로 동쪽 발해로 들어간다.

言中國山及川東北流行 若南山首在崑崙蔥嶺 東北行 連隴山 至南山華山 渡河
東北盡碣石山 黃河首起崑崙山 渭水岷江發源出隴山 皆東北東入渤海也

이 때문에 진秦과 진晉나라는 군사 부리기를 좋아해서[1] 다시 태백으로 점을 쳤는데, 태백이 중원을 주관하기 때문이다. 그러나 호胡와 맥貊이 자주 중국을 침략하자[2] 홀로 진성辰星으로 점을 쳤다. 진성은 뜨고 지는 것이 조급하고 빨라 항상 이적夷狄들을 주관한다. 이것이 그 대체적인 이치이다. 이에 진성과 태백이 번갈아 객과 주인이 되는 것이다.[3] 형혹이 광채를 발하면 밖으로는 군사를 다스리고 안으로는 정사를 다스린다. 그래서 이르기를, "비록 현명한 천자가 있더라도 반드시 형혹이 있는 곳을 살펴야 한다."[④]라고 한 것이다. 제후들이 번갈아 강성했을 때 시대의 재앙이나 이변을 기록했는데, 채록할 만한 것은 없었다.

是以秦晉好用兵[①] 復占太白 太白主中國 而胡貉數侵掠[②] 獨占辰星 辰星出入躁疾 常主夷狄 其大經也 此更爲客主人[③] 熒惑爲孛 外則理兵 內則理政 故曰 雖有明天子 必視熒惑所在[④] 諸侯更彊 時菑異記 無可錄者

① 秦晉好用兵진진호용병

[집해] 위소가 말했다. "진秦과 진晉은 서남쪽 모퉁이의 북쪽으로 음이 된다. 오히려 호와 맥처럼 활을 당기는 민족과 같아 군사 부리기를 좋아한다."

韋昭曰 秦晉西南維之北爲陰 猶與胡貉引弓之民同 故好用兵

② 太白主中國 ~ 數侵掠태백주중국~삭침략

[정의] 주主는 '거느리다'와 같고, 받아들이는 것이다. 《성경》에서 "태백이 북쪽에 있고 달이 남쪽에 있으면 중국이 패한다. 태백이 남쪽에 있고 달이 북쪽에 있으면 중국은 패하지 않는다."라고 했다. 이는 호맥胡貉의 민족이 자주 침략하기 때문이다.

主猶領也 入也 星經云 太白在北 月在南 中國敗 太白在南 月在北 中國不敗也 是胡貉數侵掠之也

③ 此更爲客主人차갱위객주인

[정의] 更은 '갱[格行反]'으로 발음한다. 아래 글자도 같다.《성경》에서 말
한다. "진성이 나오지 않으면 태백이 객客이 되고, 진성이 뜨면 태백이 주
인이 된다. 진성과 태백은 서로 따르지 않으니, 비록 군대가 있더라도 싸
우지 않는다. 진성은 동쪽에서 나오고 태백이 서쪽에서 나오는데, 만약 진
성이 서쪽에서 뜨고 태백이 동쪽에서 뜨면 '격야格野'라고 해서 비록 군사
가 있어도 싸우시 않는다. 두 별이 합하면 이에 전쟁을 한다. 수성이 금성
속으로 들어가 5일이 되거나 들어가 위로 나오면, 군대는 부서지고 장군
은 피살당하며 적군이 승리한다. 나오지 않으면 적국이 국토를 잃는다. 그
래서 천기성天旗星이 가리키는 쪽을 살펴야 한다."

更 格行反 下同 星經云 辰星不出 太白爲客 辰星出 太白爲主人 辰星太白不相
從 雖有軍不戰 辰星出東方 太白出西方 若辰星出西方 太白出東方 爲格野 雖
有兵不戰 合宿乃戰 辰星入太白中五日 及入而上出 破軍殺將 客勝 不出 客亡
地 視旗所指

④ 故曰~熒惑所在고왈~형혹소재

[색은] 반드시 형혹이 있는 곳을 살펴야 한다. 이는《춘추위》〈문요구〉에
의거한 것이다. 그러므로 '고왈故曰'이라고 말한 것이다.

必視熒惑之所在 此據春秋緯文耀鉤 故言故曰

진시황 때는 15년 동안 혜성이 네 번 출현했다.[①] 오래 머무른 것은 80일이었고 꼬리가 긴 것 중 어떤 것은 하늘을 가로질렀다. 그 뒤 진나라가 마침내 군사로써 6국의 왕을 멸망시켜 중국을 병탄하고 밖으로는 사방의 이족夷族들을 물리쳤다. 당시 죽은 사람들이 난마처럼 얽혀 있었다. 이로 인해 장초張楚의 진섭陳涉이 함께 일어나 30여 년 간[②] 군사들이 서로 자리를 밟듯 싸운 것[③]이 이루 헤아릴 수가 없다. 치우 이래로 일찍이 이와 같은 전쟁은 없었다.

항우가 거록鉅鹿을 구원할 때[④] 왕시枉矢는 서쪽으로 흘러갔다. 산동에서는 마침내 제후들을 합종하고 서쪽에서는 진秦나라 사람들을 구덩이에 묻고[⑤] 함양咸陽을 도륙했다.

秦始皇之時 十五年彗星四見[①] 久者八十日 長或竟天 其後秦遂以兵滅六王 幷中國 外攘四夷 死人如亂麻 因以張楚並起 三十年之間[②]兵相駘藉[③] 不可勝數 自蚩尤以來 未嘗若斯也 項羽救鉅鹿[④] 枉矢西流 山東遂合從諸侯 西坑秦人[⑤] 誅屠咸陽

① 十五年彗星四見십오년혜성사현

신주 혜성의 출현은 병란 또는 전쟁이 일어날 징조로 여겼다.

② 三十年之間삼십년지간

정의 진시황 16년에 군사를 일으켜 한韓나라를 멸하고 한고조 5년에 항우를 멸하기까지 36년을 말한다.

謂從秦始皇十六年起兵滅韓 至漢高祖五年滅項羽 則三十六年矣

③ 駘藉대자

집해 소림이 말했다. "대駘는 '대臺'로 발음한다. 올라서 밟는 것이다."

蘇林曰 駘音臺 登躢也

④ 項羽救鉅鹿항우구거록

신주 초패왕 항우가 진秦나라와 거록鉅鹿에서 싸운 것을 이른다. 항우의 군대가 출병하여 상하漳河를 건너고 나서 항우가 파부침선破釜沈船의 명령을 내리고, 병사들을 출진하게 했다. 이에 초나라 병사들이 거록鉅鹿에서 죽기 살기로 싸워 진나라 주력 부대를 궤멸시켰다.

⑤ 西坑秦人서갱진인

신주 秦의 장수 장함章邯(?~서기전 204)은 거록의 전투에서 패배하고, 20만의 군졸과 함께 항우에게 투항했다. 그러나 항우는 진나라 군사들의 불만을 이유로 신안성 남쪽에 구덩이를 파고 묻어 몰살하였다. 항우가 진나라를 정복한 후 장함은 옹왕에 봉해졌다. 이 사건은 〈항우본기〉에 기록되어 있다.

한나라가 일어나자 오성이 동정東井에 모였다. 평성平城에서 포위되자① 달무리가 삼수와 필수에 7일을 감싸 안았다.② 여씨 일족들이 난을 일으키자③ 일식으로 낮이 어두웠다. 오吳와 초楚 등 7국이 반란하자④ 혜성의 길이가 여러 장이나 되었고 천구성天狗星이 양梁나라 땅을 지나갔다. 전쟁이 일어남에 마침내 시체가 뒹굴고

그 아래에는 피가 흥건했다.

漢之興 五星聚于東井 平城之圍^① 月暈參畢七重^② 諸呂作亂^③ 日蝕 畫晦 吳楚七國叛逆^④ 彗星數丈 天狗過梁野 及兵起 遂伏尸流血其下

① 平城之圍평성지위

색은 한고조 7년이다.

漢高祖之七年

② 月暈參畢七重월훈삼필칠중

색은 살펴보니 〈천문지〉에서 "필수와 묘수 사이의 천가天街에서 점을 친다. 천가성의 북쪽은 호胡이고 천가성의 남쪽은 중국이다. 묘수는 흉노가 되고 삼수는 조趙나라이며 필수는 변방의 군사가 된다. 이 해에 고조가 스스로 군사를 거느리고 흉노를 공격해 평성에 이르러 모돈에게 포위되었다가 7일 만에 풀려나왔다."고 한다. 곧 하늘의 현상에 이와 같은 부서의 약속이 있었다. 칠중七重은 7일을 뜻한다.

案 天文志 其占者畢昴間 天街也 街北 胡也 街南 中國也 昴爲匈奴 參爲趙 畢爲邊兵 是歲高祖自將兵擊匈奴 至平城 爲冒頓所圍 七日乃解 則天象有若符契 七重 主七日也

③ 諸呂作亂제여작란

신주 한고조가 죽은 후 여후가 정권을 잡고 친족인 여씨들을 대거 중용했다. 여후가 죽자 불안해진 여씨 일족들이 도리어 여씨 천하를 도모하고자 했는데 승상 진평陳平, 태위 주발周勃 등이 여씨들을 제압한 후 대왕

代王 유항을 옹립했다.

④ 吳楚七國叛逆

신주 서기전 154년에 오초칠국의 난이 일어났다. 경제(서기전 188~서기전 141)는 어사대부 조조曹錯의 건의를 받아들여 제후왕들의 영지와 권한을 축소시키려 했다. 이에 오왕 유비는 초, 조, 교서, 교동, 제남, 치천 등의 제후왕과 공모하여 조조를 친다는 명분으로 군사를 일으켰다. 경제는 조조를 죽여 반발을 약화시키는 한편, 주아부周亞夫에게 군사를 주어 오왕과 이에 가담한 제후왕들도 주살해서 불과 3개월 만에 평정했다. 이 사건은 황제의 권력을 강화시키는 데 중요한 계기가 되었다.

무제 원광(서기전 134~서기전 129)과 원수(서기전 122~서기전 117) 년간에 치우기蚩尤旗가 다시 나타났는데 긴 것은 하늘의 절반을 차지했다. 그 뒤에 경사京師의 군대가 사방으로 출동해[1] 이적夷狄들을 수십여 년 동안 주벌했는데, 호胡(흉노)를 정벌함이 더욱 심했다. 월나라가 망했을 때는 화성이 두성斗星에 머물렀다.[2] 조선朝鮮을 뿌리 뽑았을 때는 살별[3]이 은하수 술戌 방향에 있었다.[4] 군사로 대완大宛을 원정했을 때는 살별이 초요招搖에 있었다.[5] 이러한 것은 크게 드러난 일이지만[6] 작은 변화의 자세한 것들은 이루 다 말할수가 없다. 이로 말미암아 본다면, 먼저 하늘에 형상이 보이고 그에 따라 지상에 응하지 않는 것이 없었다.

元光 元狩 蚩尤之旗再見 長則半天 其後京師師四出[1] 誅夷狄者數十年 而伐胡尤甚 越之亡 熒惑守斗[2] 朝鮮之拔 星茀[3]于河戍[4] 兵征大宛 星 茀招搖[5] 此其犖犖大者[6] 若至委曲小變 不可勝道 由是觀之 未有不先 形見而應隨之者也

① 京師師四出경사사사출

[정의] 원광 원년에 태중대부 위청 등이 흉노를 정벌했다. 원수 2년에 관 군후 곽거병 등이 호를 공격했다. 원정 5년에 위위 노박덕 등이 남월을 쳐 부수었다. 한열이 동월과 아울러 서남이를 쳐부수고 10여 군군을 열었다. 원년에 누선장군 양복楊僕이 조선을 쳤다.

元光元年 太中大夫衞靑等伐匈奴 元狩二年 冠軍侯霍去病等擊胡 元鼎五年 衞 尉路博德等破南越 及韓說破東越幷破西南夷 開十餘郡 元年 樓船將軍楊僕擊 朝鮮也

② 熒惑守斗형혹수두

[정의] 남두이고 오나라와 월나라 분야이다.

南斗 爲吳越之分野

③ 星茀성패

[색은] 茀는 '패佩'로 발음한다. 곧 살별이다.

音佩 即孛星也

④ 于河戌우하술

[색은] 살펴보니 〈천문지〉에서 "무제 원봉 연간에 혜성이 은하수의 술戌 방향에 출현하자 점을 쳐서 이르기를 '남술南戌은 월문越門이 되고 북술 北戌은 호문胡門이 된다.'고 했다. 그 뒤 한나라의 군사가 조선을 공격해서 함락시키고 낙랑군과 현도군을 설치했다. 조선은 바다 가운데 있어서 월 越나라의 성상星象이며 북쪽에 있어 호胡의 지역이기도 하다."고 했다. 하 술河戌이란 곧 남하와 북하이다.

案 天文志 武帝元封之中 星孛于河戌 其占曰 南戌爲越門 北戌爲胡門 其後漢 兵擊拔朝鮮 以爲樂浪 玄菟郡 朝鮮在海中 越之象 居北方 胡之域也 其河戌 即 南河北河也

[신주] 〈진시황본기〉 26년 조에서 진시황이 정벌한 동쪽이 바다까지 이르 렀다고 했는데, 그 주석 [정의]에서는 "바다는 발해에서 남쪽으로 양주揚 州, 소주蘇州, 태주台州 동쪽 바다를 뜻한다."고 말하면서 동북에 조선국 이 있다고 말했다. 즉 한나라가 멸망시킨 위만 조선의 위치는 지금의 발해 북쪽에 있었다는 뜻으로 지금의 평양에 위만 조선의 수도가 있었다는 해 석은 후대에 만들어진 것임을 알 수 있다.

⑤ 星茀招搖성패초요

[정의] 초요는 한 개의 별로 북두칠성 자루 끝에 위치하여 호胡의 군사 를 주관한다. 점성에서 빛살이 변하면 전쟁이 크게 벌어진다.

招搖一星 次北斗杓端 主胡兵也 占角變 則兵革大行

⑥ 犖犖낙락

[색은] 犖은 '락[力角反]'으로 발음한다. 낙락은 큰일이 분명한 것이다.

力角反 舉舉 大事分明也

한나라 때부터 천문과 역법을 맡은 자들 중, 별을 관찰한 사람은 당도唐都가 있었고, 운기를 관찰한 사람은 왕삭王朔이 있었고, 한 해를 점친 자는 위선魏鮮이 있었다. 옛날에는 감공甘公과 석신石申이 5성의 운행법칙을 역법으로 살폈으니 유독 화성만 반대로 역행함이 있었는데, 역행하여 머무는 곳과 다른 별이 역행하는 것과 태양과 달이 광채를 잃거나 잠식되는 것[1]을 모두 점치는 대상으로 삼았다.

夫自漢之爲天數者 星則唐都 氣則王朔 占歲則魏鮮 故甘石曆五星法 唯獨熒惑有反逆行 逆行所守 及他星逆行 日月薄蝕[1] 皆以爲占

---

[1] 日月薄蝕일월박식

집해 맹강이 말했다. "해와 달이 광채가 없는 것을 박薄이라고 한다. 경방의 《역전》에서 '해가 적황색이면 '박'이 된다.'고 했다. 어떤 이는 교집交集하지 않으면서 잠식하는 것을 '박'이라고 했다." 위소가 말했다. "기가 가서 압박하는 것을 '박'이라 하고, 이지러뜨려 훼손시키는 것을 '식蝕'이라고 한다."

孟康曰 日月無光曰薄 京房易傳曰 日赤黃爲薄 或曰不交而蝕曰薄 韋昭曰 氣往迫之爲薄 虧毀爲蝕

내가 역사의 기록을 관찰해서 행해진 일들을 살펴보니 백년 동안 5성이 떠서 반대로 역행하지 않은 적이 없었으며, 반대로 역행하면 일찍이 빛이 밝아지거나 변했다. 해와 달은 빛을 잃거나 잠식되기도 하지만 남북으로 운행하는 데에는 일정한 시기가 있었다. 이는 큰 이치이다.

그러므로 자궁紫宮,[①] 방수와 신수,[②] 권성權星과 형성衡星,[③] 함지咸池,[④] 허수와 위수는[⑤] 하늘에 늘어서 있는 별 중에 부서의 별들로[⑥] 이는 하늘에서 5관官의 자리에 해당한다. 이는 경성經星(항성)이 되어 옮겨 다니지 않으며, (빛에는) 크고 작은 차이가 있으나 간격이 넓고 좁은 것은 일정하다.[⑦]

余觀史記 考行事 百年之中 五星無出而不反逆行 反逆行 嘗盛大而變色 日月薄蝕 行南北有時 此其大度也 故紫宮[①] 房心[②] 權衡[③] 咸池[④]虛危[⑤]列宿部星[⑥] 此天之五官坐位也 爲經 不移徙 大小有差 闊狹有常[⑦]

① 紫宮자궁

정의 중궁이다.

中宮也

② 房心방심

정의 동궁이다.

東宮也

③ 權衡_{권형}

권형 남궁이다.

南宮也

④ 咸池_{함지}

정의 서궁이다.

西宮也

⑤ 虛危_{허위}

정의 북궁이다.

北宮也

⑥ 列宿部星_{열수부성}

정의 5관의 벌려진 별자리로, 부내의 별이다.

五官列宿部內之星也

⑦ 闊狹有常_{활협유상}

집해 맹강이 말했다. "활협은 삼태성이 서로 거리가 멀어지고 가까워지는 것과 같다."

孟康曰 闊狹 若三台星相去遠近

수, 화, 금, 목, 토[1] 5성은 하늘의 다섯 보좌[2]이며 동서로 이어져 운행한다. 5성은 뜨고 지는 것이 때가 있으며[3] 궤도를 운행할 때는 영贏과 축縮의 운행 법칙이 있다.

태양에 변화가 있으면 덕을 쌓고 달에 변화가 있으면 형벌을 살피며 별에 변화가 있으면 화합을 다져야 한다. 무릇 하늘의 변화가 정도를 지나치게 되면 이에 점을 친다. 군주가 강대하고 덕이 있으면 번창하고, 약소하고 거짓을 꾸미면 망한다. 군주의 최상은 덕을 닦는 일이고, 다음은 정사를 잘 다스리는 일이며, 그 다음은 구휼에 힘쓰는 일이고, 또 다음은 제사하여 재앙을 물리치는 일이다. 바로 최하[4]는 무시하는 것이다.

水火金木塡星[1] 此 五星者 天之五佐[2] 爲(經)緯 見伏有時[3] 所過行贏縮 有度 日變脩德 月變省刑 星變結和 凡天變 過度乃占 國君彊大 有德者 昌 弱小飾詐者亡 太上脩德 其次脩政 其次脩救 其次脩禳 正下[4] 無之

① 水火金木塡星수화금목진성

[집해] 서광이 말했다. "목, 화, 토 3성이 만약 합해지면, 이를 일컬어 경위절행(자리에서 놀라 운행이 끊기는 것)이라고 이른다."

徐廣曰 木火土三星若合 是謂驚位絶行

② 五佐오좌

[정의] 수, 화, 금, 목, 토의 5성이 하늘을 보좌해 덕을 행한다는 말이다.

言水火金木土五星 佐天行德也

③ 見伏有時견복유시

정의 5성이 남북으로 가면 날줄이 되고 동서로 가면 씨줄이 된다.

五星行南北爲經 東西爲緯也

신주 항성은 주로 남북을 중심으로 움직이니 경성經星이 되고, 행성은 지구처럼 태양을 공전하여 동서로 움직이니 위성緯星이 된다. 천동설을 믿는 옛날에는 제대로 알기 어려운 일이었을 것이다.

④ 下하

신주 하下는 앞의 '태상'과 대립한 극하極下의 의미를 갖는다.

항성恒星①은 변화가 드물게 보이지만, 3광(일월과 오성)의 이변을 점치는 데 자주 이용된다. 햇무리와 달무리, 일식과 월식②, 구름과 바람은 하늘에 잠깐 머물다 사라지는 기운이라서③ 그것이 발견되면 또한 대운大運이 있다. 그리하여 그것은 정사政事를 위해 굽어보고 우러러보기에 하늘과 사람이 나눈 부절이라고 하는 것에 가장 근접한다. 이 다섯 가지는 하늘의 감응이다.

천문을 계산하는 자는 반드시 3진辰과 5성에④ 통달해야 한다. 또 끝마치고 시작하는 것과 옛날부터 지금까지 때의 변화를 깊이 관측하고, 그 정밀하고 거친 것들을 살펴야 한다. 그리하면 천관天官으로서의 자격이 구비된 것이다.

夫常星①之變希見 而三光之占亟用 日月暈適② 雲風 此天之客氣③ 其發見亦有大運 然 其與政事俯仰 最近(大)〔天〕人之符 此五者 天之感動 爲天數者 必通三五④ 終始 古今 深觀時變 察其精粗 則天官備矣

① 常星상성

신주 원문이 '常星'인 것은 한문제 유항劉恒의 이름을 피해서 항恒과 같은 뜻을 가진 상常으로 고친 것이다. 그리하여 항산→상산, 전항田恒→전상, 비항도非恒道→비상도 등으로 바뀌어 일부는 오늘날까지 통용되고 있다. 항성은 스스로 빛을 내는 태양과 같은 별을 말한다.

② 暈適훈적

집해 서광이 말했다. "적適은 재해나 천벌의 징조이다." 이비가 말했다. "적適은 하늘의 재앙을 나타낸다. 유향은 일식과 월식 및 별이 역행하는 것은 태평의 일상이 아니라고 여겼다. 주나라가 쇠약해진 이래 인사人事가 많이 어지러웠다. 그러므로 천문이 드디어 변화에 응한 것뿐이다." 내가 살펴보니 맹강은 "훈暈은 태양 곁의 기운이다. 적適은 태양이 장차 일식이 되기 전에 검은 기운이 변하는 것이다."라고 했다.

徐廣曰 適者 災變咎徵也 李斐曰 適 見災于天 劉向 以爲日月蝕及星逆行 非太平之常 自周衰以來 人事多亂 故天文應之遂變耳 駰案 孟康曰 暈 日旁氣也 適日之將食 先有黑氣之變

③ 客氣객기

신주 손님은 객사에 잠시 머물다가 가는 존재이기 때문에 하늘에 잠깐 나타났다가 사라지는 '일월훈적풍운日月暈適雲風'의 기운을 이에 비유한 것이다.

④ 三五삼오

색은 살펴보니 3은 3진辰, 5는 오성星을 이른다.

案 三謂三辰 五謂五星

> 창제蒼帝가 덕을 행하면 천문天門이 열리고[1] 적제赤帝가 덕을 행
> 하면 하늘의 감옥이 텅 비고,[2] 황제黃帝가 덕을 행하면 천요天夭
> 가 나타나게 된다.
>
> (이때는) 바람이 서북쪽에서 불어오는데, 반드시 (십간으로) 경庚과
> 신辛의 날짜에 분다. 한 해의 가을 중 다섯 번 이르면 대사면이 있
> 고 세 번 이르면 작은 사면이 있다.
>
> 蒼帝行德 天門爲之開[1] 赤帝行德 天牢爲之空[2] 黃帝行德 天夭爲之
> 起[3] 風從西北來 必以庚辛 一秋中 五至 大赦 三至 小赦

① 蒼帝行德 天門爲之開 창제행덕 천문위지개

[색은] 상고해 보니 군주가 봄의 정령政令을 내려 덕을 펴 천하가 이를 입
게 해서 영위앙靈威仰의 제帝와 응하면 그 때문에 천문天門이 열려 덕화
德化됨을 말한 것이다. 천문은 곧 좌우 각수角宿의 사이이다.

案 謂王者行春令 布德澤 被天下 應靈威仰之帝 而天門爲之開 以發德化也 天
門 即左右角間也。

[정의] 爲는 '위[于僞反]'로 발음한다. 아래의 글자도 같다. 창제蒼帝는 동
방 영위앙靈威仰의 제이다. 봄에는 만물이 열려서 피고 동쪽에서 일어나
면 하늘이 그 덕화를 발동시켜 하늘의 문이 열린다.

爲 于僞反 下同 蒼帝 東方靈威仰之帝也 春 萬物開發 東作起 則天發其德化 天

門爲之開也

② 赤帝行德 天牢爲之空적제행덕 천뢰위지공

[색은] 또한 군주가 덕을 행하고 화정火精의 제帝와 응하는 것을 이른다. 대례大禮를 거행해 제후의 땅을 봉하면 이것을 '적제가 덕을 행하는 것'이라고 이른다. 여름은 양이고 흩어 펴는 것을 주관하므로 천뢰天牢(하늘 감옥)가 텅 비게 되는데 이는 곧 군주가 마땅히 사면해 용서한 것이다.

亦謂王者行德 以應火精之帝 謂擧大禮 封諸侯之地 則是赤帝行德 夏陽 主舒散 故天牢爲之空, 則人主當赦宥也。

[정의] 적제赤帝는 남방 적표노赤熛怒의 제이다. 여름에 만물이 무성해져서 공력이 크게 일어나면 하늘이 덕과 은혜를 베풀기 때문에 하늘의 감옥이 텅 비게 된다. 천뢰天牢는 6개의 별인데 북두의 괴성魁星 아래에 있어 중태中台와 마주하지 않고 포악의 금지를 주관하니 또한 귀인의 감옥이다.

赤帝 南方赤熛怒之帝也 夏萬物茂盛 功作大興 則天施德惠 天牢爲之空虛也
天牢六星 在北斗魁下 不對中台 主秉禁暴 亦貴人之牢也

③ 黃帝行德 天夭爲之起황제행덕 천요위지기

[정의] 황제黃帝는 중앙 함추뉴含樞紐의 제이다. 늦여름에 만물이 성대하면 대사면을 마땅히 하고 모든 사물을 머금어 기른다.

黃帝 中央含樞紐之帝 季夏萬物盛大 則當大赦 含養羣品也

백제白帝는 정월 20일과 21일에 덕을 행한다. (이때) 달무리가 에워싸고 있으면 항상 대사면이 있는 해가 되기 때문에 '큰 양기陽氣가 있을 것'이라고 했다. (두 가지 경우가 나타나는데) 첫 번째,[1] 백제가 덕을 행하고 필수畢宿와 묘수昴宿가 그 때문에 둘러싸인 경우이다. 3일 밤을 둘러싸고 있으면 덕이 성취된다.[2] 3일 밤을 둘러싸고 있지 않으면 둘러싼 것이 맞지 않아서 덕이 성취되지 않는다. 두 번째, (달무리가) 진성을 둘러싸 10일 동안 나오지 않는 경우이다.

흑제黑帝가 덕을 행하면 천관天關이 움직인다.[3] 하늘이 덕을 행하면 천자는 연호를 다시 세우고, 덕을 행하지 않으면 바람과 비가 돌을 깨뜨린다.[4] 3능能과 3형衡은 하늘의 조정이다.[5] 객성客星[6]이 하늘의 조정에 나타나면 기이한 교령이 있다.[7]

白帝行德 以正月二十日二十一日 月暈圍 常大赦載 謂有太陽也 一曰[1] 白帝行德 畢昴爲之圍 圍三暮 德乃成[2] 不三暮 及圍不合 德不成 二曰 以辰圍 不出其旬 黑帝行德 天關爲之動[3] 天行德 天子更立年 不德 風雨破石[4] 三能三衡者 天廷也[5] 客星[6]出天廷 有奇令[7]

[1] 一曰일왈

색은 일왈一曰, 이왈二曰은 살펴보니 성가星家의 다른 설명을 사마천이 겸하여 기록한 것일 뿐이다.

一曰 二曰 案謂星家之異說 太史公兼記之耳

[2] 白帝行德 ~ 德乃成백제행덕 ~ 덕내성

정의 백제白帝는 서방 백초구白招矩의 제이다. 가을에 만물이 모두 성

숙해지면 햇무리가 3일 밤을 필성과 묘성을 둘러싸 제의 덕이 이에 성취
된다.

白帝 西方白招矩之帝也 秋萬物咸成 則暈圍畢昴三暮 帝德乃成也

③ 黑帝行德 天關爲之動흑제행덕 천관위지동

[정의] 흑제黑帝는 북방 협광기叶光紀의 제이다. 겨울에 만물을 가두다가
움직이게 한다. 이 때문에 '열고 닫음'이라고 한 것이다. 천관天關은 한 개
의 별인데 오거성五車星의 남쪽과 필성의 서북쪽에 있어 천문天門이 된
다. 해와 달과 5성의 길이며 변방의 일을 주관한다. 또한 내외를 한계 짓
고 왕래를 막아 끊어서 길이 어긋나게 되는 것을 금한다. 점성에서, 광망
이 있으면 전쟁이 일어나고 오성이 머물면 군주나 귀인이 많이 죽는다.

黑帝 北方叶光紀之帝也 冬萬物閉藏 爲之動 爲之開閉也 天關一星 在五車南
畢西北 爲天門 日月五星所道 主邊事 亦爲限隔內外 障絕往來 禁道之作違者
占芒角 有兵起 五星守之 主貴人多死也

④ 天行德 天子更立年 不德 風雨破石천행덕 천자갱립년 부덕 풍우파석

[색은] 살펴보니 천天은 북극의 자미궁紫微宮이다. 군주는 하늘의 중심에
해당하고 북신北辰이 빛을 내면 이것이 덕을 베푸는 것이다. 북신北辰이
빛을 내면 천자는 다시 연호를 세운다.

案 天 謂北極 紫微宮也 言王者當天心 則北辰有光耀 是行德也 北辰光耀 則天
子更立年也

[신주] 하늘의 별들이 제대로 빛을 내면 연호를 바꾸고 별들이 제대로 빛
을 내지 않으면 재앙이 생긴다는 말이다.

⑤ 三能三衡者 天廷也삼능삼형자 천정야

[색은] 위에서 이르기를 "남궁南宮 주조朱鳥는 권성權星과 형성衡星이고 형성은 태미太微이며 삼광三光의 조정이다."라고 했다. 즉 3형衡이란 곧 태미성太微星이다. 그 3이라고 이르는 것은 해, 달, 5성이다. 그러나 북두의 제6과 제5성을 또한 형衡이라고 하고, 또 삼수參宿의 세 개의 별 또한 형이다. 그러나 함께 천정天廷이라고 하지 않는다.

上云 南宮朱鳥 權衡 衡 太微 三光之廷 則三衡者即太微也 其謂之三者 為日月五星也 然斗第六第五星亦名衡 又參三星亦名衡, 然並不為天廷也.

[정의] 《진서》〈천문지〉에서 말한다. "삼태三台는 덕을 열고 부符를 베푸는 것을 주관하기 때문에 음양을 조화시키고 만물을 다스린다. 3형은 북두괴北斗魁의 4성이 선기璇璣가 되고, 표杓의 3성이 옥형玉衡이 되어 군주를 상징하고 호령을 주관한다. 또 태미는 천자의 궁정이다. 태미는 형衡이 되고 형은 공평함을 주관하는데, 천정天庭이 다스려지기 위해서는 법이 공평하고 말이 이치가 있어야 한다." 살펴보니 삼태와 삼형은 모두 천제의 뜰로 호령이 퍼지고 흩어져서 공평하게 다스린다는 말이다. 그래서 삼태와 삼형이라고 말했다. 만약에 객성客星이 있어 삼태와 삼형의 조정에 나오면 반드시 기이한 교령이 있다.

晉書 天文志云 三台 主開德宣符也, 所以和陰陽而理萬物也。三衡者, 北斗魁四星為璇璣, 杓三星為玉衡, 人君之象, 號令主也。又太微, 天子宮庭也。太微為衡, 衡主平也, 為天庭理, 法平辭理也。」案:言三台三衡者 皆天帝之庭, 號令舒散平理也, 故言三台、三衡。言若有客星出三台、三衡之廷, 必有奇異教令也

⑥ 客星객성

[신주] 신성新星이나 혜성을 말한다. 신성은 거의 보이지 않거나 희미한

상태에서 수소 폭발로 인해서 수만 배까지 밝아졌다가 원래의 상태로 돌아가는 별을 지칭한다.

⑦ 蒼帝行德 ~ 有奇令창제행덕 ~ 유기령

신주 '부상성지변희견夫常星之變希見'부터 '객성출천정 유기령客星出天廷有奇令'까지는 문구가 뒤섞이고 문맥이 통하지 않아서 이해하기 힘든 부분이 여러 군데 발견된다. 이에 대해《사기삼서정와史記三書正訛》에서는 후대에 전사傳寫하는 과정에서 떨어져 나온 것을 모아놓은 문장들이라면서 이 문장들을 다음과 같이 분석, 정리해 놓았다. 다음은 《司馬遷 史記 2: 表序·書》(1994, 까치)를 참고하여 정리했다.

❶ "창제(동쪽 성관)가 덕을 행하면 천문이 열린다. 적제가 덕을 행하면 하늘의 감옥이 텅 빈다. 황제가 덕을 행하면 천요天夭가 나타난다.[蒼帝行德 天門爲之開 赤帝行德 天牢爲之空 黃帝行德 天夭爲之起]"는 "창제가 덕을 행하면 천문이 열린다. 적제가 덕을 행하면 하늘의 감옥이 텅 빈다. 황제가 덕을 행하면 천시성이 일어난다. 백제가 덕을 행하면 묘수와 필수에 무리가 낀다. 흑제가 덕을 행하면 천관이 열리고 닫힌다.[蒼帝行德 天門爲之開 赤帝行德 天牢爲之空 黃帝行德 天(夭)[矢]爲之起 [白帝行德 畢昴爲之圍] [黑帝行德, 天關爲之動]]"가 바른 문장이고 앞 단락에 있는 '此五者 天之感動'의 뒤에 배치해야 한다.

❷ "바람이 서북쪽에서 불어오는데, 반드시 경庚과 신辛의 날짜에 분다. 한 해의 가을 중 다섯 번 이르면 대사면이 있고 세 번 이르면 작은 사면이 있다.[風從西北來 必以庚 辛 一秋中 五至 大赦 三至 小赦]"는 이 책 제3장의 '4. 운세를 점치는 것'에 배치해야 한다.

❸ "백제가 덕을 행한다.[白帝行德]"는 잘못 들어간 문장이다.

❹ "정월 20일과 21일 날, 달무리가 있으면 당연히 대사면을 한다.[以正月 二十日 二十一日 月暈圍 常大赦]"는 "以正月二十日 二十一日 月暈圍 (常) 〔當〕大赦"로 정정해야 한다.

❺ '재載'는 잘못 들어간 글자이다.

❻ "태양이 있음을 말한다.[謂有太陽也]"는 이 책 제3장의 '4. 운세를 점치 는 것'의 주석에 해당한다.

❼ "첫째, 3일 저녁에 달무리가 지면 덕이 성취된다. 3일 저녁이 아니면 달 무리가 맞지 않아서 덕이 성취되지 않는다. 둘째, 달무리가 진성을 에워싸 면 그 10일간 나오지 않는다.[一日 白帝行德 畢昴爲之圍 圍三暮 德乃成 不三暮 及圍不合 德不成 二日 以辰圍 不出其旬]"에서 '白帝行德 畢昴爲之圍'는 백제 를 설명하는 자리로 옮겨야 하며, 나머지는 다른 점성가의 의견이다.

❽ "흑제가 덕을 행하면 천관이 열리고 닫힌다.[黑帝行德 天關爲之動]"는 흑 제를 설명하고 있는 자리로 옮겨야 한다.

❾ "3능과 3[三能三]"은 이 문구 아래에 어떤 문장이 빠진 것이다.

❿ "형성衡星은 천정天廷(하늘의 조정)이다. 객성이 천정에 나타나면 기이한 교령이 있게 된다.[衡者 天廷也 客星出天廷 有奇令]"는 이 책 제1장의 '3. 남궁 주조'의 첫 문장인 형성을 한층 더 풀이한 것이어야 한다.

| 색은술찬 | 사마정司馬貞이 펼쳐서 밝히다.

하늘에 있어 현상을 이루니, 하나 같이 영향을 끼친다. 천문을 관측하고 변화를 살핀 것은 그 유래가 예로부터 있었다. 천관이 이미 기록하고 태 사가 업무를 맡았다. 구름의 현상을 반드시 기록하고 성신을 우러러 볼 수 있었다. 행성이 빠르고 더딘 건 허물이 아니고, 호응한 효험은 잃은 것 이 없구나. 지극하구나! 현묘하게 살피니, 누가 속이고자 하겠는가!

在天成象 有同影響 觀文察變 其來自往 天官既書 太史攸掌 雲物必記 星辰可仰 盈縮匪僭 應驗無爽 至哉玄監 云誰欲罔

《신주 사마천 사기》〈서〉를 만든 사람들

한가람역사문화연구소 사기연구실

이덕일(한가람역사문화연구소 소장, 문학박사)

김명옥(문학박사)

송기섭(문학박사)

이시율(고대사 및 역사고전 연구가)

정   암(지리학박사)

최원태(고대사 연구가)

한가람역사문화연구소는 1998년 창립된 이래 한국 사학계에 만연한 중화사대주의 사관과 일제식민 사관을 극복하고 한국의 주체적인 역사관을 세우려 노력하고 있는 학술연구소이다. 독립운동가들의 역사관 계승 작업을 꾸준히 진행하는 한편《사기》본문 및 '삼가주석'에 한국 고대사의 진실을 말해주는 수많은 기술이 있음을 알고 연구에 몰두했다. 지난 10여 년간 '《사기》원전 및 삼가주석 강독(강사 이덕일)'을 진행하는 한편 사기연구실 소속 학자들과《사기》에 담긴 한중고대사의 진실을 찾기 위한 연구 및 답사도 계속했다.《신주 사마천 사기》는 원전 강독을 기초로 여러 연구자들이 그간 토론하고 연구한 결과의 집대성이라고 할 수 있다. 한가람역사문화연구소는《신주 사마천 사기》출간을 시작으로 역사를 바로세우기 위해 토대가 되는 문헌사료의 번역 및 주석 추가 작업을 꾸준히 이어갈 계획이다.

전문 감수

역서   박창보(국학박사)

천관서 박석재(전 한국천문연구원 원장)

평준서 허성관(전 광주과학기술원 총장)

한문 번역 교정

유정님 김효동 변원균

《사기》를 지은 사람들

본문_ 사마천

시미친은 자가 자장子長으로 하양(지금 섬서성 한성시) 출신이다. 한 무제 때 태사공을 역임하다가 이릉 사건에 연루되어 궁형을 당했다. 기전체 사서이자 중국 25사의 첫머리인《사기》를 집필해 역사서 저술의 신기원을 이룩했다. 후세 사람들이 태사공 또는 사천이라고 높여 불렀다.《사기》는 한족의 시각으로 바라본 최초의 중국 민족사라고 할 수 있는데 여기서 사마천은 동이족의 역사를 삭제하거나 한족의 역사로 바꾸기도 했다.

삼가주석_ 배인·사마정·장수절

《집해》편찬자 배인은 자가 용구龍駒이며 남북조시대 남조 송 (420~479)의 하동 문희(현 산서성 문희현) 출신이다. 진수의《삼국지》에 주석을 단 배송지의 아들로《사기집해》80권을 편찬했다.

《색은》편찬자 사마정은 자가 자정子正으로 당나라 하내(지금 하남성 심양) 출신인데 굉문관 학사를 역임했다. 사마천이 삼황을 삭제한 것을 문제로 여겨서〈삼황본기〉를 추가했으며 위소, 두예, 초주 등 여러 주석자의 주석을 폭넓게 모으고 자신의 견해를 덧붙여《사기색은》30권을 편찬했다.

《정의》편찬자 장수절은 당나라의 저명한 학자로, 개원 24년(736)《사기정의》서문에 "30여 년 동안 학문을 섭렵했다"고 썼을 정도로《사기》연구에 몰두했다. 그가 편찬한《사기정의》에는 특히 당나라 위왕 이태 등이 편찬한《괄지지》를 폭넓게 인용한 것을 비롯해서 역사지리에 관한 내용이 풍부하다.